福井県の教員採用試験過去問シリーズ❷

2025年度版

福井県の小学校教諭

過去問

協同教育研究会 編

協同出版

本書には，福井県の教員採用試験の過去問題を収録しています。各問題ごとに，以下のように5段階表記で，難易度，頻出度を示しています。

難　易　度

非常に難しい　☆☆☆☆☆
やや難しい　☆☆☆☆
普通の難易度　☆☆☆
やや易しい　☆☆
非常に易しい　☆

頻　出　度

◎　ほとんど出題されない
◎◎　あまり出題されない
◎◎◎　普通の頻出度
◎◎◎◎　よく出題される
◎◎◎◎◎　非常によく出題される

※本書の過去問題における資料，法令文等の取り扱いについて

本書の過去問題で使用されている資料や法令文の表記や基準は，出題された当時の内容に準拠しているため，解答・解説も当時のものを使用しています。ご了承ください。

はじめに～「過去問」シリーズ利用に際して～

教育を取り巻く環境は変化しつつあり，日本の公教育そのものも，教員免許更新制の廃止やGIGAスクール構想の実現などの改革が進められています。また，現行の学習指導要領では「主体的・対話的で深い学び」を実現するため，指導方法や指導体制の工夫改善により，「個に応じた指導」の充実を図るとともに，コンピュータや情報通信ネットワーク等の情報手段を活用するために必要な環境を整えることが示されています。

一方で，いじめや体罰，不登校，暴力行為など，教育現場の問題もあいかわらず取り沙汰されており，教員に求められるスキルは，今後さらに高いものになっていくことが予想されます。

本書の基本構成としては，出題傾向と対策，過去5年間の出題傾向分析表，過去問題，解答および解説を掲載しています。各自治体や教科によって掲載年数をはじめ，「チェックテスト」や「問題演習」を掲載するなど，内容が異なります。

また原則的には一般受験を対象としております。特別選考等については対応していない場合があります。なお，実際に配布された問題の順番や構成を，編集の都合上，変更している場合があります。あらかじめご了承ください。

最後に，この「過去問」シリーズは，「参考書」シリーズとの併用を前提に編集されております。参考書で要点整理を行い，過去問で実力試しを行う，セットでの活用をおすすめいたします。

みなさまが，この書籍を徹底的に活用し，教員採用試験の合格を勝ち取って，教壇に立っていただければ，それはわたくしたちにとって最上の喜びです。

協同教育研究会

C O N T E N T S

第１部

福井県の
小学校教諭
出題傾向分析

福井県の小学校教諭　傾向と対策

2024年度は国語，社会，算数，理科，生活，音楽，図画工作，家庭，体育，外国語・外国語活動，特別の教科　道徳と，幅広く出題された。全科目ともに学習指導要領，学習指導要領解説を踏まえて，教科の内容にせまる出題が多くなっている。また，全科目とも具体的な指導を意識した出題が多いのも，福井県の特徴と言えるだろう。

2024年度は，小問が計93問で，内訳は国語10問，社会12問，算数7問，理科14問，生活4問，音楽6問，図画工作4問，家庭8問，体育6問，外国語・外国語活動18問，特別の教科　道徳4問であった。配点を見ると，5教科に重点が置かれている。

全問とも記述式であり，語句を漢字できちんと書けるようにするだけでなく，短文で解答することについても慣れが必要である。

そして，全科目で「ご当地問題」が出題されることも多いことから，日頃から福井県の名所やゆかりの人物などに関心をもち，学習しておくことが必要だろう。

【国語】

2024年度は俳句，2023年度，2022年度，2020年度は古文，2021年度は漢詩に関する出題があり，実績を見ると現代文読解の出題もあることから，幅広い準備が必要となる。特に，文学史の出題が目立つので，きちんと学習をしておくこと。さらに，ここ5年では学習指導要領，同解説などを基にした，具体的指導法についての出題も多いので，学習指導要領及びおよび同解説は十分に学習しておきたい。

【社会】

過去5年を見ると，日本に関する出題が多く，ご当地問題も出題実績がある。よって，苦手な人は福井県の県勢および日本の地歴に関して，中学校の教科書を中心に学習しておくとよいだろう。学習指導要領関連については，毎年出題されており，具体的指導法についての出題も多いので，目標，内容及び指導計画の作成と内容の取扱いについて，学習指導要領解説を中心に学習する必要があるだろう。

【算数】

図形，変化と関係・データの活用が頻出で，それらと絡めた具体的指導法等の論述問題が多く出題されている。広範な出題範囲に対応できるように準備しておきたい。なお，学習指導要領関連の問題も頻出であるため，学習指導要領解説を中心に十分に学習しておくこと。

【理科】

出題される分野はあまり偏りがなく，中学レベルまでの内容であるが，具体的指導法を含む論述問題も出題されているので，学習指導要領解説を基に，準備しておく必要がある。内容を図式化したものや，図に書き込む問題も出題実績があるため，概略を把握しておくことが重要となる。

【生活】

生活科は学習指導要領，同解説を中心に出題されているが，過去には国立教育政策研究所「評価規準の作成，評価方法等の工夫改善のための参考資料」からの出題もあったことから，幅広く確認しておきたい。2024年度，2021年度は，合科的指導やスタートカリキュラムについての出題があった。

【音楽】

音楽科は，音楽の基礎，歌唱共通教材に関する出題が多い。2020年度のようにリコーダーの運指について問われることもあるため，少なくとも教科書に掲載されている事項は押さえておくこと。学習指導要領関連の問題は頻出である。

【図画工作】

図画工作科では，美術史や表現技術などが出題されている。こちらも音楽と同様，学習指導要領及び同解説，教科書に記載されている内容を中心に学習するとよいだろう。具体的指導法はやや頻出である。

【家庭】

家庭科は，食物やその他の範囲からの問題がやや頻出である。2024年度は，学習指導要領の内容について出題された。過去には，具体的指導法の出題もある。まずは，学習指導要領及び同解説で教科目標を，そして学習内容の把握に努めたい。

【体育】

学習指導要領関連の問題が多いが，各運動の技，具体的指導法に関する問題も頻出である。そこで，学習指導要領解説を中心に学習指導要領関連の学習をした後で，「小学校体育(運動領域)まるわかりハンドブック」などで実践的な指導内容などをイラストも含めて押さえておくと，効果的な学習が期待できる。

【外国語・外国語活動】

2016年度からは長文(設問も英文)から続けて出題されており，重点が置かれている。リスニングについては，2016年度から2020年度まで，続けて出題されている。2021年度以降は出題されていないが，慣れも必要なので，テレビやラジオで英語に触れる時間を多くする等，普段から心がけたい。学習指導要領，具体的指導法は，頻出である。

【特別の教科　道徳】

2024年度は，学習指導要領解説から指導計画の作成と内容の取扱い，2023年度は学習指導要領解説から指導の工夫と道徳の評価，2022年度は学習指導要領の目標と指導計画の作成と内容の取扱いが出題された。学習指導要領解説を中心に，十分に学習しておくこと。

過去5年間の出題傾向分析

①国語

分　類	主な出題事項	2020年度	2021年度	2022年度	2023年度	2024年度
ことば	漢字の読み・書き					
	同音異義語・同訓漢字の読み・書き					
	四字熟語の読み・書き・意味					
	格言・ことわざ・熟語の意味				●	
文法	熟語の構成，対義語，部首，画数，各種品詞		●			
敬語	尊敬語，謙譲語，丁寧語	●	●			
現代文読解	空欄補充，内容理解，要旨，作品に対する意見論述					
詩	内容理解，作品に対する感想					
短歌	表現技法，作品に対する感想					
俳句	季語・季節，切れ字，内容理解					●
古文読解	内容理解，文法（枕詞，係り結び）	●		●	●	
漢文	書き下し文，意味，押韻		●			
日本文学史	古典（作者名，作品名，成立年代，冒頭部分）	●			●	●
	近・現代（作者名，作品名，冒頭部分）					
その他	辞書の引き方，文章・手紙の書き方など	●	●	●		●
学習指導要領・学習指導要領解説	目標	●				
	内容	●				●
	内容の取扱い					
	指導計画の作成と各学年にわたる内容の取扱い	●				
指導法	具体的指導法	●	●	●	●	●

②社会

分類	主な出題事項	2020年度	2021年度	2022年度	2023年度	2024年度
古代·中世史	四大文明，古代ギリシア・ローマ，古代中国					
ヨーロッパ中世・近世史	封建社会，十字軍，ルネサンス，宗教改革，大航海時代					
ヨーロッパ近代史	清教徒革命，名誉革命，フランス革命，産業革命					
アメリカ史～19世紀	独立戦争，南北戦争					
東洋史～19世紀	唐，明，清，イスラム諸国					
第一次世界大戦	辛亥革命，ロシア革命，ベルサイユ条約					
第二次世界大戦	世界恐慌，大西洋憲章					
世界の現代史	冷戦，中東問題，軍縮問題，ヨーロッパ統合，イラク戦争					
日本原始・古代史	縄文，弥生，邪馬台国					
日本史：飛鳥時代	聖徳太子，大化の改新，大宝律令					
日本史：奈良時代	平城京，荘園，聖武天皇			●		
日本史：平安時代	平安京，摂関政治，院政，日宋貿易			●		●
日本史：鎌倉時代	御成敗式目，元寇，守護・地頭，執権政治，仏教					
日本史：室町時代	勘合貿易，応仁の乱，鉄砲伝来，キリスト教伝来			●	●	
日本史：安土桃山	楽市楽座，太閤検地					
日本史：江戸時代	鎖国，武家諸法度，三大改革，元禄・化政文化，開国			●		
日本史：明治時代	明治維新，日清・日露戦争，条約改正					
日本史：大正時代	第一次世界大戦，大正デモクラシー					
日本史：昭和時代	世界恐慌，サンフランシスコ平和条約，高度経済成長					
地図	地図記号，等高線，縮尺，距離，面積，図法，緯度経度					
気候	雨温図，気候区分，気候の特色					
世界の地域：その他	世界の河川・山，首都・都市，人口，時差，宗教					
日本の自然	国土，地形，平野，山地，気候，海岸，海流					

分 類	主な出題事項	2020年度	2021年度	2022年度	2023年度	2024年度
日本のくらし	諸地域の産業・資源・都市・人口などの特徴	●	●	●	●	●
日本の産業・資源：農業	農産物の生産，農業形態，輸出入品，自給率	●			●	
日本の産業・資源：林業	森林分布，森林資源，土地利用					
日本の産業・資源：水産業	漁業の形式，水産資源					
日本の産業・資源：鉱工業	鉱物資源，石油，エネルギー					●
日本の貿易	輸出入品と輸出入相手国，貿易のしくみ					
アジア	自然・産業・資源などの特徴					
アフリカ	自然・産業・資源などの特徴					
ヨーロッパ	自然・産業・資源などの特徴					
南北アメリカ	自然・産業・資源などの特徴					
オセアニア・南極	自然・産業・資源などの特徴					
環境問題	環境破壊（温暖化，公害），環境保護（京都議定書，ラムサール条約，リサイクル）					●
世界遺産，日本遺産	世界遺産，日本遺産	●				
民主政治	選挙，三権分立					
日本国憲法	憲法の三原則，基本的人権，自由権，社会権	●			●	
国会	立法権，二院制，衆議院の優越，内閣不信任の決議					
内閣	行政権，衆議院の解散・総辞職，行政組織・改革					
裁判所	司法権，三審制，違憲立法審査権，裁判員制度					
地方自治	直接請求権，財源					●
国際政治	国際連合（安全保障理事会，専門機関）		●	●		
政治用語	NGO，NPO，ODA，PKO，オンブズマンなど					
経済の仕組み	経済活動，為替相場，市場，企業，景気循環					
金融	日本銀行，通貨制度					

分　類	主な出題事項	2020年度	2021年度	2022年度	2023年度	2024年度
財政	予算，租税					
国際経済	アジア太平洋経済協力会議，WTO					
学習指導要領・学習指導要領解説	目標		●	●		●
	内容		●	●	●	
	内容の取扱い					
	指導計画の作成と各学年にわたる内容の取扱い	●			●	
指導法	具体的指導法	●	●	●	●	●

③算数

分　類	主な出題事項	2020年度	2021年度	2022年度	2023年度	2024年度
数の計算	約数と倍数，自然数，整数，無理数，進法	●				●
式の計算	因数分解，式の値，分数式					
方程式と不等式	一次方程式，二次方程式，不等式		●			●
関数とグラフ	一次関数					
	二次関数					
図形	平面図形（角の大きさ，円・辺の長さ，面積）			●	●	●
	空間図形（表面積，体積，切り口，展開図）		●			
数列	等差数列			●		
確率	場合の数，順列・組み合わせ		●			
変化と関係・データの活用	表・グラフ，割合，単位量あたり，平均，比例	●	●	●	●	●
その他	証明，作図，命題，問題作成など	●		●		
学習指導要領・学習指導要領解説	目標				●	●
	内容					●
	内容の取扱い					

分　類	主な出題事項	2020年度	2021年度	2022年度	2023年度	2024年度
学習指導要領・学習指導要領解説	指導計画の作成と各学年にわたる内容の取扱い					
指導法	具体的指導法		●	●	●	

④理科

分　類	主な出題事項	2020年度	2021年度	2022年度	2023年度	2024年度
生物体のエネルギー	光合成，呼吸	●				
遺伝と発生	遺伝，細胞分裂					
恒常性の維持と調節	血液，ホルモン，神経系，消化，酵素				●	
生態系	食物連鎖，生態系			●		
生物の種類	動植物の種類・特徴		●		●	
地表の変化	地震（マグニチュード，初期微動，P波とS波）		●			
	火山（火山岩，火山活動）		●			
気象	気温，湿度，天気図，高・低気圧			●		
太陽系と宇宙	太陽，月，星座，地球の自転・公転	●				●
地層と化石	地層，地形，化石					
力	つり合い，圧力，浮力，重力	●		●		
運動	運動方程式，慣性		●			
仕事とエネルギー	仕事，仕事率					
波動	熱と温度，エネルギー保存の法則					
	波の性質，音，光					●
電磁気	電流，抵抗，電力，磁界				●	
物質の構造	物質の種類・特徴，原子の構造，化学式	●	●		●	
物質の状態：三態	気化，昇華					
物質の状態：溶液	溶解，溶液の濃度			●		

分　類	主な出題事項	2020年度	2021年度	2022年度	2023年度	2024年度
物質の変化：反応	化学反応式	●	●			
物質の変化：酸塩基	中和反応					
物質の変化：酸化	酸化・還元，電気分解				●	
その他	顕微鏡・ガスバーナー・てんびん等の取扱い，薬品の種類と取扱い，実験の方法	●		●	●	
学習指導要領・学習指導要領解説	目標					●
	内容				●	●
	内容の取扱い					
	指導計画の作成と各学年にわたる内容の取扱い					
指導法	具体的指導法	●	●	●	●	●

⑤生活

分　類	主な出題事項	2020年度	2021年度	2022年度	2023年度	2024年度
学科教養	地域の自然や産業					
学習指導要領・学習指導要領解説	目標	●				●
	内容			●		
	指導計画の作成と各学年にわたる内容の取扱い		●	●		
指導法	具体的指導法など	●		●	●	●

⑥音楽

分　類	主な出題事項	2020年度	2021年度	2022年度	2023年度	2024年度
音楽の基礎	音楽記号，楽譜の読み取り，楽器の名称･使い方，旋律の挿入	●	●	●	●	●
日本音楽：飛鳥～奈良時代	雅楽					
日本音楽：鎌倉～江戸時代	平曲，能楽，三味線，箏，尺八					
日本音楽：明治～	滝廉太郎，山田耕作，宮城道雄					
	歌唱共通教材，文部省唱歌など	●	●	●	●	●

分　類	主な出題事項	2020年度	2021年度	2022年度	2023年度	2024年度
西洋音楽：～18世紀	バロック，古典派					
西洋音楽：19世紀	前期ロマン派，後期ロマン派，国民楽派					
西洋音楽：20世紀	印象派，現代音楽					
その他	民謡，民族音楽					
学習指導要領・学習指導要領解説	目標	●			●	
	内容					
	指導計画の作成と各学年にわたる内容の取扱い					●
指導法	具体的指導法					

⑦図画工作

分　類	主な出題事項	2020年度	2021年度	2022年度	2023年度	2024年度
図画工作の基礎	表現技法，版画，彫刻，色彩，用具の取扱い	●	●			
日本の美術・芸術	江戸，明治，大正，昭和					
西洋の美術・芸術：15～18世紀	ルネサンス，バロック，ロココ					
西洋の美術・芸術：19世紀	古典主義，ロマン主義，写実主義，印象派，後期印象派					
西洋の美術・芸術：20世紀	野獣派，立体派，超現実主義，表現派，抽象派					
その他	実技など					
学習指導要領・学習指導要領解説	目標				●	●
	内容			●		●
学習指導要領・学習指導要領解説	指導計画の作成と各学年にわたる内容の取扱い					
指導法	具体的指導法		●	●	●	

⑧家庭

分 類	主な出題事項	2020年度	2021年度	2022年度	2023年度	2024年度
食物	栄養・栄養素，ビタミンの役割		●			
	食品，調理法，食品衛生，食中毒	●	●	●	●	
被服	布・繊維の特徴，裁縫，洗濯				●	
その他	照明，住まい，掃除，消費生活，エコマーク，保育	●	●			●
学習指導要領・学習指導要領解説	目標	●				
	内容				●	●
	指導計画の作成と各学年にわたる内容の取扱い			●		
指導法	具体的指導法			●	●	

⑨体育

分 類	主な出題事項	2020年度	2021年度	2022年度	2023年度	2024年度
保健	応急措置，薬の処方					
	生活習慣病，感染症，喫煙，薬物乱用					
	その他（健康問題，死亡原因，病原菌）					
体育	体力，運動技能の上達	●				●
	スポーツの種類・ルール，練習法				●	
学習指導要領・学習指導要領解説	総則等					
	目標					
学習指導要領・学習指導要領解説	内容		●	●		●
	指導計画の作成と各学年にわたる内容の取扱い					
指導法	具体的指導法		●	●		●

⑩外国語・外国語活動

分　類	主な出題事項	2020年度	2021年度	2022年度	2023年度	2024年度
リスニング・単語	音声，聞き取り，解釈，発音，語句	●				
英文法	英熟語，正誤文訂正，同意語		●	●	●	
対話文	空欄補充，内容理解		●	●	●	●
英文解釈	長文，短文	●	●	●	●	●
学習指導要領・学習指導要領解説	目標・内容・指導計画の作成と内容の取扱い	●	●	●	●	●
指導法	具体的指導法	●	●	●	●	●

⑪その他

分　類	主な出題事項	2020年度	2021年度	2022年度	2023年度	2024年度
特別の教科　道徳	学習指導要領，学習指導要領解説			●	●	●

第2部

福井県の
教員採用試験
実施問題

2024年度　実施問題

【1】資質・能力の育成にあたり，国語科では指導内容の明確化と系統性が重視され，そのことが，学習内容の改善・充実につながっていくとされている。次は，『小学校学習指導要領(平成29年告示)解説　国語編』の一部である。以下の問いに答えなさい。

【総説「改訂の趣旨及び要点」「(3)学習の系統性の重視」】

国語科の指導内容は，系統的・段階的に上の学年につながっていくとともに，(　①　)的・(　②　)的に繰り返しながら学習し，資質・能力の定着を図ることを基本としている。このため，小・中学校を通じて，〔知識及び技能〕の指導事項及び〔思考力，判断力，表現力等〕の指導事項と言語活動例のそれぞれにおいて，重点を置くべき指導内容を明確にし，その系統化を図った。

(1)　【総説「改訂の趣旨及び要点」「(3)学習の系統性の重視」】の空欄①，②に当てはまる語句を答えなさい。

【付録4　各学年の内容の系統表　「C　読むこと」(一部省略)】

	(小) 第1学年及び第2学年	(小) 第3学年及び第4学年	(小) 第5学年及び第6学年
	(1) 読むことに関する次の事項を身に付けることができるよう指導する。		
構造と内容の把握	イ　場面の様子や登場人物の行動など，内容の大体を捉えること。	イ　登場人物の行動や気持ちなどについて，(　①　)を基に捉えること。	イ　登場人物の相互関係や心情などについて，(　②　)を基に捉えること。
精査・解釈	省略	省略	省略
考えの形成	省略	省略	省略
共有	カ　文章を読んで感じたことや分かったことを共有すること。	カ　文章を読んで感じたことや考えたことを共有し，(　③　)こと。	カ　文章を読んでまとめた意見や感想を共有し，(　④　)こと。

(2)　【付録4　各学年の内容の系統表　「C　読むこと」(一部省略)】の空欄①～④に当てはまる語句の組み合わせとして正しいものを，次のア～エの中から1つ選んで記号で答えなさい。

ア　①　描写　　②　叙述

　　③　一人一人の感じ方などに違いがあることに気付く

　　④　自分の考えを広げる

イ　①　叙述　　②　描写
　　③　一人一人の感じ方などに違いがあることに気付く
　　④　自分の考えを広げる
ウ　①　描写　　②　叙述
　　③　自分の考えを広げる
　　④　一人一人の感じ方などに違いがあることに気付く
エ　①　叙述　　②　描写
　　③　自分の考えを広げる
　　④　一人一人の感じ方などに違いがあることに気付く

(☆☆☆◎◎◎)

【2】次は，小学校3年生における書写(毛筆)の授業の一部である。【話し合いの一部】を読んで，以下の問いに答えなさい。

【話し合いの一部】

児童A：この前の授業で，学習した横画を上手に書きたいな。 児童B：今までに学習した横画，縦画，とめを活かしたいね。 児童A：今日は「山」という漢字を書くから，新しく学習するのは(　　)だね。

(1)　空欄には本時の授業のねらいとなる点画の種類が入る。空欄に当てはまる語句を答えなさい。

(2)　この授業の後半で，児童たちは「出」「区」「画」「母」などを書いた。このような学習活動を行ったねらいを【話し合いの一部】を参考にして答えなさい。

(☆☆☆◎◎)

【3】次は，小学校2年生「話すこと・聞くこと」の領域で行った「冬休みの思い出をつたえよう」という単元の一部である。話の組み立てメモに「見たカード」「したカード」を並べ，心に残ったことにハートマークをつけ，構成を考えた。以下の問いに答えなさい。

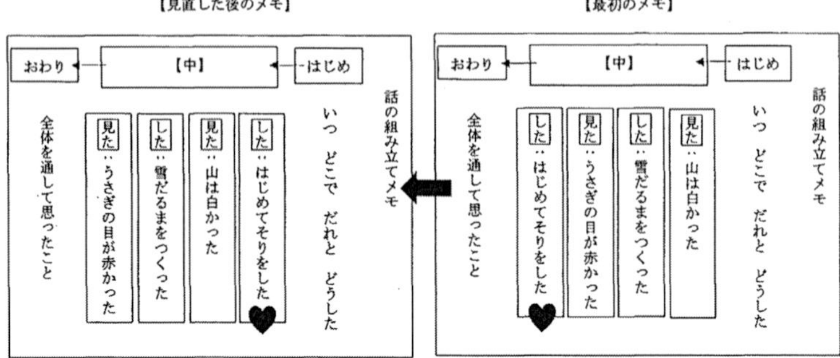

(1) 児童は，最初のメモを基にした練習を友達に見てもらい，アドバイスをもらった。そのアドバイスからメモの【中】の順序を変え，このことについて次のようにワークシートにまとめた。空欄①に当てはまる児童の考えと空欄②に当てはまる語句を書きなさい。

【ワークシート】

<u>どうしてこのじゅんじょにかえたのかせつめいしましょう。</u>
・ぼくは，はじめは山にとうちゃくしてから見たことやしたことを，じゅん番につたえようと思いました。
　でも，(　①　)と思ったので，じゅん番をかえ(　②　)にもっていきました。

(2) 『小学校学習指導要領(平成29年告示)解説　国語編』の第1学年及び第2学年「話すこと・聞くこと」に示されている次の言語活動例A・B・Cは「紹介」「説明」「報告」のどれか。正しい組み合わせを，以下のア～カの中から1つ選んで記号で答えなさい。

活動A　聞き手が知らないことや知りたいと思っていることを伝えること

活動B　見たことや聞いたことなどの事実や出来事を伝えること

活動C　内容を分かるようにして伝えること

ア　A　報告　　B　紹介　　C　説明

イ　A　報告　　B　説明　　C　紹介

ウ　A　紹介　　B　説明　　C　報告
エ　A　紹介　　B　報告　　C　説明
オ　A　説明　　B　紹介　　C　報告
カ　A　説明　　B　報告　　C　紹介

(☆☆◎◎)

【4】小学校5年生の国語の授業では，俳句について学習する。次の問いに答えなさい。

(1)「菜の花や月は東に日は西に」の作者名を答えなさい。

(2) 次は，児童が上記の句について紹介したものである。空欄に当てはまる語句を以下にしたがって書きなさい。

> このはい句の季語は「菜の花」です。あたたかな(　　)に菜の花が一面に咲いている様子を表しています。様子をとてもイメージしやすいはい句です。

季節　　　　　　の　　　　　　時間帯

(☆☆☆◎◎◎)

【5】次は，『小学校学習指導要領(平成29年告示)解説　社会編』の「第2章　第1節　社会科の目標」に示されている「教科の目標」の一部である。以下の問いに答えなさい。

> 社会的な見方・考え方を働かせ，課題を追究したり解決したりする活動を通して，グローバル化する国際社会に主体的に生きる平和で民主的な国家及び社会の形成者に必要な公民としての資質・能力の基礎を次のとおり育成することを目指す。
> (1) 地域や我が国の国土の地理的環境，現代社会の仕組みや働き，地域や我が国の歴史や伝統と文化を通して社会生活について理解するとともに，様々な資料や調査活動を通して$_a$<u>情報を適切に調べまとめる技術を身に付ける</u>ようにする。

(2)　b社会的事象の特色や相互の関連，意味を多角的に考えたり，c社会に見られる課題を把握して，その解決に向けて社会への関わり方を選択・判断したりする力，考えたことや選択・判断したことを適切に表現する力を養う。

(1)　下線部aについて，小学校3年生「市の様子のうつりかわり」において，タブレット端末を活用して情報を収集する際，検索機能を活用すること以外に，どのような方法が考えられるか。1つ挙げなさい。

(2)　下線部bについて，児童が多角的に考えたり，事実を客観的に捉え，公正に判断したりするために留意することとして適切でないものを，次のア～エの中から1つ選んで記号で答えなさい。

ア　社会的事象については，児童の考えが深まるよう様々な見解を提示するよう配慮すること。

イ　取り上げる教材や資料が一方的であったり一面的であったりすることのないよう留意すること。

ウ　学習問題の解決に向けて，児童同士の話合いの過程を大切にしながらも，最後に全員で一つの結論を出すことを重視すること。

エ　児童が資料に基づいて考えたりする際，そのよりどころとなる資料に関しては，その出典や用途，作成の経緯等を含め，十分に吟味した上で使用すること。

(3)　下線部cについて，小学校4年生「人々の健康や生活環境を支える事業」において，授業で次のような学習課題を設定した。以下の問いに答えなさい。

ごみをさらに減らし，暮らしやすい社会を続けるために，どのようなことができるだろうか？

①　課題の解決に向けた社会の様々な取り組みを授業で取り上げる際に，「クリーンセンター(ごみ収集車)によるごみ回収・処理」以外に，どのような組織・団体によるどのような取り組みが考えら

れるか。1つ答えなさい。

② 児童が，ごみを減らすために自分たちにできることを考えたり判断したりする上で，家庭や学校，地域にある身近なものを教材として活用することが有効である。どのようなものを教材として活用することができるか。1つ答えなさい。

(☆☆☆◎◎◎)

【6】福井県は，次世代に選ばれる「しあわせ先進モデルふくい」の実現に向けて，令和3年8月に『福井県　SDGs未来都市計画』を策定した。次は，この計画の「1　将来ビジョン　(1)　地域の実態」の一部である。以下の問いに答えなさい。

①地域特性

(産業構造)

福井県は，眼鏡や繊維といった地場産業に代表されるように製造業の盛んなものづくりの県である。(中略)農林水産業においても，福井県は全国で最も圃場整備の進んだ地域であり，当県発祥のコシヒカリに加え，新たなブランド米「(　Ⅰ　)」を2016年に開発し，本格生産を始めている。

(地域資源)

福井県北部においても，曹洞宗大本山「(　Ⅱ　)」に代表される数多くの寺社仏閣が建立されたほか，仏教の影響を受けた精進料理，夏至から11日目に丸焼きのサバを食べる半夏生サバ，a菅原道真の掛け軸に焼きガレイを供える天神講，正月飾りなどを焼く勝山左義長などの生活・食文化が根付いている。

②今後取り組む課題

○2050年ゼロカーボンの実現

福井県は，2020年7月に策定した「福井県長期ビジョン」の中で2050年の二酸化炭素排出実質ゼロを表明した。省エネや$_{b}$再生可能エネルギー導入，EVカーシェア，ZEHの普及など全県一体となった「ゼロカーボンアクション」の推進が必要である。
○多様な価値観を認める寛容性の醸成
福井県は女性の有業率や共働き率が高く，女性活躍が進んでいる一方で，$_{c}$育児や家事，介護等との両立を求められる女性の負担は重く，また，結婚・出産・子育てを当たり前に求められるなど多様な生き方が認められにくいという側面もある。
※圃場：田，畑など

(1)　空欄Ⅰ，Ⅱに当てはまる語句を答えなさい。

(2)　「SDGs」について説明した次の文章の空欄Ⅲ～Ⅴに当てはまる語句や数字を答えなさい。ただし空欄Ⅳは，漢字4字で答えること。

SDGsとは，日本語で「(　Ⅲ　)目標」と呼ばれる，国際社会共通の目標のことであり，2015年にニューヨークの(　Ⅳ　)本部で開かれたサミットにおいて示された。SDGsは，「(　Ⅴ　)の目標と，169のターゲット(具体目標)」から構成されており，地球上の「誰一人取り残さない」ことを理念として，2030年までの行動計画が立てられている。

(3)　下線部aの人物の進言により894年に遣唐使が廃止された。このことに影響を受けた文化が栄えた時代の文学作品として適切なものを，次のア～エの中から1つ選んで記号で答えなさい。
ア　「万葉集」　　イ　「源氏物語」　　ウ　「古事記」
エ　「新古今和歌集」

(4)　下線部bについて，福井県の再生可能エネルギーの導入量を表した次の資料中のXに入る語句を答えなさい。

福井県内の再生可能エネルギーの導入実績と目標　　単位：千kW

再エネ種別		2013年度	2020年度	2030年度（目標）
X	住宅用	33	57	93
	10kW ～1000kW	24	104	164
	1000kW以上	5	71	104
風力	陸上	20	28	280
水力	大水力	369	371	371
	中小水力	165	169	171
バイオマス		2	47	152
合計		617	847	1,336

福井県環境基本計画（２０２３年３月）

(5)　下線部cについて，小学校6年生「我が国の政治の働き」において，「子育て支援事業」を具体例として取り上げる場合，学習内容として誤っているものを，次のア～エの中から1つ選んで記号で答えなさい。

ア　県や市は，子育て支援に関わる様々な人々の願いや専門家の意見を取り入れて計画を進める。

イ　子育て支援を実現するための具体的な計画の立案や必要な費用の算定は，議会でおこなわれる。

ウ　子育て支援を実現するために，住民や会社から集めた税金を使う。

エ　子育て支援を実現するためにお金がたくさん必要になる場合，国から補助金を受けることがある。

(☆☆☆◎◎◎)

【7】次は，『小学校学習指導要領(平成29年告示)解説　算数編』の「算数科の目標　思考力・判断力・表現力等」である。空欄①，②に当てはまる語句の組み合わせとして正しいものを，以下のア～エの中から1つ選んで記号で答えなさい。

日常の事象を数理的に捉え(　①　)をもち筋道を立てて考察する力，基礎的・基本的な数量や図形の性質などを見いだし統合的・発展的に考察する力，数学的な表現を用いて事象を簡潔・明瞭・的確に表したり(　②　)に表したりする力を養う。

ア　①　見通し　　②　決められた形
イ　①　見通し　　②　目的に応じて柔軟
ウ　①　根拠　　　②　決められた形
エ　①　根拠　　　②　目的に応じて柔軟

(☆☆☆◎◎◎)

【8】ミカンの果汁が40%ふくまれている飲み物が500mLある。この飲み物を2人で等しく分けると，1人分は250mLになる。このとき，1人分の250mLに含まれる果汁の割合を答えなさい。

(☆☆☆◎◎◎)

【9】次の図は，ある児童が1m120円のリボン2.5m分の代金の求め方について，数直線を用いて考える際にかいた図である。このとき，児童は図を用いてどのようにして求めたと考えられるか説明しなさい。

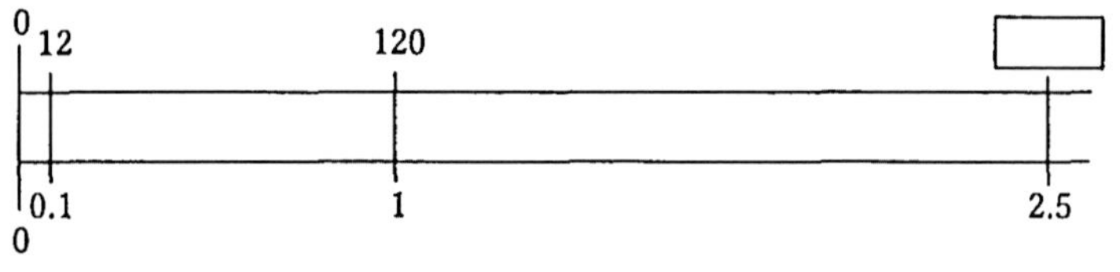

(☆☆☆◎◎◎)

【10】分数の除法の計算は逆数を用いることによって乗法の形に置き換えることができる。例えば，$\frac{2}{5}\div\frac{3}{4}$の計算は，$\frac{2}{5}\times\frac{4}{3}$と表し，計算することができる。この計算の仕方について，ある児童が除法に関して成り立つ性質や交換法則，結合法則などの四則に関して成り立つ性質を

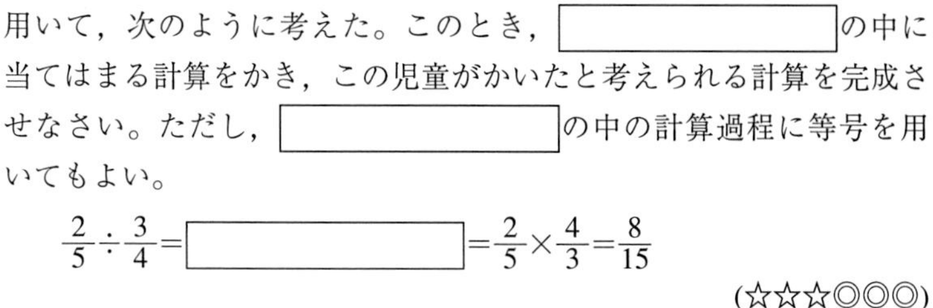

用いて，次のように考えた。このとき，［　　　　］の中に当てはまる計算をかき，この児童がかいたと考えられる計算を完成させなさい。ただし，［　　　　］の中の計算過程に等号を用いてもよい。

$$\frac{2}{5}\div\frac{3}{4}=\boxed{}=\frac{2}{5}\times\frac{4}{3}=\frac{8}{15}$$

(☆☆☆◎◎◎)

【11】次の式は，ある児童が五角形の5つの角の和の求め方について，五角形の内部に補助線をひいて考えた式を表している。

180°×4−180°

このとき，この児童がかいたと考えられる五角形の補助線を上の式に合うように図にかきなさい。

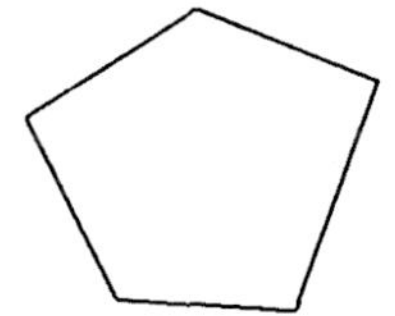

(☆☆☆◎◎◎)

【12】次は，『小学校学習指導要領(平成29年告示)解説　算数編』の「第6学年の目標及び内容　データの活用」の一部である。

柱状グラフを用いることで，資料の分布の様子を捉えることができる。(中略)ドットプロットでも分布の様子を捉えることができるが，[　　]場合などには各点がほとんど積み上がることなく，まばらに広がってしまうことがある。そのような場合には，柱状グラフを用いると考察しやすくなる。

上の[　　]には，ドットプロットよりも柱状グラフを用いると考察しやすくなる場合の例が2つ挙げられている。この例を2つ答えなさい。

(☆☆☆◎◎◎)

【13】次は，『小学校学習指導要領(平成29年告示)解説　理科編』の「第1節　教科の目標」の一部である。

> 小学校理科の教科の目標は，以下のとおりである。
>
> 自然に親しみ，理科の見方・考え方を働かせ，見通しをもって観察，実験を行うことなどを通して，自然の事物・現象についての問題を(　①　)に解決するために必要な資質・能力を次のとおり育成することを目指す。
>
> (1)　自然の事物・現象についての理解を図り，観察，実験などに関する(　②　)を身に付けるようにする。
>
> (2)　観察，実験などを行い，問題解決の力を養う。
>
> (3)　自然を愛する心情や(　③　)に問題解決しようとする態度を養う。

空欄①～③にあてはまる語句を次の[　　]の中から1つずつ選んで答えなさい。

[　基本的な技能　　基本的な技術　　主体的　　対話的　　科学的　具体的　]

(☆☆◎◎◎◎◎)

【14】次は，『小学校学習指導要領(平成29年告示)解説　理科編』の「第4学年と第6学年の目標及び内容」の一部である。以下の問いに答えなさい。

> (5)　月と星
>
> イ　月や[a]<u>星の特徴について追究</u>する中で，既習の内容や生活経験を基に，月や星の(　　)の変化と時間の経過との関係について，根拠のある予想や仮説を発想し，表現すること。

> (5)　月と太陽
>
> 月の形の見え方について，月と太陽の(　　)に着目して，それらの(　　)関係を多面的に調べる活動を通して，次の事

項を身に付けることができるよう指導する。

ア　次のことを理解するとともに，観察，実験などに関する技能を身に付けること。

(ア)　月の輝いている側に太陽があること。また，b月の形の見え方は，太陽と月との(　　)関係によって変わること。

イ　c月の形の見え方について追究する中で，月の(　　)や形と太陽の(　　)との関係について，より妥当な考えをつくりだし，表現すること。

(1)　上記の空欄に共通の語句が入る。当てはまる語句を答えなさい。

(2)　下線部aについて，【図1】のある日の午前3時頃に，しし座を観測することができた。地球と太陽，しし座の関係が【図1】のとき，しし座が見えるのはどの方位か答えなさい。

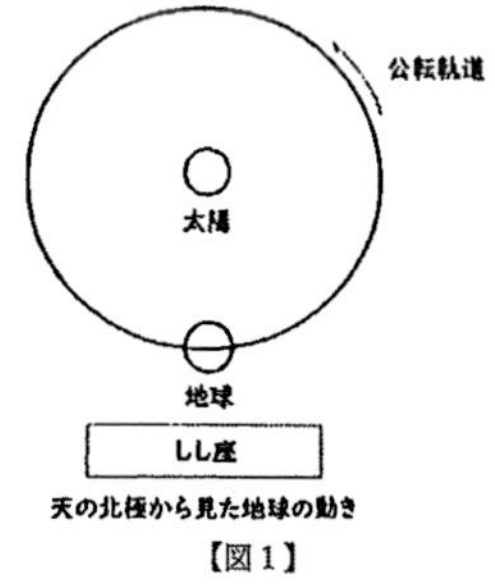

【図1】

(3)　下線部bについて，ある日，月の観察をすると【図2】のように見えた。

①　このときの時間帯と方角で正しいものを，次のア～エの中から1つ選んで記号で答えなさい。

ア　夕方で南西　　イ　夕方で南東　　ウ　朝方で南東

エ　朝方で南西

② このときの太陽，地球，月の関係でもっとも適切なものを，次の【図3】のA～Hの中から1つ選んで記号で答えなさい。

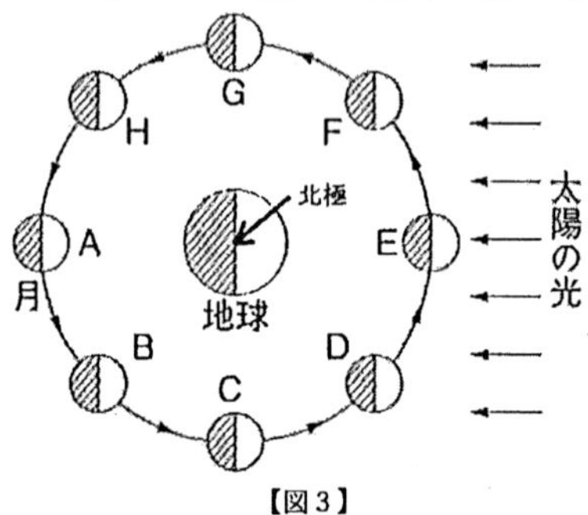

【図3】

(4) 児童の月に対する興味・関心を高め，理解を深めるためにどのような指導方法が考えられるか。『小学校学習指導要領(平成29年告示)解説　理科編』に示されている具体的な指導方法を1つ答えなさい。

(☆☆☆◎◎◎◎)

【15】次は，『小学校学習指導要領(平成29年告示)解説　理科編』の「第3学年の目標及び内容」の一部である。以下の問いに答えなさい。

> (3) 光と音の性質
>
> 光と音の性質について，光を当てたときの明るさや暖かさ，音を出したときの震え方に着目して，光の強さや音の大きさを変えたときの違いを比較しながら調べる活動を通して，次の事項を身に付けることができるよう指導する。
>
> ア　次のことを理解するとともに，観察，実験などに関する技能を身に付けること。
>
> (ア) aＡ日光は直進し，集めたり反射させたりできること。
>
> (イ) 物に日光を当てると，物の明るさや暖かさが変わること。
>
> (ウ) b物から音が出たり伝わったりするとき，物は震えてい

ること。また，音の大きさが変わるとき物の震え方が変わること。

イ　光を当てたときの明るさや暖かさの様子，音を出したときの震え方の様子について追究する中で，差異点や共通点を基に，光と音の性質についての問題を見いだし，表現すること。

(1)　下線部aについて，【図1】のように，水平な床の上に鏡と物体ア～カを置いた。観測者Xが鏡を見たとき，鏡に映って見える物体はどれか。【図1】のア～カの中からすべて選んで記号で答えなさい。

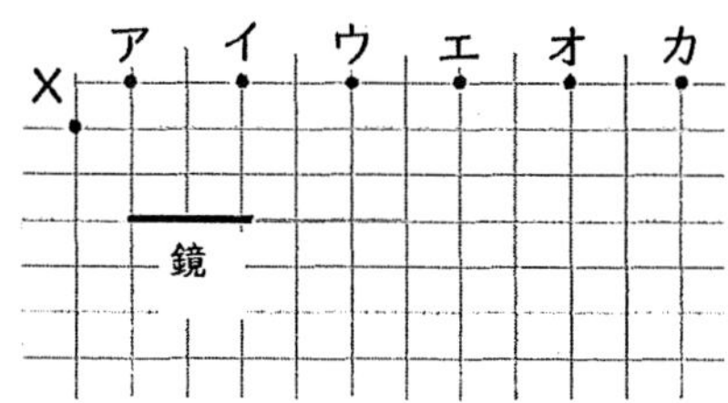

【図1】

(2)　平面鏡や虫眼鏡などを使って，光を反射させたり，集めたりする際に，児童に対して安全面に関して指導することは何か。学習指導要領に示されている例を1つ答えなさい。

(3)　【図2】のように，凸レンズを使い，物体の像をスクリーンにはっきりと映した。この状態から，物体を凸レンズに少し近づけたところ，像がぼやけた。以下の問いに答えなさい。

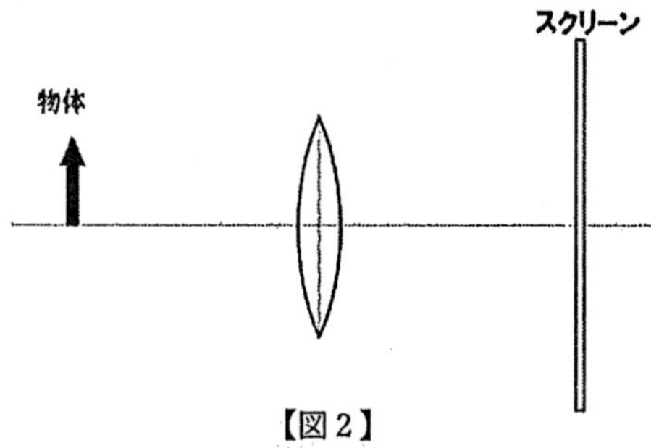

【図2】

① はっきりと映すためにスクリーンをどう動かすとよいか説明しなさい。

② ①でできた像の大きさは，はじめと比べてどう変化するか。説明しなさい。

(4) 下線部bについて，音の大きさと物の震え方との関係について調べるために，【図3】の箱と輪ゴムを使った装置をつくった。音の大きさを変える条件は何か。以下の[　　]の中から1つ選んで，答えなさい。

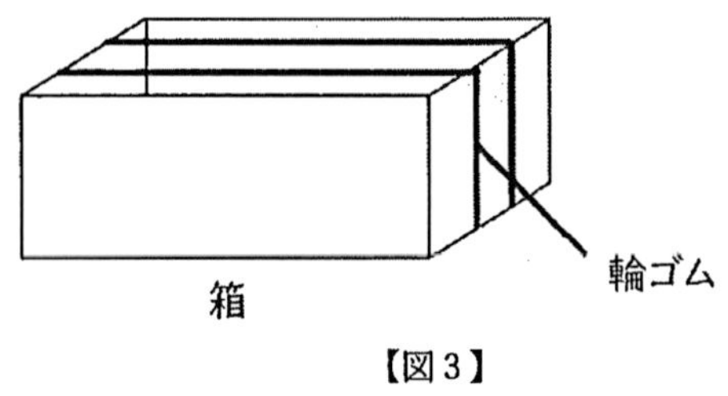

【図3】

[　輪ゴムの長さ　　はじく強さ　　張りの強さ　]

(5) 音に関する次の説明文のうち正しいものを，次のア～オの中からすべて選んで記号で答えなさい。

ア　音源の移動や観測者の移動により，音が高くなったり低くなったりする現象をドップラー効果という。

イ　音の高さは，音波の振幅の大小で決まる。

ウ　音は，固体も液体も気体も伝わるが，固体が一番伝わりやすい。

エ　音は，反射して伝わることもある。

オ　光の速さと音の速さは，ほぼ同じである。

(☆☆☆◎◎◎◎)

【16】次は，『小学校学習指導要領(平成29年告示)解説　生活編』の「生活科の目標」の一部である。空欄①，②に当てはまる語句として正しいものを，以下のア～カの中からそれぞれ1つ選んで記号で答えなさい。

生活科は，児童が身近な人々，社会及び自然と直接関わり合う中で，生活上必要な(　①　)を身に付けることを目指している。教科目標の(1)に「活動や体験の過程において……身に付けるようにする」とあるのは，児童が身近な人々，社会及び自然と直接関わり合う中にその機会があるため，それを捉えて指導するということである。生活科においては，特定の(　①　)を取り出して指導するのではなく，(　②　)を実現する過程において身に付けていくものである。これによって，(　①　)を実生活や実社会の中で生きて働くものとすることができる。

ア　思いや願い　　イ　資質や能力　　ウ　めあてや目標
エ　思考力や判断力　　オ　見方や考え方　　カ　習慣や技能

(☆☆☆◎◎◎◎)

【17】入学当初は，児童の発達の特性や幼児期からの学びと育ちを踏まえて，幼児期の教育と小学校教育を円滑に接続するスタートカリキュラムを編成することが求められる。スタートカリキュラムを編成する際には，例えば，「がっこうだいすき　なかよしいっぱい」といった大単元を設定することが考えられる。この大単元の主な学習活動のうち，図画工作科や国語科と合科的・関連的に実施することで効果が高まるものがある。学習活動の例を2つ答えなさい。

(☆☆☆☆◎◎◎◎)

【18】次は，『小学校学習指導要領(平成29年告示)解説　音楽編』の「第4章　指導計画の作成と内容の取扱い」の一部である。空欄①～③に当てはまる語句として正しいものを，以下のア～カの中からそれぞれ1つ選んで記号で答えなさい。

(1)　各学年の「A表現」及び「B鑑賞」の指導に当たっては，次のとおり取り扱うこと。

ア　音楽によって喚起された(　①　)や感情，音楽表現に対する思いや意図，音楽を聴いて感じ取ったことや想像したことなどを伝え合い共感するなど，音や音楽及び言葉による(　②　)を図り，音楽科の特質に応じた言語活動を適切に位置付けられるよう指導を工夫すること。

イ　音楽との一体感を味わい，想像力を働かせて音楽と関わることができるよう，指導のねらいに即して(　③　)活動を取り入れること。

ア　イメージ　　イ　感動　　ウ　コミュニケーション
エ　表現力の向上　　オ　鑑賞する　　カ　体を動かす

(☆☆☆☆◎◎◎)

【19】次の楽譜は『小学校学習指導要領(平成29年告示)解説　音楽編』に示されている第3学年の歌唱共通教材の楽譜である。以下の問いに答えなさい。

X　　X

【楽譜は著作権上の都合により掲載できません。】

X　　X

(1)　Xに共通して入る記号の名称を，次のア～エの中から1つ選んで記号で答えなさい。

ア　二分休符　　イ　四分休符　　ウ　八分休符
エ　フェルマータ

(2)　この曲を取り扱う際の学習活動として適切でないものを，次のア～エの中から1つ選んで記号で答えなさい。

ア　曲の拍を感じながら，歌に合わせて手拍子や手あそびをする。
イ　和音の響きや美しさを感じながらリコーダーで演奏する。
ウ　歌詞の表す言葉の意味や情景を思い浮かべながら歌う。
エ　7音の調子のよい言葉のリズムを感じながら曲を聴く。

(3) この曲の曲名を答えなさい。

(☆☆☆◎◎◎◎◎)

【20】次は,『小学校学習指導要領(平成29年告示)解説　図画工作編』の「図画工作科の目標」のうち造形的な見方・考え方についての記述である。空欄①,②に当てはまる語句として正しいものを,以下のア～エの中からそれぞれ1つ選んで記号で答えなさい。

> 造形的な見方・考え方とは,「感性や想像力を働かせ,対策や事象を,形や色などの造形的な視点で捉え,(　①　)をもちながら(　②　)をつくりだすこと」であると考えられる。

ア　目標　　イ　自分のイメージ　　ウ　意味や価値
エ　見方や考え方

(☆☆☆◎◎◎)

【21】『小学校学習指導要領(平成29年告示)解説　図画工作編』の「図画工作科の内容　(1)A表現」の内容について,指導に当たっては,「思考力,判断力,表現力等」の育成の観点から,材料や用具,表現方法などを考慮する必要がある。考慮する例を2つ答えなさい。

(☆☆☆◎◎◎)

【22】次は,『小学校学習指導要領(平成29年告示)』の「第2章　第8節家庭　第2　各学年の内容　1　内容」の一部である。以下の問いに答えなさい。

> C　消費生活・環境
> 次の(1)及び(2)の項目について,課題をもって,(　①　)の構築に向けて身近な消費生活と環境を考え,工夫する活動を通して,次の事項を身に付けることができるよう指導する。
> (1)　物や金銭の使い方と買物

ア　次のような知識及び技能を身に付けること。

(ア)　買物の仕組みや(　②　)が分かり，物や金銭の大切さと(　③　)について理解すること。

(イ)　身近な物の選び方，買い方を理解し，購入するために必要な(　④　)が適切にできること。

イ　購入に必要な情報を活用し，身近な物の選び方，買い方を考え，工夫すること。

(2)　環境に配慮した生活

ア　自分の生活と身近な環境との関わりや環境に配慮した物の使い方などについて理解すること。

イ　環境に配慮した生活について物の使い方などを考え，工夫すること。

(1)　空欄①～④に当てはまる語句として正しいものを，次のア～クの中からそれぞれ1つ選んで記号で答えなさい。

ア　充実した日常生活　　イ　持続可能な社会
ウ　計画的な使い方　　　エ　物流の仕組み
オ　情報の収集・整理　　カ　金銭の計算・貯蓄
キ　値段の付け方　　　　ク　消費者の役割

(2)　下線部について，物を生かして使う工夫の学習では，次に示す「ごみを減らす5R」を取り上げることができる。①～④の内容について，適切なものを□の中から選んで記号で答えなさい。

【ごみを減らす5R】　　　【内容】
・Reduce(リデュース)　→　①
・Reuse(リユース)　→　②
・Recycle(リサイクル)　→　③
・Refuse(リフューズ)　→　④
・Repair(リペア)　→　修理して使う

ア　受け取らない
イ　もう一度生かす
ウ　むだを減らす
エ　資源として使えるようにする

(☆☆◎◎◎◎◎)

【23】次は，『子どもの体力向上のための取組ハンドブック(平成24年3月文部科学省)』に示されている新体力テスト項目と評価内容の対応関係を表したものの一部である。表中の空欄ア～エに当てはまる語句を答えなさい。

テスト項目	運動能力評価	体力評価		運動特性	
50m走	走能力	スピード	すばやく移動する能力	すばやさ	力強さ
20mシャトルラン	走能力	（　イ　）	運動を持続する能力	ねばり強さ	
立ち幅とび	（　ア　）能力	瞬発力	すばやく動き出す能力	ねばり強さ	
ボール投げ	投球能力	巧緻性 瞬発力	運動を調整する能力	力強さ	タイミングの良さ
握力		筋力	大きな力を出す能力	力強さ	
上体起こし		筋力 筋持久力	大きな力を出す能力 筋力を持続する能力	力強さ	ねばり強さ
長座体前屈		（　ウ　）	大きく関節を動かす能力	体の柔らかさ	
反復横とび		敏捷性	すばやく動作を繰り返す能力	（　エ　）	タイミングの良さ

(☆☆☆◎◎◎)

【24】次は，『小学校学習指導要領(平成29年告示)解説　体育編』の「第5学年及び第6学年の内容及び内容の取扱い」の一部である。以下の問いに答えなさい。

ウ　跳び箱運動

跳び箱運動では，その行い方を理解するとともに，自己の能力に適した切り返し系や回転系の基本的な技を安定して行ったり，その発展技に取り組んだりすること。

［　切り返し系　切り返し跳びグループ発展技の例示　］

○(＿＿＿＿＿＿)(更なる発展技：屈身跳び)

・助走から両手で踏み切って着手し，足をかかえ込んで跳び越し着地すること。

(1)　空欄に入る技の名前を学習指導要領に記載の技名で書きなさい。

(2)　この技が苦手な児童への配慮について，学習指導要領に記載されている例を1つ書きなさい。

(☆☆☆☆◎◎◎)

【25】次は，『小学校学習指導要領(平成29年告示)解説　外国語活動・外国語編』の「第1部　外国語活動」における「言語活動」について記述されている内容の一部である。空欄①～④に入る適切な内容を答えなさい。

> 言語活動を設定するに当たっては，児童が興味・関心をもつ題材を扱い，聞いたり話したりする(　①　)のある体験的な活動を設定することが大切である。また，中学年の児童が外国語活動において英語に初めて触れることを踏まえ，まず(　②　)活動が十分に設定されていることが大切である。中学年において十分に聞いたり話したりする経験をしておくことが，高学年の外国語科における五つの領域の言語活動につながる。(中略)
>
> なお，言語活動を行う際には，児童が興味・関心をもち，(　③　)を味わえるよう，個別支援に努めるとともに，活動方法や聞かせる音声の(　④　)等についても十分配慮する必要がある。

(☆☆☆◎◎◎)

【26】外国語科の指導について書かれた(1)～(4)について，適切なものには○，そうでないものには×を書きなさい。

(1) アルファベットの大文字と小文字について，4線上に書き写すことができればよい。

(2) 得意なものを紹介し合う活動では，"I am good at playing tennis." という表現に触れ，「代名詞」や「動名詞」の用法について理解させる必要がある。

(3) 学年ごとに学習到達目標を設定することで，児童にどのような英語力が身に付くかを明らかにすることができ，児童や保護者と共有することで，授業のねらいが明確になる。

(4) 児童の英語でのやり取りがある程度継続するように，相手が言ったことを繰り返したり，"Me, too." や "How about you?" の表現を使ったりできるようになるための指導が必要である。

(☆☆☆◎◎◎)

【27】小学校6年生の外国語の授業で，友達に感謝の気持ちを伝えるために，小学校の思い出を伝え合う発表会をすることになった。その単元の指導の中で学習者用デジタルや教科書やタブレット端末をどのように活用するとよいか。活用の内容や目的，効果について，具体的に2つ答えなさい。

(☆☆☆◎◎◎)

【28】次の英文を読んで，(　　)に入る最も適切なものを，A)～D)の中から1つ選んで記号で答えなさい。

(1) A : What do your family do (　　) New Year's Day?

B : We usually go to the shrine near my house.

A) on　B) in　C) to　D) with

(2) A : Hi Janet, long time no see! How was your winter vacation?

B : I went to Kyoto with my family. I (　　) many temples. They were so great.

A)　lost　　B)　wrote　　C)　ate　　D)　saw

(3)　A : Do you know which country has the largest population in the world?

B : (　　) the Internet, India has the largest population.

A)　Instead of　　B)　According to　　C)　In spite of

D)　In order to

(4)　A : Wow, what a good performance! You must (　　) playing the violin for a very long time.

B : Thank you, actually I started learning last year.

A)　be　　B)　are　　C)　have　　D)　have been

(☆☆☆◎◎◎)

【29】次の学習アプリ上でのやりとりを読んで，以下の問いの答えとして最も適切なものを，A)～D)の中から1つ選んで記号で答えなさい。

*translation app(s)　翻訳アプリケーション

James Bridge　　2023/06/09 Fri. 14:34

【Homework】

Today's class was wonderful. Thank you for presenting so many opinions about the topic I showed.

These are some of your opinions from today's class.

<Good points of using translation apps in English classes>

- ✔ When I don't know how to say something in English, I can find the answer right away.
- ✔ Students who are not good at English can have a conversation with an ALT or friends in good English.
- ✔ No need to spend time looking up words and expressions in a dictionary.
- ✔ Students can express themselves in English to the best of their ability.

<Bad points of using translation apps in English classes>

- ✔ Students will not memorize words and expressions.
- ✔ When speaking in English, it will take longer for students to respond to a question by using the app.
- ✔ (①)
- ✔ Teachers will not be able to evaluate students' English ability properly.

I would like to make time to discuss about this in my English class next week. So please think about this topic. And send an email to me by next Tuesday. I would like to know the opinion of each one of you before that class.

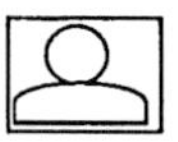

Natsu Sato　　2023/06/10 Sat. 10:27

RE:【Homework】

Translation apps are very helpful. I usually use it as a tool to gather many kinds of information I want to know, or to find a good way to say what I really want to say in English. There is no need to look up a lot of words in a dictionary to find their meanings, or to wait for a turn to ask a question to a teacher. On the other hand, it is unnatural to use a translation app when we talk with the person in front of us. I have also had the experience of constantly using a translation app and not being able to find the word when I wanted to speak it. So, I think we must not use it too much.

I think that what I learn in English class is not only the skill of using English. I am very happy when I can speak with you in my English, and it is also very interesting to learn about the difference of culture of different countries.

I think that we should use translation apps effectively in the English classes because they help us to use our time more efficiently.

(1) What topic did Mr. Bridge ask his students in his class on Friday?

A)　What is the best way to get a good score in English?

B)　How many languages can the translation app translate?

C)　Whether translation apps should be used in English classes?

D)　What is the best translation app to use in English for English classes?

(2)　Choose the appropriate sentence that goes in (　①　).

A)　We can listen and practice pronouncing English sentences.

B)　Students may not be able to read or speak English without the translation app.

C)　No need to bring heavy dictionaries to the classes.

D)　Learn English expressions we didn't know.

(3)　Which of the following is NOT Natsu's opinion?

A)　We can save time by asking questions to the teacher.

B)　Translation apps are very useful when gathering various types of information.

C)　When talking face to face, it's better not to use translation apps.

D)　Translation apps have both advantages and concerns.

(4)　What is the main reason why Natsu wants to use translation apps in English classes?

A)　To ask many questions about English.

B)　To use smart phones well.

C)　To be able to speak to Mr. Bridge well.

D)　To save time.

(☆☆☆◎◎◎)

【30】道徳性を養うことを目的とする道徳科においては，その目標を十分に理解して，教師の一方的な押し付けや単なる生活経験の話合いなどに終始することのないように特に留意し，指導の効果を高める工夫をすることが大切となる。指導の工夫の一つとして，自分の考えを基に表現する機会を充実していくことが考えられる。

次は，『小学校学習指導要領(平成29年告示)解説　特別の教科　道徳編』の一部である。

> 自分の考えを基に書いたり話し合ったりできるようにするためには，話合いの一定のルールなどを身に付けさせることは必要であるが，日頃から(　①　)をつくるとともに，(　②　)ことが大切である。また(　③　)考えに接する中で自分の感じ方や考え方が明確になるなど，学習が深まるということを，日頃の経験を通して実感させるように努めることが求められる。

空欄①は「学級に関する内容」，空欄②は「教師に関する内容」，空欄③は「どのような考えに接するかについての内容」が入る。空欄①～③にはどのような内容が書かれているか答えなさい。

(☆☆☆☆◎◎◎◎)

【31】道徳科の問題解決的な学習を取り入れた指導として適切でないものを，次のア～エの中から1つ選んで記号で答えなさい。

ア　主題を自分との関わりで捉え自己を見つめ直し，発展させていくことへの希望がもてる終末にする。

イ　教師と児童，児童相互の話合いが十分に行われるような発問の仕方の工夫をする。

ウ　気持ちや考えの発表だけでなく，じっくりと自己を見つめて書くための時間の確保をする。

エ　多様な話合いができるように，ペアや少人数グループ学習を目的にし，毎時間必ず行う。

(☆☆☆◎◎◎◎)

解答・解説

【１】1　(1)　①・②　螺旋，反復　(順不同)　　(2)　イ

〈解説〉1　(1)　出題されたのは，学習指導要領解説(平成29年7月)「第1章　2　国語科の改訂の趣旨及び要点」「(3)　学習の系統性の重視」の解説部分である。国語科の学習の系統性は，螺旋的・反復的な繰り返しの学習を基本としている。　(2)　①・②　内容〔思考力，判断力，表現力等〕「C読むこと」のイは，文学的文章を読むことにおける構造と内容の把握に関する指導事項である。構造や内容の捉え方については，低学年では「内容の大体」を，中学年では「叙述を基に」，高学年では「描写を基に」捉えるとして，学年の進行に応じて示されている。　③・④　指導事項カは，共有に関する事項である。共有では，文章を読んで感じたことや考えたことを共有し，自分の考えを広げることが示されている。低学年では「共有すること」までだが，中学年は共有した上で「一人一人の感じ方などに違いがあることに気付くこと」，高学年は共有した上で「自分の考えを広げること」が，ねらいとして示されている。

【２】(1)　折れ　　(2)　学習した点画(折れ)を使った漢字を書き，活用・定着を図るため。

〈解説〉(1)　点画とは，文字を構成する「横画，縦画，左払い，右払い，折れ，曲がり，反り，点」などのことである。「山」は縦画，折れ，とめ　がある字で，児童Bの発言から，横画，縦画，とめは学習しているので，「折れ」が未習であり，本時の新しい学習になる。

(2)　問題文の4つの漢字は，それぞれ異なる位置の「折れ」があり，これらの漢字を書くことで，本時の新しい学習「折れ」の理解を深めることができ，書き方の練習をすることもできる。

【3】(1)　①　心に残ったことを一番伝えたい　　②　最初　　(2)　エ

〈解説〉(1)　本単元は，小学校学習指導要領(平成29年告示)国語科〔第1学年及び第2学年〕の内容〔思考力，判断力，表現力等〕「A話すこと・聞くこと」の指導事項「イ　相手に伝わるように，行動したことや経験したことに基づいて，話す事柄の順序を考えること」を踏まえた指導である。2年生なので，身近なことや経験したことなどから単元「冬休みの思い出をつたえよう」を構想し，指導事項イを学習の目標に設定している。取材と話す事柄の順序を考えることができるメモにより，学習活動を一人一人に取り組みやすいものにするとともに，メモに基づいて，互いに話す練習をすることで，話す順序について考えることができるように計画している。この児童はメモに沿って話す練習を友達に聞いてもらい，そのアドバイスから，どのような順序を踏まえればよいのかを考えている。　(2)「話すこと，聞くこと」の言語活動例については，低学年では「紹介」「説明」「報告」のほか，「挨拶」「連絡」などが示されている。中学年になると「説明」「報告」など，高学年では「意見」「提案」などが示されている。

【4】(1)　与謝蕪村　　(2)　(季節)春(の)(時間帯)夕暮れ

〈解説〉(1)　作者は，江戸時代中期の俳人，画家の与謝蕪村である。(2)　秋の季語である「月」も含まれているが，この俳句の季語は「菜の花」で季節は春である。時刻は，月が東の空に登ってきており，日が西の空に傾いていることから夕暮れである。

【5】(1)　・録画(録音)機能を活用して，インタビューの様子を録画(録音)する　　・メール機能を利用して質問する　　・オンライン会議システムを利用して，専門家に質問する　から1つ　　(2)　ウ

(3)　①　・スーパーマーケットによるリサイクルコーナー設置　・企業によるプラスチック削減活動　　・NPOによる海洋ゴミ回収プロジェクト　から1つ　　②　・家庭のごみカレンダー　　・商品にある環境ラベル　　・家庭で使用するマイバッグ　から1つ

〈解説〉(1)　タブレット端末の検索機能以外に着目して記述すること。メール機能を利用しての情報収集なら，メールによる質問が考えられる。オンライン会議の機能を利用すれば，専門家に質問することが考えられる。録音・録画機能を利用すれば，校外学習での見聞やインタビューの様子を記録することが考えられる。　(2)「多角的に考える」とは，児童が複数の立場や意見を踏まえて考えることを指しているので，ウの「最後に全員で一つの結論を出すことを重視すること。」は適切でない。　(3)　①　内容の取扱いに，「ごみの減量や資源としての再利用」と記されている。ごみを減らす取り組みとしては，企業によるプラスチックの削減活動，資源としての再利用では，スーパーマーケットによるリサイクルコーナーの設置など，環境汚染を減らす取り組みとしては，NPOによる海洋ごみ回収プロジェクトなどが挙げられる。　②　地域にある身近なものということで，家庭で使用するマイバッグ，家庭にあるごみカレンダー，詰め替えのものの利用，生ごみコンポストの利用，使い古しの衣類を掃除用具として利用，自分たちが使う商品についている環境ラベルなどが考えられる。

【6】(1)　Ⅰ　いちほまれ　　Ⅱ　永平寺　　(2)　Ⅲ　持続可能な開発　Ⅳ　国際連合　　Ⅴ　17　　(3)　イ　　(4)　太陽光　　(5)　イ

〈解説〉(1)　Ⅰ　福井県のブランド米「いちほまれ」は，6年の歳月をかけて平成28(2016)年に開発された。　Ⅱ　曹洞宗の大本山は，永平寺である。越前志比荘の地頭波多野義重の援助で，道元が創建した。　(2)　Ⅲ　SDGs(Sustainable Development Goals)とは，日本語で持続可能な開発目標と呼ばれる。　Ⅳ　2015年にニューヨークの国際連合本部で開かれたサミットにおいて策定された「持続可能な開発のための2030アジェンダ」の中で設定された目標が，持続可能な開発目標(SDGs)である。　Ⅴ　SDGsは，17の目標と169のターゲットから構成されている。　(3)　遣唐使が廃止され，平安時代中期から後期にかけて，日本の人々の心情や風土にあった国風文化が栄えた。その時代，後宮サロンの形成により，かな文学が発展した。かな文学を代表する作品が，紫式部の『源氏物語』である。『万葉集』は奈良時代の日本最古の歌集，『古事記』は奈良時代の歴史書，『新古今和歌集』は鎌倉時代の勅撰和歌集である。　(4)　Xに住宅用とあることから，再生可能エネルギーの中でも最も身近な太陽光と考えられる。2022年度の発電電力量は，太陽光が全体の9.9％，水力が全体の7.2％となっている(世界国勢図会2023/24より)。　(5)　学習指導要領解説(平成29年月)第6学年の内容「我が国の政治の働き」における「国や地方公共団体の政治」についての内容の取扱いには，社会保障の取組における「子育て支援事業」などについては，「市役所，県庁が地域の実態や住民の意見を取り入れながら政策を決定し，国と協力して計画的に実行している」と記されている。

【7】イ

〈解説〉①　算数科では，問題を解決したり，判断・推論したりしていく過程において，見通しをもち筋道を立てて考えて，いろいろな性質や法則などを発見し確かめたり，筋道を立てて説明したりする資質・能力の育成を目指すことを，重要なねらいとしている。　②　考えたことを目的に応じて柔軟に表現することで，考えをより豊かにすることができるとしている。

【8】40％

〈解説〉果汁の割合は，500mLでも，分けて250mLになっても，割合は変わらないことから，250mLに含まれる果汁の割合は，分ける前と同じく40％である。

【9】0.1mあたりの量(値段)を求め，2.5が0.1の25倍に当たることから求めた。

〈解説〉小数をかけるかけ算の学習活動において，既習の整数をかける計算を使って求めるやり方の一つである。120×2.5の計算において，120×2.5＝(120÷10)×(2.5×10)＝12×25＝300　という考え方の計算で求めている。

【10】$\frac{2}{5}\div\frac{3}{4}=\left(\frac{2}{5}\times\frac{4}{3}\right)\div\left(\frac{3}{4}\times\frac{4}{3}\right)=\left(\frac{2}{5}\times\frac{4}{3}\right)\div1=\frac{2}{5}\times\frac{4}{3}=\frac{8}{15}$

〈解説〉被除数と除数に同じ数をかけても商は変わらないという除法の性質を利用して，除数を1にすることによって，$\frac{2}{5}\div\frac{3}{4}=\frac{2}{5}\times\frac{4}{3}$を導いた。

【11】

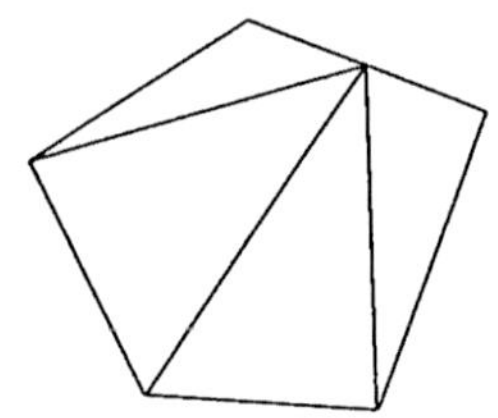

〈解説〉(五角形ABCDEの内角の和)＝(△ABPの内角の和)＋(△BCPの内角の和)＋(△CDPの内角の和)＋(△DEPの内角の和)－∠APE＝180°×4－180°

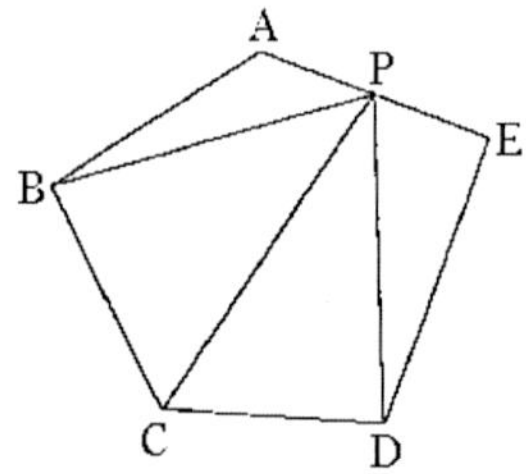

【12】・扱うデータが小数点など刻みが細かくなっている場合　・最小値と最大値の差が著しく開いている場合

〈解説〉柱状グラフは，量的データの分布の様子を分析する目的から，階級に分けて集計し，度数の多さを高さに対応させて表しているため，横軸は数値軸となっている。

【13】① 科学的 ② 基本的な技能 ③ 主体的

〈解説〉① 理科の目標の柱書部分においては，資質・能力を育成する学習の過程が示されており，その中で，問題解決していく際に，理科では「科学的に解決する」ということが重要であることが明示されている。 ② 知識及び技能に関する目標(1)において，前半は知識，後半は技能に関する目標が示されている。 ③ 今回の学習指導要領改訂においては，「主体的に問題を解決する活動」などをさらに充実させていくことが示された。

【14】(1) 位置 (2) 南西 (3) ① ア ② F (4) ・実際に観察した月の形の見え方を，モデルや図によって表現する。
・月の位置や形と太陽の位置との関係について考えたり，説明したりする活動の充実を図る。 ・数日後の月の見え方を予測する。 から1つ

〈解説〉(1) 月や星，あるいは月と太陽については，位置の変化や位置関係に着目して理解を図ることが基本となる。 (2) 図の位置関係のとき，しし座は夕方東の空から昇り，真夜中に南中して明け方に西の空に沈む。よって午前3時ごろは南西に見える。 (3) ① 三日月は，日没直後に南西の空に見える。 ② 新月の後，月は右側から光り始める。Eの位置にあるときが新月で，Gの位置にあるときが，右半分が光って見える上弦の月である。三日月はその間になる。 (4) 小学校学習指導要領解説(平成29年7月)には，「実際に観察した月の形の見え方を，モデルや図によって表現するなど，月の位置や形と太陽の位置との関係について考えたり，説明したりする活動の充実を図るようにするとともに，数日後の月の見え方を予測する活動」や，「移動教室や宿泊を伴う学習の機会を生かすとともに，プラネタリウムなどを活用すること」などが記述されている。

【15】(1) イ，ウ，エ (2) ・破損して，指を切ったり，手を傷つけたりしないようにすること。 ・虫眼鏡を使って直接目で太陽を見

ないこと。　　・反射させた日光を人の顔に当てないこと。　　・虫眼鏡で集めた日光を衣服や生物に当てないこと。　から1つ

(3)　①　遠ざける　　②　大きくなる　　(4)　はじく強さ

(5)　ア，ウ，エ

〈解説〉(1)　次の図のように，Xから鏡の端を通る線を引く。鏡に対して線対称の位置にある点が2本の線の間にあるものがXには鏡に映って見える。鏡の左端から反射される光はアとイの間を通り，右端から反射される光はエとオの間を通ることから，鏡に映る物体はイ，ウ，エである。

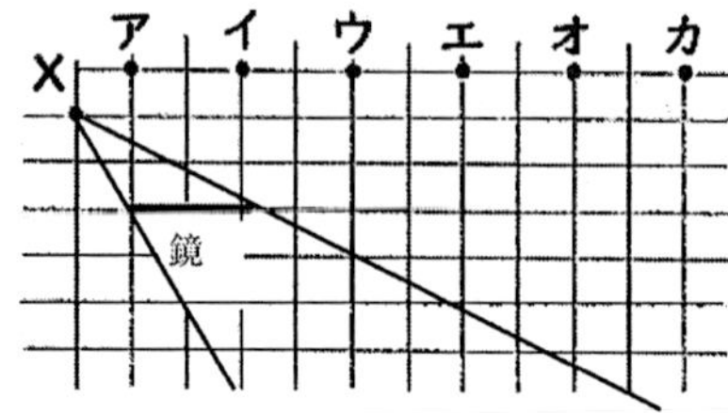

(2)　学習指導要領解説(平成29年7月)には，「平面鏡や虫眼鏡などを扱う際には，破損して，指を切ったり手を傷つけたりする危険が伴うので，その扱い方には十分気を付けるようにする。また，直接目で太陽を見たり，反射させた日光を人の顔に当てたり，虫眼鏡で集めた日光を衣服や生物に当てたりしないようにするなど，安全に配慮するように指導する」と記述されている。　(3)　①　レンズから物体までの距離a，レンズからスクリーンまでの距離b，焦点距離fには$\frac{1}{a}+\frac{1}{b}=\frac{1}{f}$の関係が成り立つ。物体をレンズに近づけて$a$を小さくして$\frac{1}{a}$を大きくしたときに，この関係を成り立たせるには$\frac{1}{b}$を小さくする。つまり$b$を大きくする。　②　像の倍率は$\frac{b}{a}$で求められるので，aを小さくして$b$を大きくすると，倍率は大きくなる。　(4)　はじく強さが大きいほど大きな音になる。輪ゴムの長さを短くしたり，張りを強くしたりすると，音の高さが変わり高くなる。　(5)　イ　音の高さは振動数で決まる。音波の振幅の大小で決まるのは，音の大きさである。

オ　空気中での音の速さは15℃で約340m/s，光の速さは約30万km/sで，全く異なる。

【16】① カ　② ア

〈解説〉生活科の知識及び技能の基礎に関する目標(1)においては，「生活上必要な習慣や技能を身に付けるようにする」ことを目指すことが示されている。学習指導要領解説(平成29年7月)では，「生活上必要な習慣」には，健康や安全に関わること，みんなで生活するためのきまりに関わること，言葉遣いや身体の振る舞いに関わることなどがあり，「生活上必要な技能」には，手や体を使うこと，様々な道具を使うことなどがある事が記述されている。

【17】・学校探険で見付けたことを絵に表す。　・学校のはてなやびっくりなど，見付けた不思議を友達に伝える。

〈解説〉今回の学習指導要領改訂で特に求められている低学年教育の充実については，学習指導要領解説(平成29年7月)「第4章　1　指導計画作成上の配慮事項(4)」に示されている。スタートカリキュラムにおける，生活科を中心とした合科的・関連的な指導の例として挙げられている大単元「がっこうだいすき　なかよしいっぱい」には，小単元「学校探検に行こう」「学校のはてなやびっくりを見付けよう」「見付けたものや人をお知らせしよう」などを位置付け，小単元の主な学習活動として「探検で見付けたものを絵に表す」「見付けた不思議を友達に伝える」など，図画工作科や国語科と合科的・関連的に実施することによって，効果的な指導が期待されることが示されている。

【18】① ア　② ウ　③ カ

〈解説〉問題文は，小学校学習指導要領(平成29年告示)の指導計画の作成と内容の取扱いに示されたものの一部にあたる。　①・②　今回の学習指導要領改訂においては，他者と協働しながら，音楽表現を生み出し，音楽のよさを考えるなどの学習の充実を図る観点から，「音や音楽及び言葉によるコミュニケーションを図り，音楽科の特質に応じた言語活動を適切に位置付けられるようにすること」が，指導に当たっての配慮事項として示された。　③　児童が音楽との一体感を味わうことができるようにするためには，音楽に合わせて歩いたり，動作をしたりするなどの体を動かす活動を取り入れることが大切であることが示されている。

【19】(1)　イ　　(2)　イ　　(3)　茶つみ

〈解説〉(1)・(3)　第3学年の共通教材「茶つみ」からの出題である。共通教材は各学年4曲で，第3学年の歌唱共通教材は，「うさぎ」「茶つみ」「春の小川」「ふじ山」の4曲である。曲名，作詞者，作曲者，歌詞，旋律は出題頻度が高いので，必ず学習しておきたい。歌詞や旋律は，実際に口ずさむと理解しやすい。　(2)　提示されたのは歌唱教材であることから，楽器であるリコーダーは用いない。リコーダーは器楽の活動で取り扱う。

【20】①　イ　　②　ウ

〈解説〉見方・考え方は，その教科等ならではの物事を捉える視点や考え方であり，図画工作科においてはその特質に応じて，造形的な見方・考え方として示されている。その図画工作科の特質の部分の解説である。それは，図画工作科で育成する三つの資質・能力を育成するために子どもが働かせるものである。自分の感覚や行為を大事にしながら，自分で「いいな」と思ったり，「いいこと，思いついた！」と発見したり，「これは，○○なんだよ」と自分なりの意味や価値をみつけたりする子どもの姿として理解したい。

【21】・思いのままにクレヨンやパス，絵の具を使うことのできる環境を用意する。　・粘土で自在に形を追求する時間を確保する。
・手や体全体を使って長く並べたり高く積んだりできる場所を工夫する。　から2つ

〈解説〉学習指導要領解説(平成29年7月)には，「思考力，判断力，表現力等」を育成する観点から，材料や用具，表現方法などを考慮することとしてはほかに，動く仕組みそのものを工夫したり，表現しながら伝えたい思いを膨らませたりするなど，題材を工夫することが記述されている。また，材料からの発想を広げるために，材料の種類や量を豊富に用意したり，材料からの発想を深めるために，材料の種類や量を絞って用意したりするなどのことが記述されている。

【22】(1)　①　イ　②　ク　③　ウ　④　オ　(2)　①　ウ　②　イ　③　エ　④　ア

〈解説〉(1)　小学校学習指導要領(平成29年告示)家庭科「C消費生活・環境」においては，持続可能な社会の構築に対応して，自立した消費者を育成するために，「買物の仕組みや消費者の役割」に関する内容が新設され，中学校との系統性が図られるとともに，消費生活や環境に配慮した生活の仕方に関する内容の改善が図られた。情報の収集・整理は，目的にあった品質のよいものを無駄なく購入するために学習する内容であり，消費生活や環境に配慮した生活のしかたに関わるものといえる。(2)　環境に配慮した物の使い方に関する5Rの問題である。5Rの取組みは大切だが，実践する順番も大事である。まず，不要なものを買わない・貰わない「リフューズ」，次にごみを発生させない「リデュース」，繰り返し使う「リユース」，修理して使う「リペア」，最後は資源として再生利用する「リサイクル」の順である。日頃から，ごみをつくらない，増やさないことを意識することが大切である。

【23】ア　跳躍　イ　全身持久力　ウ　柔軟性　エ　すばやさ

〈解説〉新体力テストでは，8項目の実技テスト項目に対応して，運動能力評価では「走能力」「跳躍能力」「投球能力」の3つの運動能力が評価される。また，体力評価では「スピード」「全身持久力」「瞬発力」「巧緻性」「筋力」「筋持久力」「柔軟性」「敏捷性」の8つの体力要因が評価される。さらに，「すばやさ」「動きを持続する能力(ねばり強さ)」

「タイミングの良さ」「力強さ」「体の柔らかさ」の5つに整理された運動特性との対応関係が示されている。　ア　立ち幅跳びは跳躍に関わるテストであることから，「跳躍能力」である。　イ　20mシャトルランは，体全体の筋肉や心肺機能など全身を使った運動を長く続ける能力である「全身持久力」が評価される。　ウ　長座体前屈は，運動特性の「柔らかさ」に呼応する「柔軟性」が評価される。　エ　反復横とびの体力評価は「敏捷性」で，運動特性の「すばやさ」は，反復横とびと50m走の測定値から評価される。

【24】(1)　かかえ込み跳び　　(2)　・マットを数枚重ねた場を設置して，手を着きやすくする。跳び越しやすくする。　　・体育館のステージに向かって跳び乗り，跳び越しやすい場で踏切り－着手－着地までの動きが身に付くようにする。　から1つ

〈解説〉(1)　技の名称は，その技の動きや様子や方向などを反映している。その原則を理解し，具体的な動きとともに技の名称を覚えると良い。この問題では，説明文にある足を「かかえ込む」動作が技の名称となっていることが分かる。跳び箱運動は切り返し系と回転系で構成され，「かかえ込み跳び」は高学年時に指導される切り返し系の技である。　(2)　マットを重ねて置くと高さがあるため，着手や跳び越しが容易となる。また，ステージの活用は，「手を着いた先が見えること」「広い場所に手を着くこと」によって児童に安心感も与えることができる。

【25】①　必然性　　②　聞く　　③　達成感　　④　速度

〈解説〉①　聞いたり話したりする活動においては，その活動の「必然性」が重要である。　②　英語に初めて触れるという状況において，まず初めにインプットとしての「聞く」活動が十分に設定されていることが大切である。　③「聞くこと」の言語活動において，「達成感」を味わうことが重要である。　④　英語を聞く活動の初期段階であり，音声の速度等についての配慮が必要である。

【26】(1) × (2) × (3) ○ (4) ○

〈解説〉外国語科の指導について書かれた文についての正誤問題。

(1) 大文字及び小文字を正しく書き分けることができたら，語順を意識しながら，語と語の区切りに注意して，音声で十分に慣れ親しんだ簡単な語句や基本的な表現を書き写す活動を行う。 (2) I am good at playing tennis. という表現に触れて，その意味を理解し活用することを学習するが，「代名詞」や「動名詞」の用法についての理解・活用は，中学校で扱われる。

【27】・自分のスピーチをより分かりやすくするために，タブレットで録画し，友達からアドバイスをもらう。 ・子どもが上手に発表できるように，デジタル教科書の音声再生機能を活用し，自分のペースで発音練習をする。

〈解説〉デジタル教科書やタブレット端末の活用法についての記述問題。タブレット端末の録画機能や，デジタル教科書の音声再生機能などを有効に活用する具体的な方法を記述する。公開解答例では，スピーチのブラッシュアップのために録画機能を利用するものと，発音練習のために音声再生機能を活用する方法が示されている。

【28】(1) A) (2) D) (3) B) (4) D)

〈解説〉選択式穴埋め問題。 (1) 日付に付く前置詞なので，A)のonが適切。 (2) たくさんの寺院についてしたことなので，D)のsawが適切。 (3) 出典であるインターネット「によると」なので，B)のAccording toが適切。 (4) 現在完了形の「継続」にあたる用法。長い間ヴァイオリンの練習をしてきたに違いない，という表現。

【29】(1) C) (2) B) (3) A) (4) D)

〈解説〉学習アプリ上のやり取りに関する問題。 (1) 金曜日に行われた授業のテーマは，前半のBridgeのメッセージの通り，英語の授業で翻訳アプリを使うことの良い点と悪い点であることから，C)の「英語の授業で翻訳アプリを使うべきか」が適切。　(2)　翻訳アプリの悪い点についての意見であることから，B)の「生徒は翻訳アプリなしでは，英語を読んだり話したりできないかもしれない」が適切。　(3)　A)の「先生に質問することで時間を節約できる」は，翻訳アプリを活用することに関する意見ではなく，Natsuもそうした意見を書いていないことから，不適切。　(4)　Natsuの返信文の最後の段落で，「翻訳アプリを使うと時間を効率的に使える」と書かれていることから，D)が適切。

【30】①　何でも言い合え，認め合える学級の雰囲気　　②　教師が受容的な姿勢をもつ　　③　自分とは異なった

〈解説〉小学校学習指導要領(平成29年告示)道徳科の指導計画の作成と内容の取扱い2の(4)で示されている「自分の考えを基に話し合ったり書いたりするなどの言語活動を充実すること」に関する解説の一部で，考えを深め，判断し，表現する力を育むためによく用いられる「話合い」という指導方法に関する内容である。自分の考えを基に話し合ったり書いたりできるようにするためには，学級を何でも言い合え，認め合える雰囲気にすること，教師は受動的な姿勢をもつこと，などが大切である。

【31】エ

〈解説〉エ　学習指導要領解説(平成29年7月)には，道徳科において問題解決的な学習を取り入れた場合として，「ペアや少人数グループなどでの学習を導入することが目的化してしまうことがないよう，指導の意図に即して，取り入れられる手法が適切か否かをしっかり吟味する必要がある」と記述されている。

2023年度　実施問題

【1】小学校4年生の国語の授業で，学習した内容を活用することを意識して「読むこと」「書くこと」の領域を合わせた複合単元を設定した。問題文と資料を読み，後の問いに答えなさい。

(1) 「読むこと」の単元では，説明文「世界にほこる和紙」を読み，要約する目的を意識して，内容の中心となる(　①　)や(　②　)を選んでノートに「初め」「中」「終わり」にまとめる学習をした。空欄①，②に当てはまる語句を答えなさい。ただし，【資料1】と【資料2】の空欄①，②にはそれぞれ同じ語句が入る。

【資料1】 ノート

まとまり	初め	中1	中2	終わり
中心となる（①）や（②）	・和紙 ・洋紙 ・多くの人に和紙のよさを知ってもらいたい ・多くの人に和紙を使ってもらいたい	・やぶれにくく長もちする ・せんいの長さのちがい ・作り方のちがい ・国内外	・自分の気持ちを表す方法 ・受け取る相手や伝えたい気持ちに合わせて ・よろこんでもらいたい	・無形文化遺産 ・世界にほこる和紙

【資料2】『小学校学習指導要領(平成29年告示)解説　国語編』 各学年の内容(一部抜粋)

> 目的を意識して，中心となる(　①　)や(　②　)を見付けて要約すること。

(2) 次に，まとめたことを基に要約を行い，児童AからDの4人が読み合う学習を行った。児童Dは要約の際に必要なポイントについて話している。【資料3】と4人の会話を読んで空欄③，④に入る語句の組み合わせとして適切なものを，以下のア～エの中から1つ選んで記号で答えなさい。

【資料3】

1

・・・
筆者は、多くの人に和紙のよさを知ってもらい、和紙を使ってもらいたいと考えている。
まず、和紙のよさは、やぶれにくく長もちすることだ。そのわけは、せんいの長さと作り方がちがうからだ。長持ちするとくちょうは、国内外で使われている和紙を見ると実感することができる。

2

・・・
筆者は、多くの人に和紙のよさを知ってもらいたい。また多くの人に和紙を使ってもらいたい。
まず、和紙のよさは、やぶれにくく長もちすること。そのわけは、せんいの長さと作り方だ。和紙は国内外で使われている。

児童A「なかなか文を短くするのが大変だったよ。」
児童B「要約は，本文の一部を引用しながらまとめることが大切だね。」
児童C「2 は，つなげているだけで意味が伝わりづらいね。」
児童D「1 は引用文だけではなくて，(　③　)をいかしたり，(　④　)を用いたりして，短くまとめることができているね。」

ア　③　調べてまとめたこと　　④　集めた材料
イ　③　元の文章の組み立て　　④　自分の言葉
ウ　③　調べてまとめたこと　　④　自分の言葉
エ　③　元の文章の組み立て　　④　集めた材料

(3)「読むこと」の学習をいかして，「書くこと」の学習を行う計画を立てた。校外学習で訪れた「越前和紙の里」「うるしの里会館」で学んだことを，「伝統工芸のよさを伝えよう」というテーマでリーフレットにまとめる。リーフレットを書き出す前に内容を整理するため，「内容の検討」について指導する必要がある。集めた材料をどのようにすればよいか，指導する内容を書きなさい。

(☆☆☆◎◎◎)

【2】学習指導要領には，漢字の指導をする際に留意すべき点が2学年のまとまりごとに示されている。次のア～ウを【低学年】→【中学年】→【高学年】の順に並べ，記号で答えなさい。

ア　漢字辞典を使って，漢字の読みや意味などを自分で調べる活動を積極的に取り入れる。

イ　同音異義語に注意するなど，漢字のもつ意味を考えて使う習慣が身に付くようにする。

ウ　文や文章の中で漢字を読むことを大切にし，文脈の中での意味と結び付けていくようにする。

(☆☆◎◎◎)

【3】小学校第3学年及び第4学年の指導事項として「長い間使われてきた故事成語の意味を知り，使うこと」が，学習指導要領に示されている。次の空欄に入る故事成語を答えなさい。

『唐の詩人賈島(カトウ)が「僧はおす月下の門」という句を作っていたが,「おす」を「たたく」にすべきか迷っていた。その時，韓愈(カンユ)に問うて,「たたく」の字に改めた。』このことから，詩文の字句や文章を十分に吟味して練り直すことを(　　)という。

(☆☆◎◎◎)

【4】小学校5年生の国語の授業では『枕草子』が教材として扱われている。『枕草子』について次の問いに答えなさい。

(1)『枕草子』が書かれた時代を答えなさい。

(2)『枕草子』と同じ時代に書かれた作品として適切でないものを，次のア～エの中から1つ選んで記号で答えなさい。

ア　古今和歌集　　イ　源氏物語　　ウ　竹取物語　　エ　徒然草

(3)『枕草子』に書かれている季節のよさの書き出しは次のようになっている。空欄の中に入る現代語を答えなさい。

原文	現代語
春はあけぼの。	春は明け方がよい。
夏は夜。	夏は夜がよい。
秋は夕暮れ。	秋は夕暮れがよい。
冬はつとめて。	冬は（　　　）がよい。

(☆☆◎◎◎)

【5】次は，『小学校学習指導要領(平成29年告示)解説　社会編』の第2章第2節「指導計画の作成と取扱い」に示されている「内容の取扱いについての配慮事項」の一部である，以下の問いに答えなさい。

> (1)　各学校においては，aあ地域の実態を生かし，児童が興味・関心をもって学習に取り組めるようするとともに，観察や見学，聞き取りなどの調査活動を含む具体的な体験を伴う学習やそれに基づく表現活動の一層の充実を図ること。
>
> (2)　b学校図書館や公共図書館，コンピュータなどを活用して，情報の収集やまとめなどを行うようにすること。また，全ての学年において，(　　)を活用すること。
>
> (3)　c博物館や資料館などの施設の活用を図るとともに，身近な地域及び国土の遺跡や文化財などについての調査活動を取り入れるようにすること。

(1)　下線部aについて，小学校3年生「販売の仕事」の学習において，どのような人材や関係組織等を活用し，どのような学習活動を設定することが考えられるか，簡潔に答えなさい。

(2)　下線部bについて，図書館やコンピュータの活用の際に配慮することとして適切でないものを，次のア～エの中から1つ選んで記号で答えなさい。

ア　主体的・対話的で深い学びの実現につながるよう，児童が情報通信機器を使える環境を整備していくことが大切である。

イ　指導計画の作成に当たっては，児童一人一人が図書館やコンピュータなどを利用する必要性を感じることができるような教材や学習過程を工夫改善する。

ウ　指導計画の作成に当たっては，いつどの場面で，どのように活用するのか，児童の活動場面を想定しておくようにする。

エ　日常の指導の中で，コンピュータを活用した検索の仕方を指導し，自由自在に情報を活用できる技能を身に付けることが最も大切である。

(3)　空欄に当てはまる語句を書きなさい。

(4)　下線部cについて，全国で唯一，戦国期の城下町跡がそのまま残る中世都市遺跡の博物館が，今年の10月に福井県で開館する予定である。この遺跡の名称を答えなさい。

(☆☆☆◎◎◎)

【6】次は，『小学校学習指導要領(平成29年告示)解説　社会編』の第2章第2節の各学年の内容(一部抜粋)である。以下の問いに答えなさい。

＜第4学年＞

○　我が国における自分たちの県の位置，県全体の地形や$_a$主な産業の分布，交通網や主な都市の位置などに着目して，県の様子を捉え，地理的環境の特色を考え，表現すること。

○　過去に発生した地域の自然災害，$_b$関係機関の協力などに着目して，災害から人々を守る活動を捉え，その働きをを考え，表現すること。

＜第5学年＞

○　生産の工程，人々の協力関係，技術の向上，輸送，価格や費用などに着目して，$_c$食料生産に関わる人々の工夫や努力を捉え，その働きをを考え，表現すること。

＜第6学年＞

○　日本国憲法の基本的な考え方に着目して，我が国の民主政治を捉え，$_d$日本国憲法が国民生活に果たす役割や，国会，内閣，裁判所と国民との関わりを考え，表現すること。
○　eキリスト教の伝来，織田・豊臣の天下統一を手掛かりに，戦国の世が統一されたことを理解すること。

(1)　下線部aについて，次の問いに答えなさい。

福井県では，2024年の北陸新幹線福井・敦賀間開業に向け，北陸新幹線沿線地域など，県内外へ効果的な情報発信を行うため，次のPRキャッチコピー・ロゴマークを制作した。このキャッチコピーの[　①　]に入る言葉を漢字2文字で答えなさい。

また，このロゴを授業の教材として活用することを想定した場合，最も適していると考えられる内容を，以下のア～エの中から1つ選んで記号で答えなさい。

ア　3年生「市の様子の移り変わり」
イ　4年生「都道府県の様子」
ウ　5年生「我が国の工業生産」
エ　6年生「我が国の歴史上の主な事象」

(2)　下線部bについて，「各地域ごとに作成し住民に配布される資料」を実際の学習活動で活用することが考えられる。この資料にはどのようなものがあるか，1つ答えなさい。

(3)　下線部cについて，「わが国の農業や水産業における食料生産」の授業で，ある学習課題を設定し次のように板書としてまとめた。

> 今日の学習課題
>
> ［　②　］
>
> ○農産物の価値を高め，農業の可能性を広げる
>
> ・新しいブランド米「いちほまれ」の開発→価値を高める
>
> ・③6次産業化の取組み→農業の可能性を広げ，まちの活性化にもつながる
>
> ○農業をする人材を増やすために
>
> ・無人トラクターを使う→働く人のふたんを減らす
>
> ・「ふくい園芸カレッジ」の開校→新しい担い手を育てる

この内容から，どのような学習課題を設定したと考えられるか，［　②　］に入る文を答えなさい。

また，波線部③について，「6次産業化」とはどのような取組みのことか，説明しなさい。

(4)　下線部dについて次の問いに答えなさい。

日本国憲法の三原則のうち，第9条に定められているものは何か，答えなさい。

また，我が国の憲法は，さまざまな国民の権利を保障するとともに，国民に対する3つの義務も定めている。これらのうち，憲法第27条に定められる，権利であると同時に義務でもあるとされていることは何か，答えなさい。

(5)　下線部eについて，鹿児島に来航し，我が国に初めてキリスト教を伝えた宣教師の名前を答えなさい。

(☆☆☆◎◎◎)

【7】次は，『小学校学習指導要領(平成29年告示)解説　算数編』の「算数科の目標　学びに向かう力，人間性等」の一部である。空欄①，②に当てはまる語句を答えなさい。

（　①　）や（　②　）に気付き，学習を振り返ってよりよく問題解決しようとする態度，算数で学んだことを生活や学習に活用しようとする態度を養う。

（☆☆☆◎◎◎）

【8】2人の児童A，Bが次の問題についてそれぞれ以下のように解答した。このとき，児童Bの解答について，どのように考えて解答したと考えられるか説明しなさい。

（問題）　杉本君は1000円をもって文房具屋に行き240円のペンを買った。その後，駄菓子屋に行き180円のお菓子を買って帰った。このとき，杉本君の残金を答えなさい。

（児童Aの解答）

1000－(240＋180)＝1000－420

＝580

580円

（児童Bの解答）

1000－240＝760

200－180＝20

560＋20＝580　　580円

（☆☆☆◎◎◎）

【9】次の図の台形の面積の求め方について，以下の問いに答えなさい。

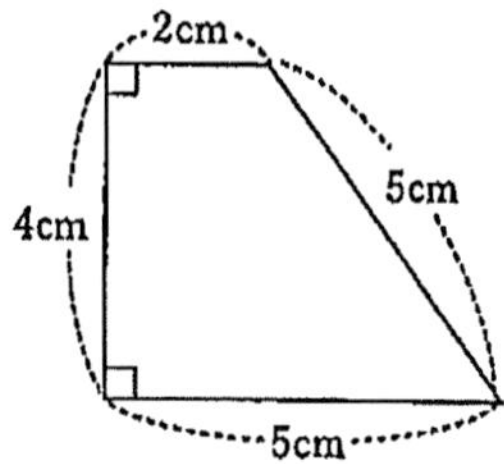

(1)　台形の面積は，次の公式で求めることができる。

台形の面積＝(上底＋下底)×高さ÷2

このとき，この式で台形の面積を求めることができる理由を説明しなさい。次の図を用いてもよい。

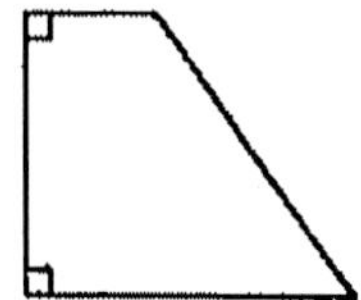

(2)　4人の児童がそれぞれ次のような図を用いて，上の図の台形の面積を求めた。

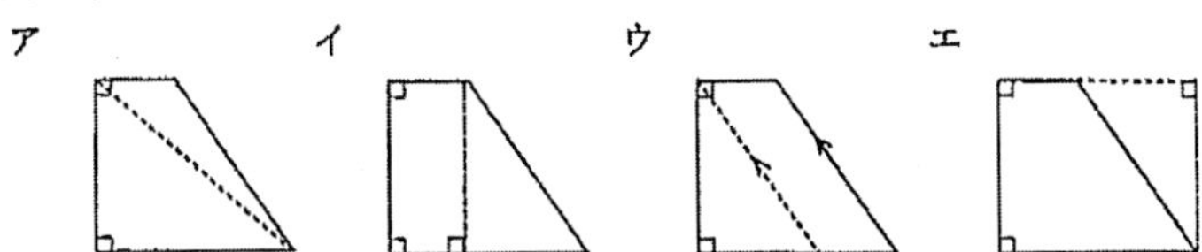

このとき，次の式を書いた児童が用いたと考えられる図を，上のア～エの中から1つ選んで記号で答えなさい。

(式)　2×4÷2＋5×4÷2

(☆☆☆◎◎◎)

【10】次のデータは，ある小学校6年生120人の足の大きさを調べ，それを表とヒストグラムに表したものである。以下の問いに答えなさい。

最小値	最大値	平均値	中央値	最頻値
18.5	27.8	24.3	25.0	24.5

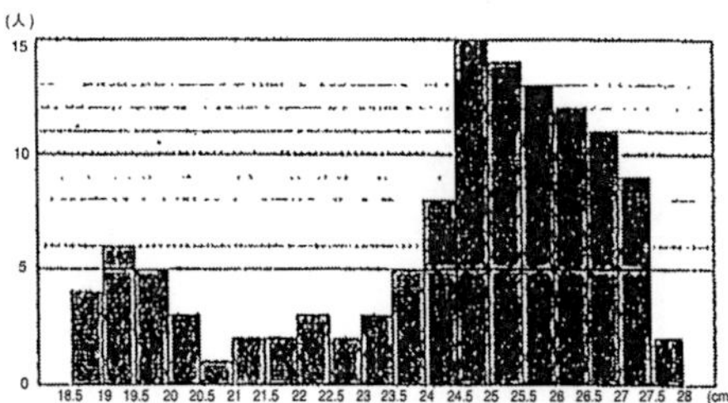

(1)　範囲を求めなさい。

(2)　児童Cが「私の足の大きさは24.5cmで平均値より大きいから，この学年では足が大きい方になる。」と言いました。このとき，この児童が言っている内容が正しいか，正しくないかを言葉や数を使って説明しなさい。

(☆☆☆◎◎◎)

【11】次は，『小学校学習指導要領(平成29年告示)解説　理科編』の「第6学年の目標及び内容」の一部である。以下の問いに答えなさい。

> (4)電気の利用
>
> 発電や蓄電，電気の変換について，電気の量や働きに着目して，それらを多面的に調べる活動を通して，次の事項を身に付けることができるよう指導する。
>
> ア　次のことを理解するとともに，観察，実験などに関する技能を身に付けること。
>
> (ア)　$_{a}$<u>電気は，つくりだしたり</u>蓄えたりすることができること。
>
> (イ)　$_{b}$<u>電気は，光，音，熱，運動などに変換する</u>ことができること。)
>
> (ウ)　身の回りには，電気の性質や$_{c}$<u>働きを利用した道具</u>があること。
>
> イ　電気の性質や働きについて追究する中で，電気の量と働きとの関係，発電や蓄電，電気の変換について，より妥当な考えをつくりだし，表現すること。

(1)　小学校での取り扱いとして，下線部aについて，電気をつくりだす道具として何を使うか。学習指導要領に示されている道具名を光電池以外に1つ答えなさい。

(2)　下線部bについて，電気を熱に変換する働きを利用して，電熱線からの発熱量を測定する実験を行った。

【実験】

くみおきの水(100g，20℃)を用意し，30Ωの抵抗の電熱線に2.0Aの電流を1分間流して温めた。ただし，ジュール熱はすべて温度上昇に使われたとし，水の比熱を4.2J/g℃とする。

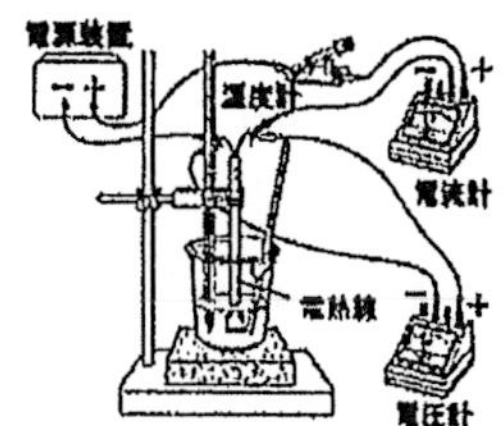

発熱の実験では，くみおきの水を使う。くみおきの水を使う理由を書きなさい。

(3) (2)の場合，水温は何℃になるか。最も適する数値を，次のア～エの中から1つ選んで記号で答えなさい。

ア 17℃　イ 27℃　ウ 37℃　エ 47℃

(4) 物質の形状と抵抗の大きさの関係について，空欄①，②に当てはまる語句の組み合わせとして正しいものを，以下のア～エの中から1つ選んで記号で答えなさい。

抵抗の大きさは同じ材質であれば，物質によって次のようなきまりがある。物質の長さに比例し，断面積に反比例する。金属の電気抵抗は温度が高くなると(　①　)。

次の回路図の抵抗R1とR2の直列回略における合成抵抗は(　②　)になる。

【回路図】

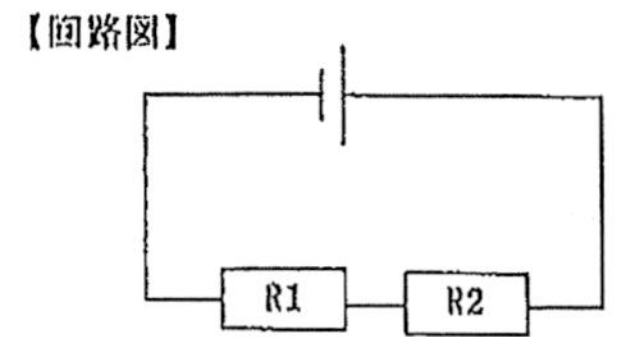

	①	②
ア	大きくなる	各抵抗の和
イ	小さくなる	各抵抗の逆数の和
ウ	大きくなる	各抵抗の逆数の和
エ	小さくなる	各抵抗の和

(5)　下線部cについて，電気の働きを利用した道具にモーターがある。【図A】～【図C】は，モーターの一部を拡大したものである。次の【図A】～【図C】は，矢印の方向に電流(I)が流れたとき，導線に働く力の方向(F)を表したものである。力の方向(F)が，正しく示されている図をすべて選び，記号で答えなさい。

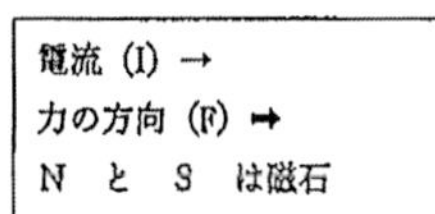

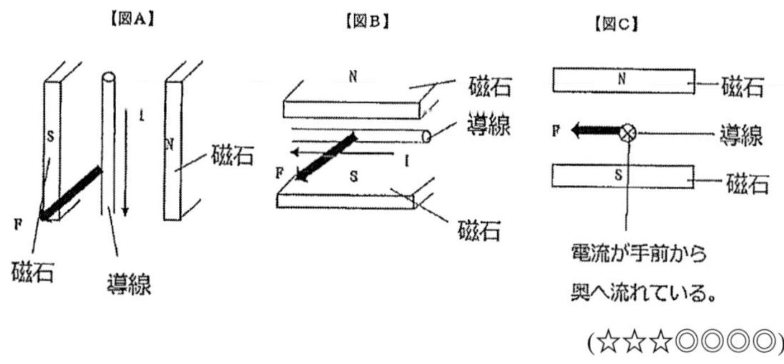

(☆☆☆◎◎◎◎)

【12】電解質の水溶液に電流を流し，電気分解を行った，次の問いに答えなさい。

(1)【表】には，陽極と陰極，水溶液，陽極と陰極に生じた物質をそれぞれ示した。次のア～エの中から正しいものを1つ選んで記号で答えなさい。

【表】

	陽極	陰極	水溶液	陽極に生じた物質	陰極に生じた物質
ア	炭素棒	炭素棒	塩化銅(Ⅱ)水溶液	塩素	酸素
イ	白金	白金	塩酸	水素	塩素
ウ	白金めっきつきチタン電極	白金めっきつきチタン電極	水酸化ナトリウム水溶液	酸素	ナトリウム
エ	ステンレス電極	ステンレス電極	水酸化ナトリウム水溶液	酸素	水素

(2) 次のア～エの文のうち，誤っているものを1つ選んで記号で答えなさい。

ア 原子を構成している電子は，電子殻とよばれるいくつかの層をなして，原子核の周囲に存在している。

イ Na^{+}，Mg^{2+}の電子配置はArと同じである。

ウ 同じ元素でも，中性子の数が異なる原子(同位体)が存在する。

エ 元素の種類は，原子核中の陽子の数で決まる。

(3) 2種類の金属を電解質の中に入れると，どちらかが溶けることがある。このことから，金属によって陽イオンへのなりやすさには差があることがわかった。このような金属のイオンへのなりやすさを何というか答えなさい。

(4) 金は，溶けにくくイオンになりにくい。ただし，濃塩酸と濃硝酸を混ぜた特別な溶液には溶けることがわかっている。この特別な溶液を何というか答えなさい。

(☆☆☆◎◎◎)

【13】次は，『中学校学習指導要領(平成29年告示)解説　理科編』に示された「各分野の目標及び内容」の一部である。以下の問いに答えなさい。

> 小学校では，第3学年で「身の回りの生物」，第4学年で「人の体のつくりと運動」，第5学年で「$_{a}$<u>植物</u>の発芽，成長，(　　)」，第6学年で「$_{b}$<u>人の体</u>のつくりと働き」，「植物の養分と水の通り道」について学習している。また，中学校では，第1学年で「(1)　いろいろな生物と$_{c}$<u>その共通点</u>」について学習している。

(1)　空欄に当てはまる語句を漢字で答えなさい。

(2)　下線部aについて，裸子植物の特徴について述べた文として誤っているものを，次のア～エの中から1つ選んで記号で答えなさい。

ア　裸子植物の仲間であるマツには，雄花や雌花が咲く。

イ　種子植物のうち胚珠がむき出しになっているものを裸子植物という。

ウ　裸子植物の多くは虫媒花である。

エ　裸子植物の花には「花弁」や「がく」がない。

(3)　下線部bについて，肝臓の働きについて述べた文として正しいものを，次のア～エの中から1つ選んで記号で答えなさい。

ア　血液中の不要な物質を濃縮して排出する。

イ　尿素を尿にかえる。

ウ　ひだや柔毛があり，表面積を大きくすることで，効率よく養分を吸収している。

エ　脂肪の消化を助ける胆汁をつくる。

(4)　下線部cについて，セキツイ動物の骨格を調べると，例えば，コウモリ，クジラ，ヒトは同じホニュウ類であるが，生活場所が異なり，前あしのはたらきが異なっている。しかし，その骨格を比べてみると，基本的なつくりには共通点がある。現在の形やはたらきは異なっていても，もとは同じ器官であったと考えられるものを何というか答えなさい。

(☆☆☆◎◎◎)

【14】次は，『小学校学習指導要領(平成29年告示)解説　生活編』に示されている内容の一部である。空欄①～④に当てはまる語句の組み合わせとして正しいものを，以下のア～エの中から1つ選んで記号で答えなさい。

> 生活科は，特に自分自身についての気付きを大切にしている。小学校低学年の児童における自分自身についての気付きとしては，次のようなことが重視される。
> 第1は，集団生活になじみ，集団における(　①　)に気付くことである。(中略)また，集団の中の(　①　)に気付くだけでなく，(　②　)に気付くことも大切である。
> 第2は，自分の(　③　)や得意としていること，また興味・関心をもっていることなどに気付くことである。(中略)また，自分の(　③　)や得意としていることなどに気付くことは，同時に，友達のそれにも気付き，認め合い，そのよさを生かし合って共に生活や学習ができるようになることである。
> 第3は，自分の心身の(　④　)に気付くことである。(略)

ア　①　自分の存在	②　友達の存在	③　よさ	④　成長
イ　①　自分の存在	②　友達のよさ	③　長所	④　成長
ウ　①　自分の役割	②　友達の大切さ	③　よさ	④　弱さ
エ　①　自分の役割	②　友達の役割	③　関心	④　成長

(☆☆☆◎◎◎◎)

【15】小学校2年生が生活科の授業で学習する「まちたんけん」の単元で，児童がICTを活用する場合，どのような場面で活用することが考えられるか。活用の内容について，その目的と方法を答えなさい。
(解答例：○○するために，○○する。)

(☆☆☆☆☆◎◎◎)

【16】次は，『小学校学習指導要領(平成29年告示)解説　音楽編』の「第2章　音楽科の目標及び内容　第1節　音楽科の目標」の一部である。空欄①～③に当てはまる語句として正しいものを，以下のア～カの中からそれぞれ1つ選んで記号で答えなさい。

> (1)　曲想と音楽の構造などとの関わりについて理解するとともに，表したい音楽表現をするために必要な(　①　)を身に付けるようにする。
> (2)　音楽表現を工夫することや，音楽を(　②　)聴くことができるようにする。
> (3)　音楽活動の(　③　)を体験することを通して，音楽を愛好する心情と音楽に対する感性を育むとともに，音楽に親しむ態度を養い，豊かな情操を培う。

ア　感性　　イ　技能　　ウ　味わって　　エ　じっくり
オ　楽しさ　　カ　奥深さ

(☆☆☆◎◎◎)

【17】次の楽譜は『小学校学習指導要領(平成29年告示)解説　音楽編』に示されている第4学年の歌唱共通教材の楽譜である。以下の問いに答えなさい。

> 【楽譜は著作権上の都合により掲載できません。】

(1)　この曲は，何分の何拍子か，答えなさい。

(2)　この曲の旋律の特徴を表したものとして適切でないものを，次のア～エの中から1つ選んで記号で答えなさい。

ア　四分音符を多用している。

イ　フレーズの終わりにのばす音符を使っている。

ウ　付点音符を多用している。

エ　音の上がり下がりが少ない。

(3)　この曲の曲名を書きなさい。

(☆☆☆◎◎◎)

【18】次は，『小学校学習指導要領(平成29年告示)解説　図画工作編』の「図画工作科の目標」の一部である。空欄①，②に当てはまる語句として正しいものを，以下のア～エの中からそれぞれ1つ選んで記号で答えなさい。

(1)　対象や事象を捉える造形的な視点について自分の(　①　)を通して理解するとともに，材料や用具を使い，表し方などを工夫して，創造的につくったり表したりすることができるようにする。 (2)　造形的なよさや美しさ，表したいこと，表し方などについて考え，創造的に(　②　)をしたり，作品などに対する自分の見方や感じ方を深めたりすることができるようにする。

ア　感覚や行為　　イ　発想や構想　　ウ　見方や考え方
エ　思考や表現

(☆☆☆◎◎◎)

【19】『小学校学習指導要領(平成29年告示)解説　図画工作編』の「図画工作科の内容　(2)　B鑑賞」の内容について，次の問いに答えなさい。

(1)　児童が自分の見方や感じ方を深めるとともに，作品などを大切にしようとする態度を育成する方法として考えられる学習活動を1つ書きなさい。

(2)　小学校第5学年及び第6学年では，鑑賞する対象や鑑賞の方法を幅広く捉え，この時期の児童が，興味や関心の対象を広げる中で自分らしい見方や感じ方をすることに配慮することが重要である。そのための方法として考えられることを1つ書きなさい。

(☆☆☆◎◎◎)

【20】次は，『小学校学習指導要領(平成29年告示)解説　家庭編　第2章第3節』の内容(一部抜粋)である。手縫いやミシン縫いによる目的に応じた縫い方について，空欄①～④に入る語句の組み合わせとして正しいものを，以下のア～エの中から1つ選んで記号で答えなさい。

> (　①　)をするためには，縫い針に糸を通したり，糸端に玉結びや玉どめをしたり，布を合わせて縫ったりする必要があることを理解できるようにする。(　②　)については，2～3針続けて縫う程度でもよいと考えられる。
> (　③　)については，丈夫で速く縫えるという特徴や使い方が分かり，(　④　)を主とした縫い方ができるようにする。

ア　①　ミシン縫い　②　なみ縫い　③　手縫い
　　④　直線縫い
イ　①　ミシン縫い　②　直線縫い　③　手縫い
　　④　なみ縫い
ウ　①　手縫い　②　なみ縫い　③　ミシン縫い
　　④　直線縫い
エ　①　手縫い　②　直線縫い　③　ミシン縫い
　　④　なみ縫い

(☆☆◎◎◎)

【21】調理実習をする際に，衛生に留意した身支度について指導する必要がある。児童に指導すべきことを3つ書きなさい。

(☆☆☆◎◎◎)

【22】家庭科の内容構成は，小・中学校においては，「家族・家庭生活」，「衣食住の生活」，「消費生活・［　　　］」に関する3つの枠組みに整理している。空欄に入る適切な語句を答えなさい。

(☆☆◎◎◎)

【23】走り幅跳びについて，次の問いに答えなさい。

(1) 次の【図1】の跳び方は，踏み切った後に，空中で体全体を反らせた状態になり，その後，両腕を下ろしながら両足を前方に出して着地する跳び方です。この跳び方は何か答えなさい。

【図1】

(2) 次の【図2】は，ある児童の走り幅跳びの踏み切り位置と着地の様子である。測定する位置をa～dとe～hからそれぞれ1つ選んで記号で答えなさい。

【図2】

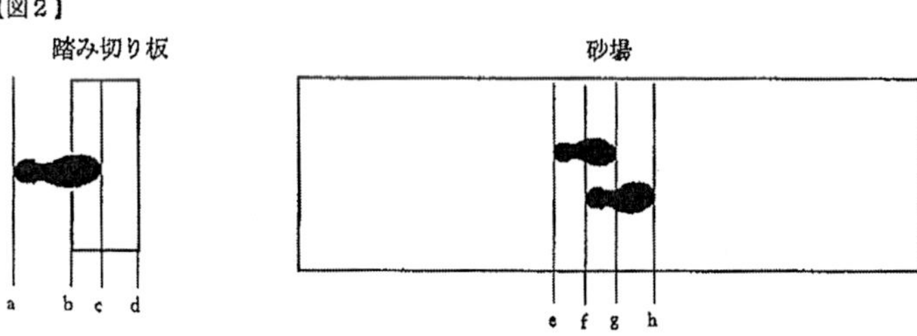

(3) 走り幅跳びが苦手な児童にとって，リズミカルな助走で踏み切ることが難しい場合がある。『小学校学習指導要領(平成29年告示)解説体育編』に示されている配慮の例を1つ答えなさい。

(4) 走り幅跳びの運動を安全に実施する上で，気を付ける点を1つ答えなさい。

(☆☆☆☆◎◎◎◎)

【24】次は，『小学校学習指導要領(平成29年告示)解説　体育編』に示されている「D　水泳運動系の内容」の一部である。以下の問いに答えなさい。

1　初歩的な泳ぎ(ばた足泳ぎやかえる足泳ぎ)
2　10～20秒程度を目安にした背泳ぎ
3　水につかっての水かけっこ，まねっこ遊び
4　プールの底にタッチ，股くぐり，変身もぐり
5　水中でのじゃんけん，にらめっこ，石拾い
6　背浮き，だるま浮き，変身浮き
7　25～50m程度を目安にしたクロール

(1)　この中から小学校第3・4学年の指導内容の組み合わせとして正しいものを，次のア～エの中から1つ選んで，記号で答えなさい。

ア　1，4，6　　イ　2，4，7　　ウ　3，5，6　　エ　4，6，7

(2)　次は，第5学年及び第6学年の内容で，水泳運動に意欲的でない児童への配慮の例である。空欄に当てはまる語句を答えなさい。

・水に対する恐怖心や違和感を抱く児童には，すぐに泳法の練習を行うのではなく，もぐったり浮いたりしながら(　　)の仕方について確認する場を設定するなどの配慮をする。

(☆☆☆☆◎◎◎◎)

【25】次は，『小学校学習指導要領(平成29年告示)第4章　外国語活動』と『小学校学習指導要領(平成29年告示)第2章　第10節　外国語』に示されている目標の内容について，表にまとめたものである。以下の問いに答えなさい。

	外国語活動	外国語
(1)	外国語を通して，言語や文化について（　①　）に理解を深め，日本語と外国語との音声の違い等に気付くとともに，外国語の（　②　）や基本的な表現に慣れ親しむようにする。	外国語の音声や文字，語彙，表現，（　③　），言語の働きなどについて，日本語と外国語との違いに気付き，これらの知識を理解するとともに，読むこと，書くことに慣れ親しみ，聞くこと，読むこと，話すこと，書くことによる実際のコミュニケーションにおいて活用できる基礎的な（　④　）を身に付けるようにする。
(2)	身近で簡単な事柄について，外国語で聞いたり話したりして自分の考えや気持ちなどを伝え合う素地を養う。	コミュニケーションを行う目的や場面，状況などに応じて，身近で簡単な事柄について，聞いたり話したりするとともに，音声で十分に慣れ親しんだ外国語の語彙や基本的な表現を（　⑤　）しながら読んだり，（　⑥　）を意識しながら書いたりして，自分の考えや気持ちなどを伝え合うことができる基礎的な力を養う。
(3)	外国語を通して，言語やその背景にある文化に対する理解を深め，相手に配慮しながら，主体的に外国語を用いてコミュニケーションを図ろうとする態度を養う。	外国語の背景にある文化に対する理解を深め，a <u>他者に配慮しながら</u>，主体的に外国語を用いてコミュニケーションを図ろうとする態度を養う。

(1)　空欄①～⑥に当てはまる語句として正しいものを，次のア～クの中からそれぞれ1つ選んで記号で答えなさい。

ア　技能　　イ　語順　　ウ　音声　　エ　推測　　オ　文法
カ　文構造　　キ　体験的　　ク　抽象的

(2)　小学校5年生の外国語の授業で，友達の紹介カードを作るために，「できることやできないこと」について児童同士でインタビューをしている。次の児童A，Bの会話は，下線部a<u>「他者に配慮しながら」</u>の観点について不十分であるため，指導が必要である。児童Aに対して，どのようにアドバイスをするとよいか答えなさい。

児童A：Can you play badminton?
児童B：Yes, I can. I like badminton.
児童A：Can you play the piano?
児童B：No, I can't. But I can play the recorder.
児童A：Can you cook?
児童B：Yes, I can. 1 can cook miso soup.
児童A：Thank you.
児童B：Your welcome.

(3)　(2)の内容について学級全体で共有する場合，授業内でどのような指導をするとよいか答えなさい。

(☆☆☆◎◎◎)

【26】次の英文を読んで，(　　)に入る最も適切なものを，A)～D)の中から1つ選んで記号で答えなさい。

(1)　A : Oh, no! I forgot to tell Jessica that the meeting location has changed!

B : Don't worry. I called her yesterday. So (　　) she will be here soon.

A)　I'm sure　　B)　I'm afraid　　C)　I'm against

D)　I'm disappointed

(2)　A : I'm looking for a place for a welcome party for our new ALT. Do you know any good restaurants?

B : How about Green Restaurant? But it's very popular so I (　　) you book it soon.

A)　refuse　　B)　complain　　C)　suggest　　D)　saw

(3)　A : Have you finished your homework yet, Tom? I'll go shopping soon.

B : I'm still doing it, but I (　　) it in thirty minutes. Please wait for me, Mom!

A)　finished　　B)　have finished　　C)　have been finished

D)　will have finished

(☆☆☆◎◎◎)

【27】次の英文を読んで，以下の問いの答えとして最も適切なものを，A)～D)の中から1つ選んで記号で答えなさい。

You found the following article about pictograms in a newspaper.

【楽譜は著作権上の都合により掲載できません。】 「ニュース de 道徳」(2021/09/08)　読売新聞　から一部抜粋・ 英訳して作成

(1)　Why were the pictograms introduced at the Tokyo Olympics in 1964?

A)　Because the pictograms had already been used in around Japan at that time.

B)　Because the design of the pictograms was highly regarded.

C)　So that people from all over the world could know the schedule of many events.

D) So that people from all over the world were able to spend time in Japan with fewer inconveniences.

(2) According to the above article, why can the pictograms currently be used all over the world?

A) The performance of the opening ceremony at last year's Olympics was very interesting.

B) The members who designed the pictograms for the 1964 Tokyo Olympics made them freely available to everyone.

C) Tsunao Harada felt proud of Japanese culture and tried to spread it abroad.

D) Many people all over the world were excited to watch the various competitions at every Olympics.

(3) According to the above article, which sentence is not true?

A) The pictograms used in the recent Tokyo Olympics were designed to be much easier to understand, while incorporating previous designs.

B) The pantomime artists created their 50 original pictograms and showed them in their performance.

C) A woman in Aichi Prefecture published a pictogram about childcare, which received much encouragement and praise.

D) Pictograms are to the tool of communication, regardless of language or national borders.

(☆☆☆◎◎◎)

【28】『小学校学習指導要領(平成29年告示)解説　特別の教科　道徳編』に示されている「道徳科に生かす指導方法の工夫」の内容として正しいものを，次のア～エの中から2つ選んで記号で答えなさい。

ア　教材を提示する方法としては，読み物教材の場合，教師による読み聞かせだけでなく，紙芝居や影絵，ビデオなどの映像を提示するなどできるだけたくさんの情報を提示したほうがよい。

イ　教師による発問を構成する場合には，授業のねらいに深くかかわる中心的な発問をまず考え，次にその前後を考え，全体を一体的に捉えるようにするという手順が有効な場合が多い。

ウ　書く活動では，一冊のノートなどを活用することにより，児童の学習を継続的に深めていくことができるだけでなく，児童の成長の記録として活用したり，評価に生かしたりすることもできる。

エ　道徳科の授業において板書の機能を生かすためには，思考の流れや順序を示すような順接的な板書のみを大いに活用するべきである。

(☆☆☆◎◎◎◎)

【29】次の文章は，小学校6年生のある児童についての道徳科の評価の記述である。下線部①，②は，道徳科の評価として改善する必要がある。その理由をそれぞれ答えなさい。

> 「手品師」の授業では，約束を守る大切さについて学びました。「田中正造」の授業では，差別や偏見のない公平な態度について，いろいろな友達の意見を聞きながら，じっくり考えることができました。クラスの中では①他の子よりも発言が少ないですが，誰よりもたくさん感想を書くことができています。また，②いつも正しい判断をすることができています。どの授業でも教材の登場人物と自分を重ねながら取り組み，自分の課題や自分にとって何が大切かを考えていました。

(☆☆☆☆☆◎◎◎)

解答・解説

【1】(1) ① 語　② 文　(2) イ　(3) 集めた材料を比較したり分類したりして，伝えたいことを明確にすること。

〈解説〉(1) 小学校学習指導要領(平成29年告示)国語科の第3学年及び第4学年の〔思考力，判断力，表現力等〕「C読むこと」の内容として，「要約すること」がある。要約する上では，内容の中心となる語や文を選んで，要約の分量などを考えて要約することが重要である。

(2) 資料3の[1]は，文章全体の内容を把握した上で中心となる語や文を選び，元の文章の構成を生かして組み立てたり，自分の言葉を用いたりして，短くまとめられている。 (3) 「B書くこと」の内容の1項目目として，題材の設定，情報の収集，内容の検討がある。第3学年及び第4学年では，集めた材料を比較したり分類したりして整理することに，重点が置かれている。

【2】ウ→ア→イ

〈解説〉提示された留意すべき内容は，学習指導要領解説(平成29年7月)に記述されているので，確認しておくこと。　ア　辞書や辞典の使い方の学習は，中学年の「情報の整理」における指導事項である。

イ 「同音異義語に注意する」といった指導は，漢字の熟語などの語句が増加する高学年における指導内容である。　ウ　低学年は，漢字指導の初期の段階であり，漢字単独の読みとともに，文や文章を読む中で文脈の中での意味と結びつけていくといった指導が行われる。

【3】推敲(すいこう)

〈解説〉故事は，昔から伝えられてきた，いわれのある事柄や語句のことで，故事成語は，中国の故事に由来する言葉である。先人の知恵や教訓，機知に触れることができる。推敲のほかに，矛盾，蛇足，圧巻，五十歩百歩，完璧，捲土重来などがある。

【4】(1)　平安時代　　(2)　エ　　(3)　早朝

〈解説〉(1)『枕草子』は平安時代中期の随筆で，作者は清少納言。
(2)　ア　古今和歌集は，平安時代前期の最初の勅撰和歌集。紀友則や紀貫之などが撰集にあたった。　イ　源氏物語は平安時代中期の長編物語で，作者は紫式部。　ウ　竹取物語は，平安時代初期の物語で，作者は不詳。　エ　徒然草は鎌倉時代後期の随筆で，作者は吉田兼好。
(3)「春はあけぼの」の「あけぼの」は夜明け頃で，「冬はつとめて」の「つとめて」は早朝。同じ早い時間の朝だが，時間の経過で見ると，夜明け頃の「あけぼの」が先で，早朝の「つとめて」が少し後ということになる。趣のある光景を表す表現では，この微妙な違いが大きな違いとなっている。

【5】(1)　・地域のスーパーに出向き，インタビュー活動をする。・地域の商店の広告を活用して，販売の工夫を探る。　(2)　エ　(3)　地図帳　(4)　(一乗谷)朝倉氏遺跡

〈解説〉(1)「販売の仕事」,「地域の実態を生かす」から考察する。児童に身近なスーパーマーケットやお店を学習の対象とし，お店を訪問して働く人に直接インタビューする，地域の商店の広告を調べ，販売の工夫を探るなどの学習活動が考えられる。　(2)　学習指導要領解説(平成29年7月)には，選択肢エに示された内容は記されていない。地図帳について,「日常の指導の中で，折に触れて，地図の見方や地図帳の索引の引き方，統計資料の活用の仕方などを指導し，地図帳を自由自在に活用できる知識や技能を身に付けるようにすることが大切である」と，記されている。　(3)　今回の小学校学習指導要領から，地図帳が第3学年から給与され，地図帳の使用が全ての学年の目標や内容等に明記された。　(4)　福井市の一乗谷朝倉氏遺跡は，戦国時代の城下町跡がそのまま残る，日本最大の中世都市遺跡である。朝倉氏は5代103年にわたって越前を支配し，一乗谷に城下町を置いた。1573年に織田信長の焼き討ちを受けた一乗谷は，その後再建されなかったが，発掘調査によってほぼ完全な姿で掘り起こされ，戦国大名の城下町が

日本で初めて具体的に明らかになった。

【6】(1) ① 地味　記号…イ　(2) ・ハザードマップ　・地域の広報誌　・災害年表　から1つ。　(3) ② (福井で)食料生産にかかわる人たちは，農業を持続可能にするためにどのような取り組み(工夫)をしているのだろうか。　取組み…農業従事者が，農産物等の生産・加工・販売に総合的に取り組むこと。　(4) ・第9条…平和主義　・第27条…勤労(働くこと)　(5) (フランシスコ・)ザビエル

〈解説〉(1) キャッチコピーについては，「地味にすごい」は，「普通にすごい」より，よく見るとすごいことが多いので，ロゴを見て福井のすごさを感じてほしい，というロゴの制作者の思いが込められている。最も適している内容は，福井県を授業の教材としていることから，イの「都道府県の様子」である。　(2) 「地域ごとに作成し住民に配布される資料」であり，「災害から人々を守る活動」にかかわるものなので，ハザードマップ，県や市の広報誌や，災害年表などの活用が考えられる。　(3) 「農産物の価値を高め，農業の可能性を広げる」，「農業をする人材を増やすために」という板書内容から考察する。農業における食料生産の発展に向けた工夫とともに，将来にわたって持続的・永続的に活動を営むための取組みが工夫されていることから，「持続可能な」という語句を使って課題が考えられるとよい。6次産業化とは，農林水産物を生産するだけでなく，加工や流通・販売にも取り組み，農山漁村の経済を豊かにしていこうとするものである。(1次産業の1)×(2次産業の2)×(3次産業の3)のかけ算の6を意味している。

(4) 日本国憲法の三原則とは，国民主権・基本的人権の尊重・平和主義である。このうち，戦争放棄を明記した日本国憲法第9条に定められているのは，平和主義である。国民の3つの義務とは，普通教育を受けさせる義務・勤労の義務・納税の義務である。このうち日本国憲法第27条に定められているのは，勤労の権利と義務である。

(5) 1549年，鹿児島に上陸し，我が国に初めてキリスト教を伝えたの

は，イエズス会の宣教師フランシスコ・ザビエルである。

【7】① 数学的活動の楽しさ　② 数学のよさ

〈解説〉「数学的活動の楽しさや数学のよさに気付く」ことには，算数科における態度や情意面に関わる目標が表されている。算数が楽しいという児童の割合は，国際比較でみると低い状況にあり，児童が算数は楽しい，算数は面白いと感じ，算数が得意になるような授業をつくりだしていくことが大切であることを示している。

【8】具体的に場面を想像し，代金と硬貨の関係を考えながら残金を求めたと考えられる。

〈解説〉児童Bは以下のように考えた。杉本君は最初の文房具屋で，もって行った1000円を払い，おつりの760円をもらった(1000－240＝760)。次に行った駄菓子屋では，180円のお菓子代を支払うのに，10円硬貨が6枚しかないため，200円を支払い，おつりの20円をもらった(200－180＝20)。このとき，杉本君の残金は，200円を支払ったときに財布に残っていた560円(760－200＝560)と，もらったおつりの20円をあわせて，580円となる(560＋20＝580)。

【9】(1) 次図のように，合同な台形を2つ用いて長方形をつくると，長方形の横の長さは台形の(上底＋下底)の長さとなる。

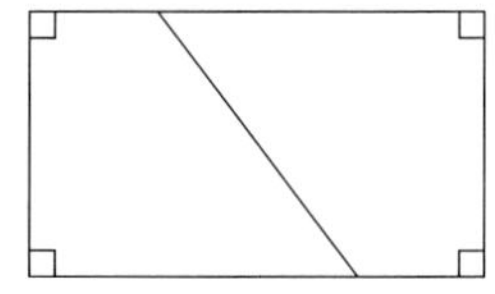

これより，長方形の面積は縦×横であるから，長方形の面積＝台形の高さ×(上底＋下底)となる。台形1つの面積は，この長方形の半分であるから，台形の面積＝(上底＋下底)×高さ÷2で求めることができる。

(2) ア

〈解説〉(1) (別解) 次図のように，台形を1本の対角線で2つの三角形に分けると，一方の三角形の底辺は上底の長さ，他方の三角形の底辺は下底の長さとなる。これより，三角形の面積を求める公式は，底辺×高さ÷2であるから，台形の面積＝(上底が底辺の三角形の面積)＋(下底が底辺の三角形の面積)＝上底×台形の高さ÷2＋下底×台形の高さ÷2＝(上底＋下底)×高さ÷2で求めることができる。

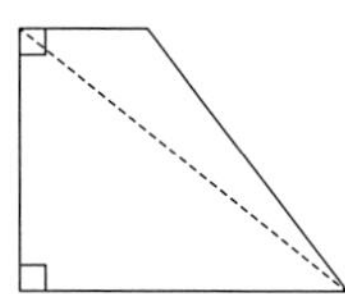

(2)　ア　台形の面積＝(上底が底辺の三角形の面積)＋(下底が底辺の三角形の面積)＝2×4÷2＋5×4÷2　イ　台形の面積＝長方形の面積＋三角形の面積＝2×4＋(5−2)×4÷2　ウ　台形の面積＝三角形の面積＋平行四辺形の面積＝(5−2)×4÷2＋2×4　エ　台形の面積＝長方形の面積−三角形の面積＝4×5＋(5−2)×4÷2

【10】(1)　9.3cm　　(2)　児童Cの足の大きさ24.5cmは，平均24.3cmよりは大きいが，中央値25.0cmよりは小さい。よって，児童Cの足の大きさは，この学年の真ん中より小さい方に入るため，足が大きい方にはならない。

〈解説〉(1)　資料の最大の値と最小の値の差が分布の範囲だから，範囲は27.8−18.5＝9.3〔cm〕　(2)　中央値は資料の値を大きさの順に並べたときの中央の値。生徒の人数は120人で偶数だから，足の大きさの小さい方から60番目と61番目の平均値が中央値。これと，問題のヒストグラムより，足の大きさが25.0cm以上の生徒は61人いることが分かり，児童Cの足の大きさは，この学年の真ん中より小さい方に入る。

【11】(1)　手回し発電機　　(2)　水温を室温と同じ温度にするため

(3)　ウ　　(4)　ア　　(5)　B，C

〈解説〉(1)　第6学年の「(4)電気の利用」の内容の取扱いには，「電気をつくりだす道具として，手回し発電機，光電池などを扱う」ことが示されている。　(2)　水は，室温によって温度が変化しないように，室温と同じ温度のくみおきの水を使用する。　(3)　電熱線に働く電圧は，30×2.0＝60〔V〕である。電熱線から発生する熱量は，2.0×60×60＝7200〔J〕であるので，上昇した温度は，$\frac{7200}{100\times4.2}$＝17.1…≒17〔℃〕したがって，20℃から17℃上昇するので，水温は37℃になる。

(4)　①　温度が高くなると，金属原子の熱運動が激しくなり，金属中の自由電子の動きが妨げられるため，電流が流れにくくなる。

②　直列につないだ抵抗の合成抵抗は，各抵抗の和となる。各抵抗の逆数の和は，並列につないだ場合の計算に用いられる。　(5)　フレミングの左手の法則から判断できる。

【12】(1)　エ　　(2)　イ　　(3)　イオン化傾向　　(4)　王水

〈解説〉(1)　ア　陰極では，イオン化傾向の小さい銅イオンが還元され，銅が析出する。陽極では，ハロゲンイオンの塩素イオンがあるので，塩素イオンが酸化され塩素が発生する。　イ　陽極では，ハロゲンイオンである塩素イオンが存在するので塩素が発生する。陰極では水素が発生する。　ウ　陰極では水素が発生する。ナトリウムイオンは，イオン化傾向が大きいので電子を受け取らず，水が電子を受け取って水素が発生する。　(2)　価電子数の少ない原子は，最外殻の電子を放出して，近い原子番号の希ガスと同じ電子配置の陽イオンになりやすい。Na^{+}やMg^{2+}は，最外殻の電子の放出によって，原子番号10の希ガスのネオン(Ne)と同じ電子配置になっている。　(3)　金属が水溶液中で電子を失い陽イオンになる傾向を，イオン化傾向という。ナトリウムやマグネシウムなどは，陽イオンになりやすいことから，イオン化傾向が大きく，酸化されやすい。　(4)　王水は，濃塩酸と濃硝酸を3：1の体積比で混合した酸で，非常に酸化力が大きい。特に金やプラチナは，王水でしか溶かすことができない。

【13】(1)　結実　　(2)　ウ　　(3)　エ　　(4)　相同器官

〈解説〉(1)　中学校の第2分野は，小学校における「生命・地球」の区分に当たり，その区分の「生命」の領域の内容が列挙されている。理科の内容は，区分別・領域別に，系統性を踏まえて学年を通して確認しておくとよい。 (2) 虫媒花は，主に昆虫の媒介によって受粉が行われる花であり，被子植物の多くは虫媒花に分類される。一方，裸子植物の多くは，風の力を利用して受粉を行う風媒花に分類される。
(3) 肝臓には，グリコーゲンを合成して貯蔵し，必要な分をエネルギーとして全身に送り出す，アンモニアを尿素につくりかえる，胆汁の生成など，多くの働きがある。アは腎臓，ウは小腸について述べた文である。 (4) 見かけ上の形やはたらきは異なっていても，発生起源や基本的構造が同じ器官を相同器官という。ヒトの手と，コウモリの翼，クジラの胸びれは，相同器官に当たる。

【14】ア

〈解説〉目標の(1)は，知識及び技能の基礎に関して示したものである。その目標の中にある「気付き」に関して，特に自分自身についての気付きが重視される点について示された解説文からの出題である。生活科でいう気付きとは，対象に対する一人一人の認識であり，児童の主体的な活動によって生まれるものである。一人一人に生まれた気付きは，確かな認識へとつながるものとして重要な役割をもっている。

【15】インタビューのお礼をするために，ビデオレターを作成し，協力してくれた地域の方に送る。

〈解説〉「生活科・総合的な学習(探究)の時間の指導におけるICTの活用について」(文部科学省)には，生活科における1人1台端末の具体的な活用例として，「思いや願いをもつ場面」，「活動する・体験する場面」，「感じる・考える場面」，「表現する・行為する場面」の各場面での，ICTの活用例を提案している。公開解答(お世話になった人々にお礼の気持ちを伝えるために)以外にも，町探検への興味関心をもつために，探検やインタビューの様子を撮影するために，報告会で発表するために，などの目的で，ICTの活用が考えられる。

【16】① イ　② ウ　③ オ

〈解説〉① 目標(1)は，知識及び技能の習得に関する目標を示したもので，前半が知識に関する目標，後半が技能に関する目標である。

② 目標(2)は，「思考力，判断力，表現力等」の育成に関する目標を示したもので，前半が表現領域，後半が鑑賞領域に関する目標である。鑑賞領域においては，音楽の全体にわたる美しさを享受することがねらいであり，「音楽を味わって聴くこと」は，全ての学年に共通する目標としても示されており，その本質が全ての学年において変わらないことが示されている。　③ 音楽活動の楽しさは，友達と気持ちを合わせて音楽表現をする体験に代表される。学年の目標(3)には，全学年に共通して「協働して音楽活動をする楽しさ」が示されているが，このことは集団での音楽活動が中心となる音楽科の学びの特質を反映したものである。

【17】(1) 4分の4拍子　(2) ウ　(3) さくら　さくら

〈解説〉第4学年歌唱共通教材「さくらさくら」(日本古謡)からの出題である。楽譜を確認すること。　(1) 1小節の中に四分音符が4個分入っているので，4分の4拍子である。　(2) 旋律の特徴について適切でないものを選択する問題である。楽譜の表す通り，なだらかなメロディで四分音符が多く，付点音符は1箇所のみである。またフレーズの終わりは付点二分音符(または二分音符)で，伸ばして表現している。

(3) 歌唱共通教材は全学年にわたって，速度・拍子・歌詞・楽譜の穴埋め・音楽記号・音楽用語など様々な角度から，多く出題されている。

【18】① ア　② イ

〈解説〉① 目標(1)は，知識及び技能に関するものである。自分の感覚や行為を通して理解することは，そうした理解が大切であることや，児童自身の主体性や能動性を重視することを示すものであり，これらのことによって児童一人一人が自分なりに理解を深めていくことをねらいとしている。　② 目標(2)は，思考力，判断力，表現力等に関するものである。「創造的に発想や構想をし」は，自分にとって新しいものやことをつくりだすように発想や構想をすることであり，「A表現」を通して育成する思考力，判断力，表現力等について示されている。一方，「B鑑賞」を通して育成する思考力，判断力，表現力等については，「作品などに対する自分の見方や感じ方を深めたりすることができるようにする」と示されている。

【19】(1)　・自分の表し方を振り返る。　・作品などの意図や特徴について話し合う。　から1つ。　(2)　・児童が自ら鑑賞の対象を選ぶ。　・児童が興味や関心をもてる写真やアニメーションなどを活用する。　から1つ。

〈解説〉いずれの指導のしかたについても，学習指導要領解説(平成29年7月)の該当箇所に記されている解説をよく確認しておくとよい。

(1)　鑑賞活動は，自分たちの作品や身近な材料，国内外の親しみのある美術作品などの形や色などを捉え，自分なりにイメージをもって，主体的によさや美しさなどを感じ取ったり考えたりして，自分の見方や感じ方を深める活動である。自分や友だちの作品を見ながら，どのような表し方をしたのか，その変化を振り返ったり，作品などの意図や特徴について話し合ったりすることで，いろいろな表現の方法があることや，表現されたことに意図や思いがあることを理解することが求められる。　(2)　高学年の時期の児童は，一人ひとりの見方や感じ方が育ってくると同時に，物事を他者や社会的な視点から捉えることができるようになってくる。したがって，鑑賞の対象を幅広く設定することが大切である。

【20】ウ

〈解説〉①　「縫い針に糸を通したり，糸端に玉結びや玉どめをしたり」とあることから，「手縫い」である。　②　手縫いには，なみ縫い，ぐし縫い，半返し縫い，本返し縫い，まつり縫いなどがあるが，基本の縫い方ともいうべき「なみ縫い」である。　③　「丈夫で速く縫える」とあることから，「ミシン縫い」である。　④　ミシン縫いで最初に練習するのは，「直線縫い」である。まず，真っすぐ縫えるように練習する。

【21】・清潔で，付いた汚れが分かりやすいエプロンなどを身に付けさせる。　・手指を十分に洗う。　・髪の毛などが食品や調理器具等に触れないように三角巾を付けさせる。

〈解説〉調理実習の指導に当たっては，施設・設備の安全管理に配慮すると同時に，衛生面に配慮する必要がある。公開解答以外には，袖口をまくったり腕カバーを付けたりするなどして作業に適したものを用いることや，爪をきれいに切っておくこと，マスクを付けることなどが挙げられる。学習指導要領解説(平成29年7月)「第3章　指導計画の作成と内容の取扱い」「3　実習の指導」「(2)服装を整え，衛生に留意して用具の手入れや保管を適切に行うこと」に関する解説を確認しておくこと。

【22】環境

〈解説〉新しい学習指導要領においては，小・中・高等学校の内容の系統性の明確化が図られ，家庭科の内容構成は，小・中学校とも「A　家族・家庭生活」，「B　衣食住の生活」，「C　消費生活・環境」の三つの枠組みに整理された。

【23】(1)　そり跳び　(2)　dとe　(3)　・5～7歩程度の助走からの走り幅跳び　・跳び箱などの台から踏み切る場の設定　・トン・トン・ト・ト・トンなど，一定のリズムを声に出しながら踏み切る場の設定　から1つ。　(4)　・競技者の助走を横切らない。　・助走路を逆走しない。　・トンボを砂場の上に置かない。　・砂場を柔らかくしておく。　から1つ。

〈解説〉(1)　走り幅跳びの空中動作には「かがみ跳び」，「そり跳び」，「はさみ跳び」の三種類がある。「かがみ跳び」は，振り上げた足を前に出したまま跳ぶ跳び方で，初心者に適している。「そり跳び」は，体の柔軟性を必要とする跳び方であり，体が硬い人には不向きである。記録を伸ばすためには，自分に合った跳び方で，早い助走スピードとしっかり踏み切りができることが大切である。　(2)　走り幅跳びの記録は，踏み切りラインから，身体のどの部分であっても砂場に触れた最も手前の地点である着地地点までを計測する。踏み切りラインとは，踏み切り板の砂場側のラインである。　(3)　新しい学習指導要領解説(平成29年7月)においては，知識及び技能の内容には「運動が苦手な児童への配慮の例」，学びに向かう力，人間性等の内容には「運動に意欲的でない児童への配慮の例」が示されている。　(4)　走り幅跳びを安全に実施するためには，砂場の安全とこれから跳ぶことの周知などの対策が考えられる。砂場の安全については，柔らかく整地することや，トンボなどの危険なものを置いておかないことなどが挙げられる。跳ぶ前は，前の人が砂場からいなくなっていること，助走路に誰もいないことを確認したうえで，自分が助走を始めることを周知し，跳んだ後砂場を出るときは必ず前後左右を確認する，などが挙げられる。

【24】(1)　ア　　(2)　呼吸

〈解説〉(1)　運動領域の内容のうち，水泳運動系の領域は低学年が「水遊び」，中学年と高学年が「水泳運動」で構成されている。低学年の「水遊び」は「水の中を移動する運動遊び」(選択肢3など)と「もぐる・浮く運動遊び」(選択肢5など)で構成され，中学年の「水泳運動」は「浮いて進む運動」(選択肢1など)と「もぐる・浮く運動」(選択肢4, 6など)，高学年の「水泳運動」は「クロール」(選択肢7など)，「平泳ぎ」，「安全確保につながる運動」(選択肢2など)で構成される。

(2)　高学年の「(3)学びに向かう力，人間性等」の事項の解説には，「運動に意欲的でない児童への配慮の例」として，水に対する恐怖心や違和感を抱く児童，仲間と関わりながら学習することが苦手な児童，クロールや平泳ぎが50メートル以上泳げる児童について，示されている。

【25】(1) ①　キ　②　ウ　③　カ　④　ア　⑤　エ　⑥　イ
(2)　答えに対して，“Nice”や“Me, too.”など共感する言葉を返しながら聞くとよい。　(3)　上手に会話している児童に全員の前で発表してもらい，よいところに気付かせる。

〈解説〉①　中学年の外国語活動においては，知識のみによって理解を深めるのではなく，体験を通して理解を深めることが目標として掲げられている。体験的に理解を深めることで，言葉の大切さや豊かさなどに気付いたり，言語に対する興味・関心を高めたりすることをねらいとしている。　②「外国語の音声や基本的な表現に慣れ親しむ」は，高学年以降の外国語科における聞く力や話す力につながる学習として示されている。　③　高学年の外国語科では，日本語との音声の違いにとどまらず，文字，語彙，表現，文構造，言語の働きなどについても日本語との違いに気付くことや，それらが外国語でコミュニケーションを図る際に活用される，生きて働く知識として理解されることが求められている。「文字，語彙，表現，文構造，言語の働き」は，セットで覚えておきたい。　④　目標(1)は知識及び技能に関するものであり，前半が「知識」，後半が「技能」に関する目標である。
⑤「推測しながら読む」は，音声に十分に慣れ親しんだ単語が文字のみで提示されたときも，その単語の読み方を推測して読むことを表している。　⑥「語順を意識しながら書いたり」は，基本的な表現を書き写す際に，英語で何かを表す際には，決まった語順があることへの気付きを踏まえ，語と語の区切りを意識しながら書くことを表している。　(2)　個別の質問を単調に行っているだけの活動になっているため，初期の段階として相手の応答に対する反応を加えるなどによって，コミュニケーション活動に近づける必要がある。学習指導要領解説(平成29年7月)には，外国語科の目標(3)にある「他者に配慮しながら」について，「例えば『話すこと』や『聞くこと』の活動であれば，相手の理解を確かめながら話したり，相手が言ったことを共感的に受け止める言葉を返しながら聞いたりすることなどが考えられる」と解説している。　(3)　直接的なアドバイスも必要だが，児童自身に気付かせ

るという方法をとることで，主体的・対話的で深い学びにつながる授業にすることが重要である。

【26】(1)　A)　　(2)　C)　　(3)　D)

〈解説〉穴埋め問題。　(1)　会合の場所が変更されたことをJessicaに伝え忘れたというAに対して，Bは昨日伝えたと言っている。したがって，BはJessicaが来ると考えているので，選択肢A)が適切。　(2)　Aに良いレストランはないか尋ねられたBは，人気のレストランなのですぐに予約することをAに勧めている場面であることから，選択肢C)が適切。　(3)　母親に宿題は終わったのと聞かれ，空欄を含む文の後母親を引き留めていることから，「宿題は30分で終えられるから，待ってて」という意味になる，未来完了形のD)が適切。

【27】(1)　D)　　(2)　B)　　(3)　B)

〈解説〉ピクトグラムに関する文章を読んで，質問に答える問題。本文を読み始める前に質問や答えの選択肢に目を通しておくことで，本文を読む際の要点がわかる。　(1)　ピクトグラムが1964年の東京五輪で導入された理由を聞かれている。1964年に東京オリンピックが行われた当時の日本では，外国人向けの案内標識が整備されていなかったため，海外からの来訪者のために，ピクトグラムが考案された。　(2)　現在世界中でピクトグラムが使われている理由について，聞かれている。ピクトグラムのデザイナーが，ピクトグラムの著作権を放棄して，誰もが自由に使えるようになったことによって，世界中に広まるきっかけとなった。　(3)　本文の要旨が聞かれている。一つのみが間違いなので，他の選択肢については正しい要点が述べられている。これだけの情報が予め頭に入っていれば，本文の読むときの苦労は相当軽減されるはずである。

【28】イ，ウ

〈解説〉学習指導要領解説(平成29年7月)「第4章　第2節　3(4)道徳科に生かす指導方法の工夫」では，教材を提示する工夫，発問の工夫，話合いの工夫，書く活動の工夫，動作化・役割演技など表現活動の工夫，板書を生かす工夫，説話の工夫が例示されている。　ア　教材を提示する方法としては，読み物教材の場合，教師による読み聞かせが一般に行われている。なお，多くの情報を提示することが必ずしも効果的だとは言えず，精選した情報の提示が想像を膨らませ，思考を深める上で効果的な場合もあることに留意することが言及されている。
エ　板書の機能を生かすために重要なことは，思考の流れや順序を示すような順接的な板書だけでなく，教師が明確な意図をもって対比的，構造的に示したり，中心部分を浮き立たせたりするなどの工夫をすることが大切である，と解説している。

【29】①の理由…他の児童と比べるような記述はふさわしくないから。
②の理由…判断の内容について，「正しい」と決めることはできないから。

〈解説〉学習指導要領解説(平成29年7月)「第5章　道徳科の評価」には，評価の基本的態度として，小学校の段階でどれだけ道徳的価値を理解したかなどの基準を設定することはふさわしくないことや，道徳性の評価は教師と児童の共感的な理解の存在を基盤にして個人内の成長の過程を重視することが示されている。また道徳科における評価として，個々の内容項目ごとでなく大きなまとまりで評価すること，他の児童との比較でなくいかに成長したかという個人内評価として記述式で行うことが求められている。さらに内容項目についても，単に知識として観念的に理解させるだけの指導，特定の考え方に無批判に従わせるような指導はあってはならないことが示されている。

2022年度　実施問題

【1】次は，小学校4年生の国語の授業において，「ごんぎつね」を読んで物語の登場人物(ごん)の性格について話し合っている場面の一部である。【話し合いの一部】を読んで，以下の問いに答えなさい。

【話し合いの一部】

児童A	ぼくは，ごんは人の気持ちを考えることができるから，本当はやさしいきつねだと思います。
児童B	(　　　　　　　　　　　　　　　　　　　　)
児童A	ごんが，兵十のおっかあが死んでしまったことを知ったときに，おっかあにうなぎを食べさせようと思った兵十の気持ちや，うなぎを食べることができずに死んでしまったおっかあの気持ちを考えて，いたずらをしなければよかったと思っているところです。
児童C	わたしは，ごんが，最初は，夜でも昼でも，あたりの村へ出てきていたずらばかりしていたのは，さびしかったからだと思うので，さびしがりやのきつねだと思います。
児童A	いたずらばかりしていると，どうしてさびしがりやだと思うのですか。
児童C	それは，ごんがひとりぼっちでさびしくて，かまってほしいからいたずらばかりしていたと思うからです。

(1) 【話し合いの一部】の空欄で児童Bがどのように児童Aに問いかけたか，考えて答えなさい。

(2) 次は，『小学校学習指導要領(平成29年告示)解説　国語編』に示されている第3学年及び第4学年の「読むこと」の一部である。空欄①②に当てはまる語句を答えなさい。

> 登場人物の性格は，複数の場面に共通して一貫して描かれる場合と，多面的に描かれる場合とがある。いずれの場合も，場面の移り変わりと結び付けて具体的に想像するためには，それぞれの登場人物の境遇や状況を把握し，物語全体に描かれた(　①　)や(　②　)に関わる複数の叙述を結び付けて読むことが重要である。一つの叙述だけではなく，複数の叙述を根拠にすることで，より具体的に登場人物の性格を思い描くことができる。

(☆☆☆◎◎◎)

【2】次の【古文】を読んで，以下の問いに答えなさい。

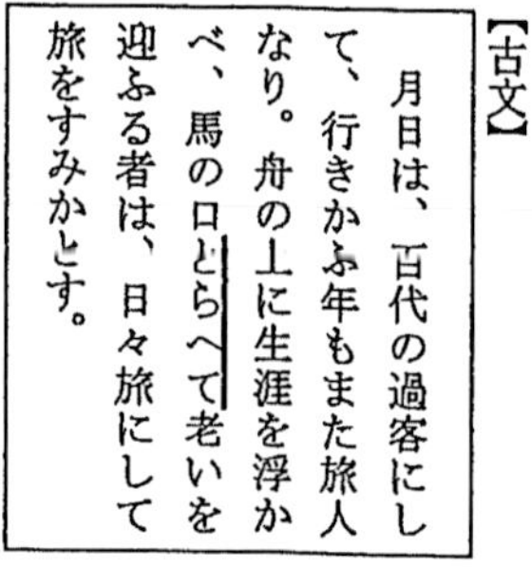

【古文】

月日は、百代の過客にして、行きかふ年もまた旅人なり。舟の上に生涯を浮かべ、馬の口とらへて老いを迎ふる者は、日々旅にして旅をすみかとす。

(1)　上の古文は，「おくのほそ道」という紀行文の冒頭である。作者の名前を答えなさい。

(2)　上の古文の傍線部「とらへて」を現代仮名遣いに直しなさい。

(☆☆☆◎◎◎)

【3】次は，安全委員会の児童が「ろう下を走る人をへらし，事故をふせぐためには，どうするとよいか」という議題で話し合いをしている場面である。次の【話し合いの一部】を読んで，以下の問いに答えなさい。

【話し合いの一部】

司会者：前回の委員会では，ろう下を走り，人とぶつかる人が多いことが問題になりました。そこで，今日は，「ろう下を走る人をへらし，事故をふせぐためには，どうするとよいか」という議題で話し合います。まずは，それぞれ考えてきてもらった意見を発表してください。

児童A：わたしは，安全委員会で，ろう下を走っている人を注意するといいと思います。注意を受けたら，走るのをやめると思うからです。それに，注意を受けないように，走る人がへると思います。

児童B：ぼくは，ろう下を走っていてぶつかってけがをした数や，実際にけがをした人の体験談をお昼の放送で伝えるとよいと思います。ぼくは，お昼休みに体育館に行くために走っていた友達が，人とぶつかってけがをした場面を見ました。それ以来，たくさんの人が移動する時にろう下を走ることがどれだけ危険かがよく分かり，気をつけるようになりました。だから，ろう下を走る危険性について知らせることで，一人一人の意識を変えていくことが大切だと思います。

司会者：それでは，これまで出た意見に対して，質問や意見をお願いします。

児童C：ろう下を走っている人を，安全委員会が注意するという意見についてですが，たしかに注意をしたら，走るのをやめると思いますが，安全委員会だけで注意をするのは大変だと思います。また，注意をされるのがいやなだけなら，安全委員がいないところでは，走る人はへらないと思います。

児童A：たしかに，安全委員会が全員で毎日注意をするのは大変なので，当番にしたり，安全強化週間にしぼって注意をしたりするのがよいと思います。また，安全委員会がいないとろう下を走るかもしれませんが，注意をすることで，まずは走るのがいけないことだと気づいてもらうことや，今すぐに事故をふせぐことが必要だと思います。

児童D：ぼくは，Bさんの，みんなにろう下を走る危険性について理解をしてもらうのがよいという意見には説得力があったので賛成です。ただ，事故をふせぐ効果がすぐにでないことや，お昼の放送で伝えるだけでは，すぐにはみんなに伝わらないと思うので，ろう下を走る危険性が伝わるポスターやインタビュー記事をろう下に掲示するなどするとよいと思います。

〜(話し合いが続く)〜

司会者：では，話し合ったことをまとめます。ろう下を走る人をへらすために，安全委員会として，ろう下を走ることの危険性を知らせるための活動と，走っている人を注意し，事故をふせぐ活動を合わせて行うことになりました。次回の委員会では，具体的な活動方法について考えます。

(1)　司会者はスムーズな話し合いのためにさまざまな工夫をしている。安全委員会での【話し合いの一部】における司会者の工夫として当てはまらないものを次のア～エのうち一つ選び，記号で答えなさい。

ア　議題について事前に考えてきてもらう。

イ　話し合いの前に，議題について確認する。

ウ　他に意見がないか確認する。

エ　話し合いを区切り，次にすることを知らせる。

(2)　次の【話し合いの計画】において，話し合いの進め方 3の空欄に当てはまる内容を考えて答えなさい。

【話し合いの計画】

議題

ろう下を走る人をへらし，事故をふせぐためには，どうするとよいか

話し合いの進め方

1. 議題を確かめる。
2. それぞれの意見を聞き合う。
3. (　　　　　　　　　　　　)
4. それぞれの意見について整理する。
5. 話し合いをまとめる。

(3) 自分の考えを伝えるためには，聞いた人が納得するような説得力のある理由が必要である。児童Bの発言の説得の工夫について具体的に説明しなさい。

(4) 次は，【話し合いの計画】の 話し合いの進め方 4で，それぞれの意見について，表を用いて整理したものである。空欄①②に当てはまる内容を考えて答えなさい。

【意見を整理した表】

	ろう下を走る人を注意する（Aさんの意見）	ろう下を走る危険性について知らせる（Bさんの意見）
良さ	・注意されたら，走るのをやめる。 ・注意を受けないように走るのをやめる。 ・(　　　①　　　)	・ろう下を走る危険性について理解すると，一人一人の意識が変わり，気を付けるようになる。
問題点	・安全委員で毎日注意するのは大変。 ・安全委員がいないところでは，走る人がへらないかもしれない。	・(　　　②　　　) ・お昼の放送などだけでは，すぐには伝わらない。
対応策	・当番制にしたり，安全強化週間にしぼって行ったりする。	・お昼の放送だけでなく，ポスターやインタビュー記事を使って伝える。

(☆☆☆◎◎◎)

【4】次は，『小学校学習指導要領(平成29年告示)第2章　第2節　社会』に示されている社会科の目標の一部である。以下の問いに答えなさい。

${}_{a}$社会的な見方・考え方を働かせ，課題を追究したり解決したりする活動を通して，グローバル化する国際社会に主体的に生きる平和で民主的な国家及び社会の形成者に必要な公民としての資質・能力の基礎を次のとおり育成することを目指す。 (1)　(省略) (2)　社会的事象の特色や相互の関連，意味を${}_{b}$多角的に考えたり，社会に見られる課題を把握して，その解決に向けて社会へのかかわり方を選択・判断したりする力，考えたことや選択・判断したことを適切に表現する力を養う。

(1)　下線部aについて，小学校3年生の「市の様子の移り変わり」の学習で，児童が「時期や時間の経過」に着目して考えられるようにするためには，どのような資料を用いてどのような発問をすることが考えられるか。具体的な資料と発問を一つずつ例示して答えなさい。

(2)　下線部bについて，小学校5年生の「我が国の農業や水産業における食料生産」の学習で，ある学級では野菜の生産について学習を行った。品質のよい野菜を消費者に届けるための工夫について，多角的に考えられるようにするためにはどのような立場から考えるとよいか。生産者以外の立場を一つ挙げ，【例】を参考にして答えなさい。

【例】生産者は，気候にあった種を選ぶことで野菜の品質を高める工夫をしている。

(☆☆☆◎◎◎)

【5】小学校4年生の「都道府県の様子」の学習で，「福井県内の交通網はどのように広がっているか」を調べ，クラスで発表することになった。ある児童がタブレットを使い，次のスライドで発表しようと考えている。

スライド

福井県内の主な交通の広がり
○鉄道 ・JR(北陸本線，越美北線，小浜線) 福井鉄道，えちぜん鉄道 ○道路 ・北陸自動車道，舞鶴若狭自動車道，中部縦貫自動車道 ・県外につながる大きな国道 ○海の交通 ・敦賀港(フェリー)

(1) 上のスライド「福井県内の主な交通の広がり」について，ひと目で分かりやすいスライドにしたいということで児童がアドバイスを求めてきた。どのようなアドバイスをするとよいか答えなさい。

(2) 福井県の交通に関して，現在，北陸新幹線の金沢・敦賀間の工事が進められている。敦賀開業となった場合，北陸新幹線は県内のいくつの市町を通過するか。敦賀市を含めて市町数を答えなさい。なお，同じ市町を2回以上数えないものとする。

(☆☆☆◎◎◎)

【6】以下は，『小学校学習指導要領(平成29年告示)解説　社会編』に示されている第6学年の学習内容の一部である。次の問いに答えなさい。

(1) 我が国の政治の働きの「内容の取扱い」には，次のように書かれている。

エ　(省略)　「国会」について，国民との関わりを指導する際には，各々の c国民の祝日に関心をもち，我が国の社会や文化における意義を考えることができるよう配慮すること。

下線部cのうち，「日本国憲法の施行を記念し，国の成長を期する」趣旨で制定された国民の祝日の，月日と祝日名を答えなさい。

(2) 我が国の歴史上の主な事象に関する「内容の取扱い」に書かれて

いることとして，適切でないものを次のア～エのうち一つ選び，記号で答えなさい。

ア　小学校の歴史学習においては，歴史上の主な出来事や年号などを覚え，通史として事象を網羅的に取り扱うようにする。

イ　児童の興味・関心を重視し，取り上げる人物や文化遺産の重点の置き方に工夫を加えるなど，精選して具体的に理解できるようにする。

ウ　国宝や重要文化財，世界文化遺産などを取り上げ，我が国の代表的な文化遺産を通して学習できるように配慮する。

エ　歴史上の主な事象との関連を考慮して，国家及び社会の発展に大きな働きをした人物を取り上げ，その働きを通して学習できるようにする。

(☆☆☆◎◎◎)

【７】次の問いに答えなさい。

(1)　次の資料は日本を七つの地方に区分したときの四つの地方(北海道地方，東北地方，関東地方，中部地方)についてまとめたものである。この中で，中部地方を表しているものを【表】のア～エのうち一つ選び，記号で答えなさい。

【表】　日本の地方ごとの割合（2020年）

地　方	米の収穫量	面積	人口
ア	28.8%	17.7%	6.9%
イ	21.5%	17.7%	16.9%
ウ	15.8%	8.6%	34.3%
エ	7.7%	22.1%	4.1%

（「作物統計調査」、「令和２年住民基本台帳」より作成）

(2)　次の内容を時代の古い順から並び替えたとき，3番目になるものを次のア～オのうち一つ選び，記号で答えなさい。

ア　藤原道長のむすめに教育係として仕えた紫式部は「源氏物語」を書きあらわした。

イ　伝統芸能である能は，足利義満の保護を受けた観阿弥・世阿弥によって大成された。

ウ　聖武天皇は仏教の力で社会の不安をしずめようと国ごとに国分寺を建てた。

エ　徳川家康は，大阪の豊臣氏を滅ぼし，全国に一国一城令を出した。

オ　平清盛は太政大臣の地位につき，中国との貿易をすすめた。

(3)　青年海外協力隊などのように，社会環境が十分に整備されていない国に対し，資金や技術を提供する政府による国際協力の活動を何というか。次のア～エのうち一つ選び，記号で答えなさい。

ア　SDGs　　イ　UNICEF　　ウ　ODA　　エ　NGO

(☆☆☆◎◎◎)

【8】第5学年の学習「割合」については全国学力・学習状況調査などで課題が示されており，指導に当たっては，言葉と図や式を関連付けるような活動を取り入れることが大切である。次の問いに答えなさい。

(1)　次は，『小学校学習指導要領(平成29年告示)解説　算数編』「第5学年の目標及び内容」の一部である。空欄[　　]に入る数字を答えなさい。

第5学年では，基準量を[　　]として，比較量を割合として小数で表すことで資料の全体と部分，あるいは部分と部分の関係どうしを比べる場合があることを理解し，そのような比べ方ができるようにする。

(2)　次は，「学年の1組と2組ではどちらの方が一輪車に乗れるかを調べた結果を表した表」から得られる数量の関係を，図や式で表したものである。以下の問いに答えなさい。

【表】

一輪車に乗れる人調べ（人）

	乗れる	乗れない	合計
1組	9	6	15
2組	11	6	17

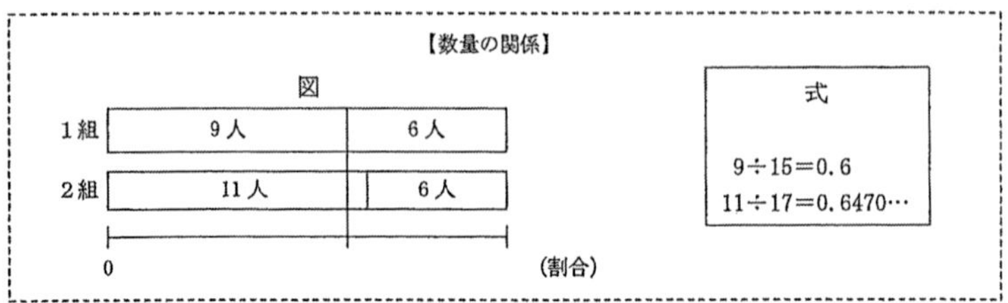

① 9÷15＝0.6の0.6は何を表しているか，説明しなさい。

② この学年で一輪車に乗れる人の割合を百分率で答えなさい。

③ 1組と2組ではどちらの方が一輪車に乗れるかを調べるときになぜ割合を使って比べるのか説明しなさい。

(☆☆☆◎◎◎)

【9】第6学年では，円の面積の求め方を，既習の求積可能な図形の面積の求め方を基に考えたり，説明したりする。児童が自ら工夫して円の面積の求め方を見いだしたら，その表現を振り返り，簡潔かつ的確な表現に高め，公式に導いていく。実際の授業場面のように，以下の三つの条件に従って，[　　　]には言葉の式を書き，公式をつくる過程を説明しなさい。(円周率は3.14を使うこと。)

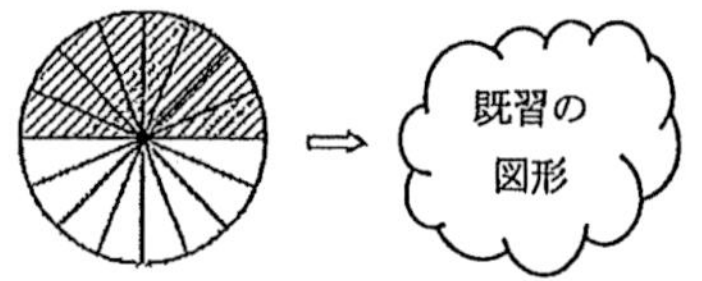

条件

① [ア]は，既習の求積可能な図形の名前を書くこと

② [イ]は，アで答えた図形の面積の公式を書くこと

③ 円周という言葉を使うこと

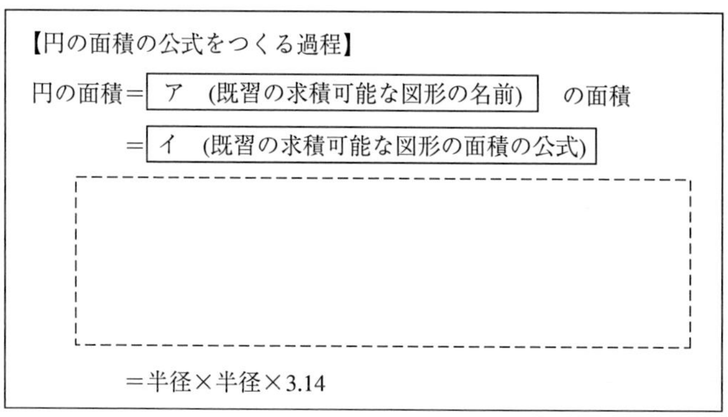

【円の面積の公式をつくる過程】

円の面積＝ ア　(既習の求積可能な図形の名前) の面積

＝ イ　(既習の求積可能な図形の面積の公式)

＝半径×半径×3.14

(☆☆☆◎◎◎)

【10】横が縦より5cm長い長方形の厚紙があります。この四すみから1辺が3cmの正方形を切り取り，ふたのない直方体の容器をつくると，容積は108cm³になりました。

はじめの厚紙の縦と横の長さを求めなさい。(厚紙の厚さは考えないものとする。)

(☆☆☆◎◎◎)

【11】第5学年では，伴って変わる二つの数量について学習する。次のような問題を解く場面について，以下の問いに答えなさい。

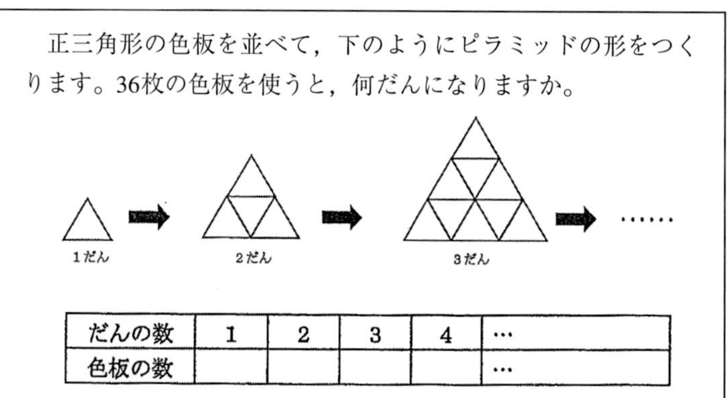

正三角形の色板を並べて，下のようにピラミッドの形をつくります。36枚の色板を使うと，何だんになりますか。

だんの数	1	2	3	4	…
色板の数					…

(1)　表を使って考える良さを一つ書きなさい。

(2)　このあと，正三角形の色板を並べてピラミッドの形をつくる問題で，「だんの数と［　　　］の数」という問題づくりを行った。そのとき，次のような表をかいた児童は，だんの数と何について表したと考えられるか，空欄［　　　］に当てはまる言葉を一つ書きなさい。

だんの数	1	2	3	4	…
［　　　　］の数	0	1	3	6	…

(☆☆☆◎◎◎)

【12】次のドットプロットは，ハンドボール投げの記録と人数を表しています。このドットプロットからデータの平均値，中央値，最頻値を求めなさい。

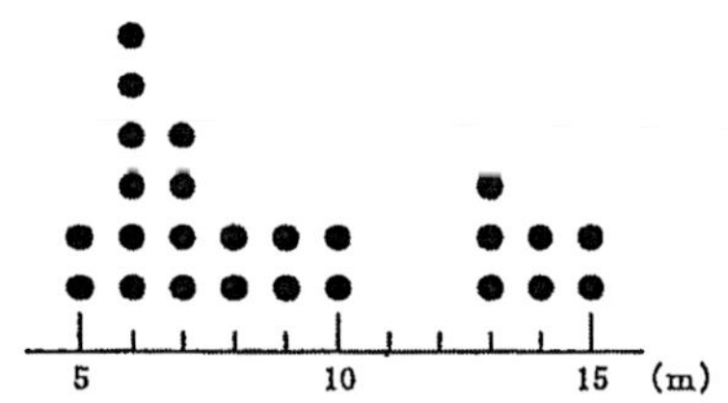

(☆☆☆◎◎◎)

【13】小学校では，プログラミング教育が必修化され，教育課程全体を見渡し，プログラミングを実施する単元を位置付けていく学年や教科等を決定する必要がある。算数においては『小学校学習指導要領(平成29年告示)解説　算数編』「指導計画の作成と内容の取扱い」の一部で次のように示されている。空欄①②に当てはまる語句を答えなさい。

> 算数科において，プログラミングを体験しながら[　①　]的思考力を身に付けるための活動を行う場合には，算数科の目標を踏まえ，数学的な思考力・判断力・表現力等を身に付ける活動の中で行うものとする。

(省略)

「プログラミング的思考」とは，自分が意図する一連の活動を実現するために，どのような動きの組み合わせが必要か，どのように改善していけばより意図した活動に近づくのかということを[　①　]的に考えていく力の一つである。

算数科においては，「例えば第2の各学年の内容の〔第5学年〕の「B図形」の(1)における正多角形の作図を行う学習に関連して，正確な[　②　]作業を行う必要があり，更に一部を変えることでいろいろな正多角形を同様に考えることができる場面などで取り扱うこと。」と示されている。

(省略)

算数科ではこのような活動を行うことで，問題の解決には必要な手順があることと，正確な[　②　]が必要な作業をする際にコンピュータを用いるとよいことに気付かせることができる。

(☆☆☆◎◎◎)

【14】風とゴムの力の働きの学習について，次の問いに答えなさい。

(1)　この単元の導入で，児童に，「風の力を利用して動く物にはどのようなものがあるか」と発問した場合，どのようなものが挙げられると想定されるか。風の力を利用して動く身近なものを一つ書きなさい。

(2)　風の強さを変えて車が動く距離を調べる実験を行う際の留意点として，適切でないものを次のア～エのうち一つ選び，記号で答えなさい。

ア　車に風を当てる前に，車の前に手をかざし，送風器の風の強さや向きを確かめておく。

イ　送風器の中に指や物を入れないようにする。

ウ　1回で正確なデータが得られるよう，送風器の置く位置や車のスタート位置を確かめておく。

エ　車を走らせ始めるまで，送風器の前に板を当てて，風が車に当たらないようにしておく。

(3)　次の【図】のように，ゴムで動く車を作って，輪ゴムの本数を増やすと車の動く距離がどうなるかを調べる。どの実験とどの実験の結果を比べるとよいか，以下のア～エのうち二つ選び，記号で答えなさい。

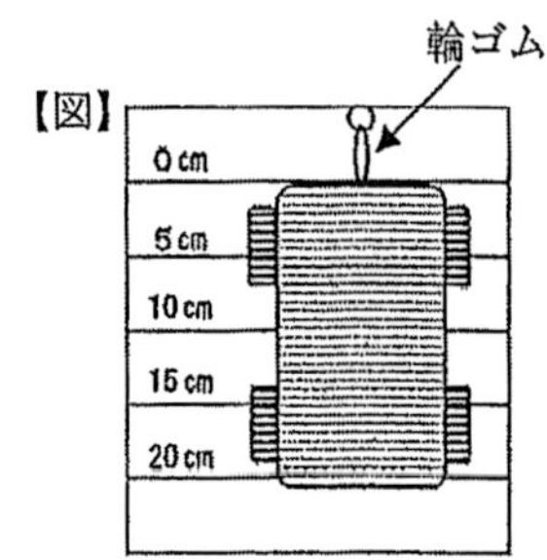

ア　輪ゴムを1本使って5cm伸ばす。

イ　輪ゴムを1本使って10cm伸ばす。

ウ　輪ゴムを2本使って10cm伸ばす。

エ　輪ゴムを2本使って15cm伸ばす。

(4)　第3学年で学習するこの単元の評価規準を作成する際，「知識・技能」の観点について次のように設定することにした。空欄[　　]に当てはまるものを以下のア～エのうち一つ選び，記号で答えなさい。

> ・風の力は，物を動かすことができること，風の力の大きさを変えると，物が動く様子も変わることを理解している。
> ・ゴムの力は，物を動かすことができること，ゴムの力の大きさを変えると，物が動く様子も変わることを理解している。
> ・[　　　　　　　　　　　　　　　　　　　　]

ア　風やゴムの働きについて，差異点や共通点を基に，問題を見いだし，表現するなどして問題解決している。

イ　風やゴムの働きについて，観察，実験などを行い，得られた結果を基に考察し，表現するなどして問題解決している。

ウ　風やゴムの働きについて，観察，実験などの目的に応じて，器具や機器などを選択し，正しく扱いながら調べ，それらの過程や得られた結果を適切に記録している。

エ　風やゴムの働きについて，器具や機器などを正しく扱いながら調べ，それらの過程や得られた結果を分かりやすく記録している。

(☆☆☆◎◎◎)

【15】物の溶け方の学習について，次の問いに答えなさい。

(1)　決まった水に溶ける物質の量には限界があり，この量を溶解度という。一般に溶解度は，100gの水に溶ける物質の量で表す。次の【表】は，物質の溶解度を示したものである。

【表】

物質の溶解度（g）

	20℃	40℃	60℃
A　食塩	36	36	37
B　ミョウバン	11	24	58
C　ホウ酸	4	9	15
D　硫酸銅	36	54	80

①　温度により溶けやすさが異なることを利用し，一度溶かした物質を純粋な結晶として取り出す操作を何というか。漢字で書きなさい。

②　40℃の水150gに，表のA～Dの物質のうち一つを十分時間をかけて少しずつ溶かした。溶液全体の質量が186gになったところで，溶解する限界になった。この物質として適切なものを【表】のA～Dのうち一つ選び，記号で答えなさい。

③　【表】のA～Dのうち，①の方法が向かない物質はどれか。【表】のA～Dのうち一つ選び，記号で答えなさい。

(2)　実験の際，メスシリンダーで50mLの水を測ることになった。メスシリンダーの使い方として適切でないものを次のア～エのうち一つ選び，記号で答えなさい。

ア　メスシリンダーを水平なところに置く。

イ　「50」の目盛りの少し上のところまで水を入れ，真横から液面を見ながら，スポイトで水を吸いとる。

ウ　「50」の目盛りの少し下のところまで水を入れ，真横から液面を見ながら，スポイトで水を少しずつ入れる。

エ　真横から見て，液面のへこんだ部分が「50」の目盛りに合うようにする。

(☆☆☆◎◎◎)

【16】次は，『小学校学習指導要領(平成29年告示)解説　理科編』に示されている第6学年の目標及び内容の一部である。以下の問いに答えなさい。

> 生物と環境について，動物や植物の生活を観察したり資料を活用したりする中で，生物と環境との関わりに着目して，それらを多面的に調べる活動を通して，次の事項を身に付けることができるよう指導する。
>
> ア　次のことを理解するとともに，観察，実験などに関する技能を身に付けること。
>
> (ア)　生物は，水及び空気を通して周囲の環境と関わって生きていること。
>
> (イ)　生物の間には，<u>食う食われるという関係</u>があること。
>
> (ウ)　人は，環境と関わり，工夫して生活していること。
>
> イ　生物と環境について追究する中で，生物と環境との関わりについて，(　　)，表現すること。

(1)　下線部のような関係を何というか，答えなさい。

(2)　次の図は，下線部の関係と炭素の循環を模式的に表したものである。

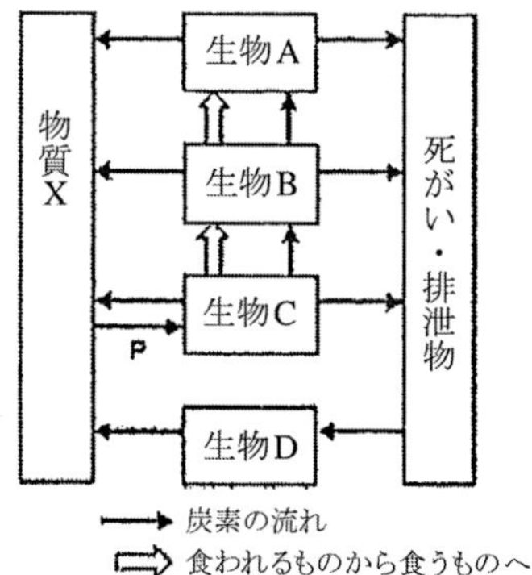

① 物質Xは生物に出入りする気体である。これを化学式で書きなさい。

② 矢印Pで示される流れは，生物Cの何という働きか，答えなさい。

(3) 空欄に当てはまる言葉を次のア～エのうち一つ選び，記号で答えなさい。

ア より妥当な考えをつくりだし

イ 問題を見いだし

ウ 予想や仮説を基に，解決の方法を発想し

エ 根拠のある予想や仮説を発想し

(☆☆☆◎◎◎)

【17】天気の変化の学習について，次の問いに答えなさい。

(1) 天気の見分け方として，適切なものを次のア～エのうち一つ選び，記号で答えなさい。

ア 空全体を10とした時，雲の量が8～10の時を「くもり」とする。

イ 空全体を10とした時，雲の量が5～10の時を「くもり」とする。

ウ 空全体を10とした時，雲の量が2～5の時を「晴れ」とする。

エ 空全体を10とした時，雲の量が2～8の時を「晴れ」とする。

(2) 日本周辺の気圧配置について述べた文として，適切でないものを次のア～エのうち一つ選び，記号で答えなさい。

ア 冬に発達するシベリア高気圧から吹き出した冷たく乾燥した空

気は，日本海上で水蒸気を供給され，日本列島の日本海側に降雪をもたらす。

イ　春や秋には，西からやってくる移動性高気圧や低気圧に伴い，気温は寒暖を繰り返すが，一般に低気圧が過ぎた時に暖かくなる。

ウ　オホーツク海高気圧は，梅雨期によく出現する寒冷な高気圧であり，北日本の太平洋側に寒冷な空気をもたらす。

エ　北太平洋高気圧(太平洋高気圧，小笠原高気圧)は夏によく発達し，日本列島に暖かく湿った空気をもたらす。

(3)　次は，「天気の変化」について【気象予報士の言葉】をもとに，調べる計画を話し合う様子である。

【気象予報士の言葉】

明日は，雲が東に移動し，西の方から晴れてくるでしょう。

明後日は，雲が西から近づき，天気が下り坂です。午後には，西の方から雨が降り始めるでしょう。

児童A：気象予報士の人は，どうやって天気を予想しているのかな。

児童B：明日も，明後日にも『(　①　)』という言葉が出てくるね。天気の変わり方にはきまりがあるのかな。

児童C：雲の様子を何日間か続けて調べれば，きまりが見つかるかもしれないね。

児童A：そのためには，自分たちが住んでいる地域だけでなく，広い地域の情報が必要だね。

児童B：(　②　)で，情報を集められそうだね。

①　空欄①に当てはまる語句を答えなさい。

②　空欄②にはどのような語句が入るか，考えて書きなさい。

(☆☆☆◎◎◎)

【18】次は，『小学校学習指導要領(平成29年告示)第2章　第5節　生活』「指導計画の作成と内容の取扱い」の一部である。以下の問いに答えなさい。

> 年間や，単元など内容や時間のまとまりを見通して，その中で育む資質・能力の育成に向けて，児童の主体的・対話的で深い学びの実現を図るようにすること。その際，児童が具体的な活動や体験を通して，(　　)に関わる見方・考え方を生かし，自分と地域の人々，社会及び自然との関わりが具体的に把握できるような学習活動の充実を図ることとし，校外での活動を積極的に取り入れること。

(1)　空欄に当てはまる語句を次のア～エのうち一つ選び，記号で答えなさい。

ア　身近な生活　　イ　身近な人々　　ウ　地域社会
エ　学校生活

(2)　下線部に示す校外での学習活動として，小学校2年生「たのしいあきいっぱい」という単元で，春，夏，秋に同じ公園に出かけた。

①　なぜ，春，夏，秋と同じ公園に出かけたのか，その意図を答えなさい。

②　秋に公園に出かけたところ，児童は落ち葉がたくさんあることに気付いた。この児童の気付きの質を高めるために，教師としてどのような言葉をかけるか答えなさい。

③　公園など校外での学習活動を行う際，配慮すべき点としてどのようなことが考えられるか答えなさい。

(☆☆☆◎◎◎◎)

【19】次は，『小学校学習指導要領(平成29年告示)解説　音楽編』「指導計画の作成と内容の取扱い」の一部である。空欄①～③に当てはまる語句を答えなさい。

例えば，音楽科における配慮として，次のようなものが考えられる。 ・音楽を形づくっている要素(リズム，速度，旋律，強弱，反復等)の聴き取りが難しい場合は，要素に着目しやすくなるよう，音楽に合わせて一緒に拍を打ったり体を動かしたりするなどして，要素の表れ方を[　①　]化，[　②　]化するなどの配慮をする。なお，[　②　]化する際は，決められた動きのパターンを習得するような活動にならないよう留意する。 ・多くの声部が並列している楽譜など，情報量が多く，児童がどこに注目したらよいのか混乱しやすい場合は，拡大楽譜などを用いて声部を色分けしたり，リズムや旋律を[　③　]的に取り出してカードにしたりするなど，[　①　]的に情報を整理するなどの配慮をする。

(☆☆☆☆◎◎◎)

【20】次の楽譜は『小学校学習指導要領(平成29年告示)解説　音楽編』に示されている第6学年の歌唱共通教材の楽譜である。以下の問いに答えなさい。

(1)　この曲の曲名を答えなさい。

(2)　この曲は，何分の何拍子か答えなさい。

(3)　楽譜の1段目を歌唱する際，2小節目のどこで息継ぎをするのが適切だと考えられるか。次の楽譜の適切だと思われる場所にブレスの記号を書き入れなさい。

(☆☆☆◎◎◎◎◎)

【21】次は，『小学校学習指導要領(平成29年告示)第2章　第9節　図画工作』の第1学年及び第2学年の「A表現」(1)の内容である。以下の問いに答えなさい。

> (1)　表現の活動を通して，発想や構想に関する次の事項を身に付けることができるよう指導する。
> ア　「(　　)をする活動」を通して，身近な自然物や人工の材料の形や色などを基に造形的な活動を思い付くことや，感覚や気持ちを生かしながら，どのように活動するかについて考えること。
> イ　「絵や立体，工作に表す活動」を通して，感じたこと，想像したことから，表したいことを見付けることや，好きな形や色を選んだり，いろいろな形や色を考えたりしながら，どのように表すかについて考えること。

(1)　「A表現」は，「(　　)をする活動」と「絵や立体，工作に表す活動」との二つの側面に分けて捉えることができる。空欄に当てはまる語句を答えなさい。

(2)　下線部の「身近な自然物や人工の材料」とは，児童が関心や意欲をもち，扱いやすい身近な材料のことである。自然物や人工の材料として，それぞれどのような材料が考えられるか，三つずつ書きなさい。

(3)　児童が，身近な自然物や人工の材料の形や色などを基に造形的な活動を思い付けるようにするには，どのようなことに留意して指導を行うか，一つ書きなさい。

(☆☆☆◎◎◎)

【22】次は，『小学校学習指導要領(平成29年告示)解説　家庭編』に示されている「生活の営みに係る見方・考え方」についての文章である。空欄①②に当てはまる語句を，以下のア～エのうち一つずつ選び，記号で答えなさい。

生活の営みに係る見方・考え方を働かせとは，家庭科が学習対象としている(　①　)，衣食住，消費や環境などに係る生活事象を，協力・協働，(　②　)・快適・安全，生活文化の継承・創造，持続可能な社会の構築等の視点で捉え，生涯にわたって，自立し共に生きる生活を創造できるよう，よりよい生活を営むために工夫することを示したものである。

ア　人生　　イ　家族や家庭　　ウ　健康　　エ　安心

(☆☆☆◎◎)

【23】次は，『小学校学習指導要領(平成29年告示)解説　家庭編』に示されている，家庭科における実践的・体験的な活動である調理や製作などの実習を安全かつ効果的に進めるために，次の事項に配慮し，事故の防止に留意する必要がある。空欄①②に当てはまる語句を答えなさい。

3　実習の指導に当たっては，次の事項に配慮するものとする。 (1)　施設・設備の安全管理に配慮し，学習環境を整備するとともに，熱源や用具，機械などの取扱いに注意して事故防止の指導を徹底すること。 (2)　服装を整え，衛生に留意して用具の手入れや保管を適切に行うこと。 (3)　調理に用いる食品については，(　①　)は扱わないなど，安全・衛生に留意すること。また，(　②　)についても配慮すること。

(☆☆◎◎◎◎)

【24】調理実習において，ガスこんろを扱う際に，安全に実習を行うために，児童に指導すべきことを一つ答えなさい。

(☆☆☆◎◎◎◎)

【25】小学校の家庭科においては，生活の科学的な理解を深め，生活の自立の基礎を培う基礎的・基本的な知識及び技能の確実な習得を図るために，調理や製作における一部の題材を指定している。調理の学習における題材の指定について説明した次の文の空欄に当てはまる語句を答えなさい。

・加熱操作が適切にできるようにするために，ゆでる材料として青菜や(　　)などを扱うこととしている。

(☆☆◎◎◎◎)

【26】次は，『小学校学習指導要領(平成29年告示)第2章　第9節　体育』の第1学年及び第2学年の「ゲーム」の内容の一部である。以下の問いに答えなさい。

> ゲームについて，次の事項を身に付けることができるよう指導する。
> (1)　次の運動遊びの楽しさに触れ，その行い方を知るとともに，易しいゲームをすること。
> ア　ボールゲームでは，簡単なボール操作と攻めや守りの動きによって，易しいゲームをすること。
> イ　(　　)では，一定の区域で，逃げる，追いかける，陣地を取り合うなどをすること。

(1)　空欄に当てはまる語句を答えなさい。

(2)　ボールを捕ったり止めたりすることが苦手な児童に対して，どのような配慮が考えられるか答えなさい。

(☆☆☆☆☆◎◎◎◎)

【27】次は，『小学校学習指導要領(平成29年告示)第2章　第9節　体育』の第3学年及び第4学年の「器械運動」の内容の一部である。以下の問いに答えなさい。

> 器械運動について，次の事項を身に付けることができるよう指導する。
> (1)　次の運動の楽しさや喜びに触れ，その行い方を知るとともに，その技を身に付けること。
> ア　マット運動では，回転系や巧技系の基本的な技をすること。
> イ　鉄棒運動では，支持系の基本的な技をすること。
> ウ　跳び箱運動では，切り返し系や回転系の基本的な技をすること。
> (2)　自己の能力に適した課題を見付け，技ができるようになるための活動を工夫するとともに，考えたことを友達に伝えること。

(1)　中学年のマット運動における巧技系の技を一つ答えなさい。

(2)　下線部について，児童が能力に適した課題を見付けるための授業における工夫例を答えなさい。

(☆☆☆☆☆◎◎◎◎)

【28】次の問いに答えなさい。

(1)　学習指導要領の「外国語活動」と「外国語科」の目標に「身近で簡単な事柄について，自分の考えや気持ちなどを伝え合う力を養う。」とある。「身近で簡単な事柄」とはどのような事柄か，具体的に一つ答えなさい。

(2)　次は小学校外国語科における「読むこと」「書くこと」の指導における留意点をまとめた文章である。空欄①～③に当てはまる語句の組み合わせとして正しいものを以下のア～エのうち一つ選び，記号で答えなさい。

「読むこと」「書くこと」に関しては，英語の文字の(①)の読み方を，活字体の文字と結び付けて(②)こと，(③)に正しく書くことができることが求められる。

ア 〔① 音　② 発音する　③ 5線上〕
イ 〔① 名称　② 話す　③ 5線上〕
ウ 〔① 名称　② 発音する　③ 4線上〕
エ 〔① 音　② 話す　③ 4線上〕

(☆☆☆◎◎◎)

【29】次は，「自分や身近な人のことを紹介しよう」という単元で，小学校5年生の児童がインタビュー結果をもとに学校の先生達について発表している場面である。以下の問いに答えなさい。

【児童1の発表】
Hello, everyone. This is Yoshida sensei.
She can play tennis. I can play tennis, too.
Can you play tennis ?
She can play soccer. I can't play soccer.
I can swim. I like swimming. Thank you.

【児童2の発表】
Hello. This is Tanaka sensei.
He can … baseball. Nice! Baseball, OK. Good.
(野球をするジェスチャーを付け，ガッツポーズもしながら)
He … can run fast. Yes, run!

(1) 児童1の発表の良い点を書きなさい。
(2) 児童2の発表には，既習の表現を用いて話すことに課題が見られたため，次時の活動の中で事後指導を行うこととした。言語活動を通してどのように指導するか具体的に書きなさい。

(☆☆☆◎◎◎)

【30】次の英文を読んで，以下の問いの答えとして最も適切なものをA)～D)のうち一つ選び，記号で答えなさい。

The OECD Learning Compass 2030, a product of the OECD Future of Education and Skills 2030 project, is an developing learning framework that sets out an ambitious vision for the future of education. It supports the wider goals of education and provides points of orientation towards the future we want: individual and social well-being. The image of a learning compass was adopted to emphasis the need for students to learn to navigate by themselves through unfamiliar environment and find their direction in a meaningful and responsible way, instead of simply receiving fixed instructions or directions from their teachers. The components of the compass include core foundations, knowledge, skills, attitudes and values, transformative competencies and a cycle of anticipation, action and reflection.

The OECD Learning Compass 2030

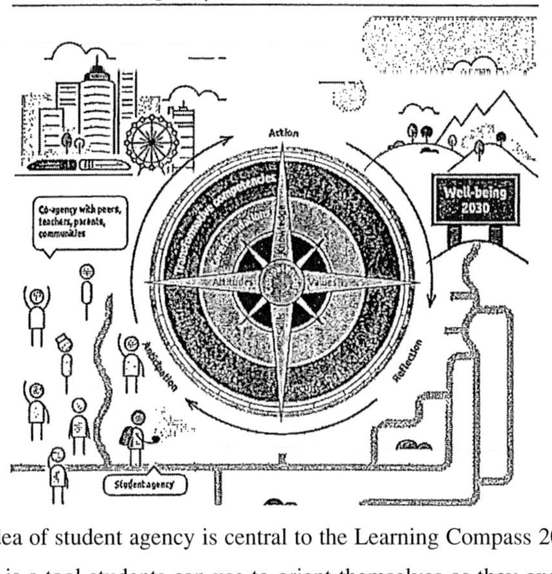

The idea of student agency is central to the Learning Compass 2030, as the compass is a tool students can use to orient themselves as they exercise their sense of purpose and responsibility while learning to influence the people, events and circumstances around them for the better. The visual left side shows a student holding the OECD Learning Compass 2030. Student agency relates to the development of an identity and a sense of belonging. When students develop agency they rely on motivation, hopes, self-efficacy and a growth mindset(the understanding that abilities and intelligence can be developed)to navigate towards well-being. This enables them to act with a sense of purpose, which guides them to fly high in society.

In education systems that encourage student agency, learning involves not only instruction and evaluation but also co-construction. Co-agency is when teachers and students become co-creators in the teaching-and-learning process. The idea of co-agency recognizes that students, teachers, parents and communities work together to help students progress towards their shared goals.

『OECD Future of Education and Skills 2030 (OECDホームページ)』から一部抜粋・修正して作成

(1) Why is learning framework compared to the compass?

A) The need for students to be navigated by teachers and parents through unfamiliar environment.

B) The need for teachers to instruct and guide students.

C) The need for students to learn to navigate by themselves.

D) The need for parents and communities to work together to help students progress towards the future.

(2) Choose the most similar in meaning to "anticipation" in line 11.

A) Expectation　B) Concept　C) Evaluation

D) Instruction

(3) According to the above passage on student agency, which sentence is not true?

A) Student agency is relied on motivation, hopes, self-efficacy and a growth mindset.

B) Student agency recognizes that students, teachers, parents and communities work together to help students progress towards their shared goals.

C)　Student agency enables students to act with a sense of purpose, which guides them to fly high in society.

D)　Student agency is encouraged by co-construction as well as instruction and evaluation on learning.

(☆☆☆◎◎◎)

【31】次の(1)～(3)の英文を読んで，(　　)に入れるのに最も適切なものを，A)～D)のうち一つ選び，記号で答えなさい。

(1)　A : Mike is so different from me. I don't think we get along well together.

B : You should try to find his good points. I'm sure you both have (　　).

A)　on time　　B)　in common　　C)　by hand　　D)　for rent

(2)　A : Eva, would you mind (　　) me?

B : Sure. What can I do for you?

A)　helping　　B)　to help　　C)　help　　D)　helped

(3)　A : This project is going to be very difficult. (　　) cancel it?

B : No. It will give us worthwhile experience.

A)　How come　　B)　What about　　C)　Why not　　D)　What for

(☆☆☆◎◎◎)

【32】次は，『小学校学習指導要領(平成29年告示)第3章　特別の教科　道徳』に示されている目標などである。以下の問いに答えなさい。

〔目標〕

　第1章総則の第1の2の(2)に示す道徳教育の目標に基づき，よりよく生きるための基盤となる(　①　)を養うため，(　②　)についての理解を基に，自己を見つめ，物事を多面的・多角的に考え，(　③　)についての考えを深める学習を通して，道徳的な判断力，心情，実践意欲と態度を育てる。

〔第3　指導計画の作成と内容の取扱いの2〕
(7)　(省略)　家庭や地域の人々，各分野の専門家等の積極的な参加や協力を得たりするなど，家庭や地域社会との共通理解を深め，相互の連携を図ること。

(1)　空欄①に当てはまる語句を答えなさい。

(2)　空欄②③に当てはまる語句の組み合わせとして正しいものを次のア～エのうち一つ選び，記号で答えなさい。

ア　②　道徳的諸価値　　③　人との関わり
イ　②　道徳的行為　　③　自己の生き方
ウ　②　道徳的諸価値　　③　自己の生き方
エ　②　道徳的行為　　③　人との関わり

(3)　下線部について，家庭や地域社会との連携による指導をする場合，具体的にどのような方法が考えられるか答えなさい。

(☆☆☆☆◎◎◎◎)

【33】道徳の評価の内容について，適切なものを次のア～エのうちすべて選び，記号で答えなさい。

ア　道徳の評価は入学者選抜の合否判定に活用することがあるため，客観性・公平性のある評価を行う。

イ　個々の内容項目ごとではなく，おおくくりなまとまりを踏まえた評価を行う。

ウ　児童がいかに成長したかを積極的に受け止めて認め，励ます個人内評価として記述式で行う。

エ　道徳的な判断力，心情，実践意欲と態度について，学習状況を分析的に捉える観点別評価を行う。

(☆☆☆☆◎◎◎◎)

解答・解説

【1】(1)　それは，本文のどこから分かりますか。　(2)　①　行動　②　会話

〈解説〉(1)　児童Aが感想を話し，児童Bの発言の後に児童Aが，本文のどこからそう感じたかを話している。そのことから，児童Bは児童Aの発言に対して，その根拠について質問したと分かる。その質問を，平易な表現で書くとよい。　(2)「C読むこと」における「エ　登場人物の気持ちの変化や性格，情景について，場面の移り変わりと結び付けて具体的に想像すること」の指導事項の中の，登場人物の性格に関する解説文である。物語に多く描かれるのは何かを考える。それは，登場人物の行動であり，会話である。該当の単元を活用する実際の授業をイメージしながら考えるとよい。

【2】(1)　松尾芭蕉　(2)　とらえて

〈解説〉(1)　松尾芭蕉は江戸時代前期の俳人である。芭蕉は各地を歩いて，『おくのほそ道』のほかに『野ざらし紀行』，『更科紀行』など，多くの名句と紀行文を残した。　(2)　語頭と助詞以外の「は・ひ・ふ・へ・ほ」は，現代文では「わ・い・う・え・お」になる。

【3】(1)　ウ　(2)　お互いに，質問し合う。　(3)　自分の体験を根拠として，意見を述べている。　(4)　①　すぐに事故をふせぐことができる。　②　事故をふせぐ効果がすぐにでない。

〈解説〉(1)　ア　司会者が冒頭に，「それぞれ考えてきてもらった意見を」と言っているので，符合する。　イ　司会者が冒頭に，「…という議題で話し合います」と確認している。　ウ「質問や意見をお願いします」と問いかけているが，それは他に意見がないか確認しているわけではないので，当てはまらない。　エ　司会者が適宜，「それでは」と話を区切っているので，符合する。　(2)　提示された「話し合いの

一部」では，①司会者が議題を確認し，②意見の発表が行われ(意見を聞き合う)，話し合いが区切られた後，③質問や意見が交わされた。そして，④・⑤最後に司会者が，出てきた意見について整理し，まとめている。発表された意見に対して，質問や意見を交わすことで，話し合いが充実したものになる。 (3) 児童Bの発言では，自分の主張をした後，その根拠として「ぼくは，…見ました」と自分が体験したことを挙げることで，説得力のある発言としている。文章と同じく，話し合いの場でも，具体例を挙げると分かりやすく伝えることができる。(4) ① 児童Aの2つ目の発言で，「まずは走るのがいけないことだと気づいてもらうことや，今すぐに事故をふせぐことが必要だ」とあるように，すぐにその場で事故をふせぐことができる。 ② 児童Dの発言の中に，「事故をふせぐ効果がすぐにでない」ことが挙げられている。危険性を知らせた後，いかに多くの児童にそのことが浸透するかによって効果が変わってくる。

【４】(1) 資料…駅前の現在と30年前(過去)の写真　　発問…駅前の様子は，どこがどのように変わったか。 (2) 輸送業者は，保冷車を使用することで野菜の品質を保持する工夫をしている。

〈解説〉(1) 学習指導要領解説(平成29年7月)では，教科の目標(1)に関する解説の中で，「地域の様子の移り変わり」については，「時間の経過に伴い移り変わってきたことなど」であるとしている。さらに，調査活動，地図帳や各種の具体的資料を通して技能を身につける際の具体例の一つとして，「写真，実物などの具体的資料を通して調べる」ことが記述されている。「市の様子の移り変わり」であるので，児童にとって身近なものでなければならない。一例として「駅」や「駅前の風景」の変化を挙げることができる。駅舎の違い，近辺の店の様子等，現在と過去の写真を比べ，「様子などがどのように違うか」と問いかけ，意見を述べさせてみるとよい。 (2)「多角的に考え」るとは，児童が複数の立場や意見を踏まえて考えることを指している。特に高学年では，重要なキーワードである。問いは，「品質のよい野菜を消費者に届けるための工夫」であり，「生産者以外の立場」とあることから，まず生産者，消費者以外の立場からということになることを押さえる。消費者に届ける立場となると，流通関連が考えられる。ここでは，野菜を運ぶ輸送業者について考えてみるとよい。

【5】(1)「交通の広がり」だけではわかりづらいので，地図などを使って示すようアドバイスする。　(2)　7〔市町〕

〈解説〉(1)　文字だけでは，「交通の広がり」をイメージするのは難しい。福井県(近辺の府県も含めてもよい)の地図を使用して，具体的に交通網がどのように広がっているかを示してみるとよい。　(2)　あわら市，坂井市，福井市，鯖江市，越前市，南越前町，敦賀市の7市町である。

【6】(1)　月日…5月3日　　祝日名…憲法記念日　　(2)　ア

〈解説〉(1)　日本国憲法に関連した祝日は，5月3日の憲法記念日と11月3日の文化の日がある。「施行を記念」とあるので，憲法記念日である。日本国憲法公布の日を記念して祝日とされたのは，文化の日である。(2)　ア　学習指導要領解説(平成29年7月)では，「歴史と人々の生活」の内容アの「大まかな歴史を理解する」ことの解説の中で，「小学校では歴史を通史として事象を網羅的に取り扱うものではないことに留意する必要がある」と記述されている。

【7】(1)　イ　　(2)　オ　　(3)　ウ

〈解説〉(1)　人口の多いウは関東地方，面積と人口の割合からエは人口密度の低い北海道地方だと分かる。アとイでは，人口を比較して，愛知県という人口の多い県がある中部地方がイで，残ったアが東北地方である。米の生産量で比較すると，1位の新潟県が中部地方に含まれている一方，東北地方の県は3位以下に並んでおり，人口での比較より難しいと思われる。　(2)　古い順から並び替えると，ウ→ア→オ→イ→エである。　ア『源氏物語』は，平安時代の11世紀初めに，紫式部によって創作された物語。　イ　観阿弥・世阿弥父子は，南北朝時代の14世紀から15世紀にかけて，能を大成させた。　ウ　奈良時代の741年，聖武天皇は国分寺建立の詔を発布して，各国に国分寺と国分尼寺を建立した。　エ　一国一城令は江戸幕府の大名統制策の一つで，1615年に発布された。　オ　平清盛が太政大臣となったのは，平安時代末期の1167年のことである。　(3)　アのSDGsは持続可能な開発目標の略称，イのUNICEFは国連児童基金の略称，エのNGOは非政府組織の略称である。

【8】(1)　1　　(2)　①　1組の合計人数を基準にした，1組の一輪車に乗れる人数の割合　　②　62.5%　　③　基準にするクラスの合計人数が違うから。

〈解説〉(1)　第5学年の内容「C変化と関係」領域の，「割合」に関する解説の一部からの出題である。第5学年では，基準量を1として，比較量を割合として小数で表すことをまず押さえる。そのうえで，全体と部分，部分と部分の関係を比べることや，百分率による割合の表し方などを理解する。また，基準量や比較量を明確にすることも学習する。(2)　①　$(\text{割合})=\dfrac{(\text{比べられる量})}{(\text{もとにする量})}$より，1組の合計人数は9＋6＝15〔人〕で，15人を基準(もとにする量)にした，1組の一輪車に乗れる人数9人(比べられる量)の割合を表している。　②　この学年で一輪車に乗れる人は9＋11＝20〔人〕，この学年の人数は15＋17＝32〔人〕だから，この学年で一輪車に乗れる人の割合を百分率で表すと，20÷32×100＝62.5〔%〕　③　基準にする大きさが異なる場合に，割合を用いて，数量の関係どうしを比べることができる。一輪車に乗れる人の割合は，1組が9÷15×100＝60〔%〕，2組が11÷17×100＝64.7…〔%〕で，割合の大きい2組の方が一輪車に乗れるといえる。

【9】ア　平行四辺形　　イ　底辺×高さ　　(言葉の式)＝円周の半分×半径＝直径×3.14の半分×半径＝半径×3.14×半径

〈解説〉円を中心から等分して並べ替え，平行四辺形に近い形を作る。このとき，等分を細かくしていけば，平行四辺形に近い形の底辺は円周の長さの半分に，高さは元の円の半径に近づくことから，円の面積は次のような式で表せる。円の面積＝平行四辺形の面積＝底辺×高さ＝円周の半分×半径＝(直径×3.14)の半分×半径＝半径×3.14×半径＝半径×半径×3.14

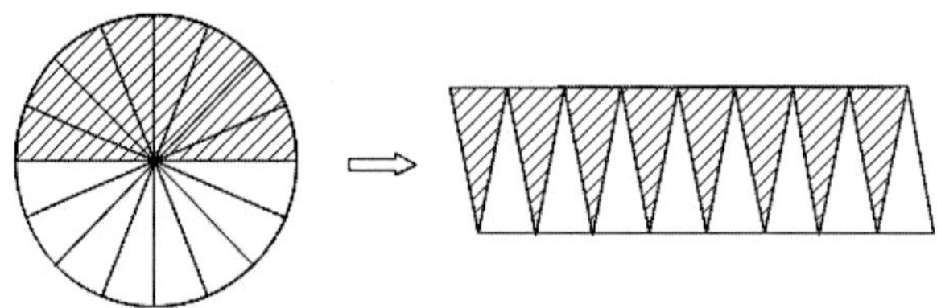

【10】縦…10〔cm〕　　横…15〔cm〕

〈解説〉はじめの長方形の厚紙の縦の長さを$x$cmとすると，横が縦より5cm長いから，横の長さは$x+5$〔cm〕と表される。この厚紙の四すみから1辺が3cmの正方形を切り取り，ふたのない直方体の容器をつくると，底面の縦の長さは$x-3\times2=x-6$〔cm〕，横の長さは$(x+5)-3\times2=x-1$〔cm〕，高さは3cmで，その容積が108cm^{3}となったことから，$(x-6)\times(x-1)\times3=108$　展開して整理すると，$x^2-7x-30=0$　⇔　$(x+3)(x-10)=0$　$x>6$より$x=10$　よって，はじめの長方形の厚紙の縦の長さは10cmで，横の長さは10＋5＝15で，15cmである。

【11】(1)　変化の規則性を見つけやすくなる。　　(2)　下向きの三角形(▽)の数

〈解説〉(1)　表を使って考えると，(だんの数，色板の数)＝$(1,\ 1=1^2)$，$(2,\ 4=2^2)$，$(3,\ 9=3^2)$，…のように，変化の規則性を見つけやすくなる。これにより，36枚の色板を使うと，$36=6^2$より，6だんになることが容易にわかる。　(2)　1だんのときの数が0で，2だんからあるものを探すと，下向きの三角形に目が留まるはずである。例えば，隣り合う色板を白と黒として交互に並べると，下向きの三角形が黒で表される。

【12】平均値…9〔m〕　中央値…8〔m〕　最頻値…6〔m〕

〈解説〉平均値は，(5×2＋6×6＋7×4＋8×2＋9×2＋10×2＋13×3＋14×2＋15×2)÷25＝225÷25＝9〔m〕。中央値は資料の値を大きさの順に並べたときの中央の値。生徒の人数は25人で奇数だから，記録の小さい方から13番目の生徒の記録が中央値。7m以下には生徒が2＋6＋4＝12〔人〕いて，8m以下には生徒が12＋2＝14〔人〕いるから，記録の小さい方から13番目の生徒の記録，即ち，中央値は8m。資料の値の中で最も頻繁に現れる値が最頻値だから，6人で最も多くいる6mが最頻値。

【13】①　論理　②　繰り返し

〈解説〉小学校学習指導要領(平成29年告示)総則では，「児童がプログラミングを体験しながら，コンピュータに意図した処理を行わせるために必要な論理的思考力を身に付けるための学習活動」を計画的に実施することが示されている。また，算数科の指導計画の作成と内容の取扱いにおいては，「総則の第3の1の(3)のイに掲げるプログラミングを体験しながら論理的思考力を身に付けるための学習活動を行う場合には」として，第5学年の「B図形」領域における正多角形の作図を行う学習を例に挙げて，正確な繰り返し作業を行う必要があることが記述されている。

【14】(1)　かざぐるま　(2)　ウ　(3)　イとウ　(4)　エ

〈解説〉(1)　風の力で動くものとして，かざぐるまのほかにはヨット，たこあげのたこ，ふうりん，こいのぼりなどがある。風を動力とするものを挙げられていればよい。　(2)　実験を行う際には，正しい結果が得られるように何回も実験を繰り返し，異常値を特定・排除できるようにすることが望ましい。計測を1回に限定するのは，正確な測定という点で適切ではない。　(3)　ここでは輪ゴムの本数だけを変化させ，他の条件を同一にして車の動く距離を比較する必要がある。このようにひとつの条件だけを変えて，他は同一条件にして，その条件の差異で比較する実験を対照実験という。　(4)　観察，実験などに関する技能については，器具や機器などを目的に応じて工夫して扱うとともに，観察，実験の過程やそこから得られた結果を適切に記録することが求められている。なお，第3学年の問題解決の力が示されているアは，「かぜとゴムの力の働き」の単元の，思考・判断・表現の評価規準にあたるものである。

【15】(1)　①　再結晶　　②　B　　③　A　　(2)　イ

〈解説〉(1)　①　再結晶は，溶解度の差を利用した結晶性物質の精製法で，純度の高い結晶を得る際に行われる。　②　この物質は，186－150＝36〔g〕で，40℃150gの水に36g溶けるので，100gに換算すると $36\times\frac{100}{150}=24$〔g〕になる。表で該当するのはBのミョウバンである。　③　再結晶を得るには，温度により溶けやすさに差異が必要になる。Aの食塩はその差異がほとんど見られないので，①の方法は向いていない。食塩の場合は，水溶液の水を蒸発させて結晶させる方法を用いる。　(2)　メスシリンダーで液体を測り取る際には，少し少なく入れて，不足分を一滴ずつ加えて調整する方法をとる。多く入れて取り去るのは調整が困難になる。

【16】(1)　食物連鎖　　(2)　①　CO_2　　②　光合成　　(3)　ア

〈解説〉(1)　生物の間にある，食う食われる関係を食物連鎖という。現実の自然界では，互いに様々な生物種を食物としており，単なる鎖ではなく複雑に入り組んだ網状を形成していることから，食物網といわれる。　(2)　すべての生物は呼吸として酸素を取り入れ，二酸化炭素を排出し，生命を維持する。また，植物は二酸化炭素を取り入れ，水と光により有機化合物と酸素を生成する。　①　すべての生物が排出する物質なのでCO_2(二酸化炭素)が該当する。　②　一部の生物が行う，二酸化炭素を取り入れる活動である。生物Cは植物で，Pの流れは植物のもつ光合成の働きによって二酸化炭素を取り入れる流れである。　(3)　内容のイは，思考力，判断力，表現力等に関する指導内容である。

小学校理科では，学年を通して育成を目指す問題解決の力が，学年別に示されている。第6学年では，「主により妥当な考えをつくりだす」力である。なお，イは第3学年，ウは第5学年，エは第4学年が該当する。

【17】(1)　エ　(2)　イ　(3)　①　西の方から　②　インターネット

〈解説〉(1)　天気の晴れやくもりは，空に広がっている雲の量を目視で判断して決定する。空全体を10としたときに，空を覆っている雲の割合が9～10がくもり，2～8が晴れ，0～1が快晴である。　(2)　春や秋に日本付近を通過する移動性高気圧は，西から東に移動する。大陸生まれなので，比較的乾燥しているが，移動性高気圧のすぐ後ろには低気圧があるため，低気圧が近づくにつれて雲が増え，低気圧の通過後は北からの冷たい空気が流れ込み，気温が一気に下がる。

(3)　①　地球の自転によって，北半球にある日本では偏西風が西から東に向かって吹いており，日本付近の高気圧や低気圧は，この偏西風に流されて西から東へ進む。そのため，天気も西から東へ変わっていくことが多くなる。　②　広い地域の天気の情報を押さえるには，詳細な情報を広く網羅している情報源を調べるのが望ましい。パソコンやスマートフォンなどのインターネットを使って，最新で詳細な情報を集めることができる。

【18】(1)　ア　(2)　①　季節の変化による動植物の変化に気付かせるため。　②　夏に来たとき，葉っぱはどうなっていたかな。

③　活動時間を十分保障し，児童が安心して活動できる空間を確保すること。

〈解説〉(1)「身近な生活に関わる見方・考え方」は，生活科における見方・考え方であり，それは教科の目標の柱書に示されているものである。　(2)　①　公園は，季節によって植物の葉や枝，花などに変化や違いがあり，昆虫の様子などにも変化がみられる。そのような場所に何度も出かけることで，そこでの自然の特徴や変化に気付くようにすることができる。　②　四季ごとに公園に出かけているので，春や夏の様子と比較して木の葉の色付きの様子や落葉の状況に気付くだけではなく，「秋には落ち葉になった葉っぱは，夏ではどうだったかな」などの質問で思い起こさせることで，四季の変化による木々の様子の変化に気付くようにするものである。公園等における動植物の学習に際しては，教師が事前に公園等の様子の下調べをして，指導計画や指導目標，ねらい，指導方法を組み立てることが大切である　③　校外での学習活動を行うに当たっては，交通や活動場所に対する安全，自然災害に対する安全，見知らぬ人への対応，緊急の連絡方法などについて十分配慮する必要がある。児童の安全を見守ってもらうために，保護者や地域の人々の理解と協力を得ることも欠かせない。また，十分な活動時間を保障した上で，児童が安心して活動できる空間の確保に努めることも大切である。

【19】①　視覚　　②　動作　　③　部分

〈解説〉障害のある児童などへの学習活動を行う場合に生じる困難さに応じた指導内容や指導方法の工夫に関する配慮事項の中で，音楽科における配慮事項に関する出題である。　①・②「聴き取りが難しい場合」の配慮事項であるから，視覚で理解しやすいように，視覚化，動作化する。　③「情報量が多く，児童がどこに注目したらよいのか混乱しやすい場合」の配慮であることを考慮すると，多くの声部が並列した楽譜を全部ではなく，部分的(例えばパートごとなど)に取り出して，視覚的に整理して指導するなどの配慮が適切である。

【20】(1)　おぼろ月夜　　(2)　4分の3拍子

(3)

〈解説〉(1)　第6学年の歌唱共通教材の「おぼろ月夜」(文部省唱歌　高野

辰之作詞　岡野貞一作曲)からの出題である。歌唱共通教材は各学年4曲の全24曲であるが，すべて頻出曲なので，曲名，作詞・作曲者，拍子，調，階名，旋律，歌詞など楽譜全体を確認しておくことが重要である。　(2)　1小節の中に4分音符3つ分の長さの音が入っているので，4分の3拍子である。2小節目が一番分かりやすい。0.5拍＋0.5拍＋1拍＋1拍＝3拍である。　(3)　ブレスは息をする位置を示す音楽記号である。「なのはなばたけに」と「いりひうすれ」の間でブレスをする。音楽記号を読む機会はあっても，書く機会は少ない。実際に書く練習しておくことも必要である。

【21】(1)　造形遊び　　(2)　自然の材料…土，小石，木の葉　　人工の材料…新聞紙，段ボール，空き箱　　(3)　児童が，材料と十分に関わることができるようにする。

〈解説〉(1)　図画工作科の内容は「A表現」,「B鑑賞」及び〔共通事項〕で構成されている。「A表現」は(1)「思考力，判断力，表現力等」として発想や構想に関する項目，(2)「技能」に関する項目から構成され，どちらの項目も，アの「造形遊びをする活動」とイの「絵や立体，工作に表す活動」に関する項目として示されている。　(2)　低学年の造形遊びは，主に材料の形や色などを基に造形的な活動を見つけていく活動である。ここで挙げた材料は，自然の材料，人工の材料とも児童の身の回りにあるもので，集めやすいものである。自然物としてはほかに，粘土，砂，小枝，木の実，貝殻，雪や氷，水などがある。人工の材料としてはほかに，布，ビニル袋やシート，包装紙，紙袋，縄やひもなどがある。　(3)　とくに活動の始まりの展開として，児童が身体感覚を働かせながら材料と関わらせることが重要である。児童は身体全部で材料と関わることで，材料のよさやおもしろさ，特徴を感じ取ることができる。授業者が定めた活動を提示したり，制限することがないように注意したい。

【22】① イ　② ウ

〈解説〉①「生活の営みに係る見方・考え方」は，家庭科の目標の柱書に示されているもので，そこに示される視点は，家庭科で扱う全ての内容に共通する視点である。家庭科における内容は「家族・家庭生活」，「衣食住の生活」，「消費生活・環境」の3つの枠組みに整理されている。②「生活の営みに係る見方・考え方」に示される視点は，家族・家庭生活に関する内容においては，主に「協力・協働」，衣食住の生活に関する内容においては，主に「健康・快適・安全」や「生活文化の継承・創造」，さらに，消費生活・環境に関する内容においては，主に「持続可能な社会の構築」の視点から物事を捉え，考察することとされている。

【23】① 生の魚や肉　② 食物アレルギー

〈解説〉家庭科は，実践的・体験的な活動を通して学習することを特徴としており，家庭科の「指導計画の作成と内容の取扱い」の中で，実習における事故防止に留意することが示されている。① 小学校では，生の魚や肉については調理の基礎的事項を学習しておらず，衛生的な取扱いが難しいので扱わないようにしている。② 食物アレルギーを有する児童については，材料にアレルギーを引き起こす食品が含まれていないか，調理器具等に付着していないかなど，児童の状況に応じて，事故のないよう細心の注意を払う必要がある。

【24】ガスこんろのまわりに燃えやすいものを置かないこと。

〈解説〉ガスこんろを扱う際には，周囲に燃えやすいものを置いていないか，換気をしているか，使用後に器具栓を閉めているかなどを確認できるように指導する必要がある。

【25】じゃがいも

〈解説〉今回の学習指導要領(平成29年告示)から，調理や製作における一部の題材が指定された。調理においては，水からゆでる野菜としてじゃがいも，沸騰してからゆでる野菜として青菜を扱うこととされた。じゃがいもの芽や緑化した部分には，食中毒を起こす成分が含まれているので，取り除く必要がある。

【26】(1) 鬼遊び　(2) 柔らかいボールを用いたり，空気を少し抜いたボールを用いたりする。

〈解説〉(1) 低学年のゲームは，「ボールゲーム」と「鬼遊び」で構成されている。個人対個人で競い合ったり，集団対集団で競い合ったりする楽しさに触れることができる運動遊びである。 (2) 今回の小学校学習指導要領(平成29年告示)から，運動が苦手な児童や運動に意欲的でない児童への指導等の在り方の配慮事項が，学習指導要領解説体育編(平成29年7月)に示されている。出題されたのは，ボールゲームにおける児童への配慮事項である。柔らかいボールは，ボールの勢いに怖さを感じる児童への配慮としても有効である。

【27】(1) 壁倒立　(2) 手の着く位置や着地する位置に目印を置くなどして，技のできばえを視覚的に確認して，課題を見付けられるようにする。

〈解説〉(1) 中学年の器械運動「マット運動」は，回転系(前転など)と巧技系(壁倒立など)の基本的な技をする。回転系の技が多いが，技巧系の技としては，壁倒立と頭倒立が学習指導要領解説(平成29年7月)に示されている。 (2) 同解説にはほかに，「学習カードや掲示物を用いて，自己の能力に適した課題を見付ける例」や，「技のできばえを振り返り，自己の能力に適した課題を解決するための活動を選ぶ例」が示されているので，確認しておきたい。

【28】(1) 友達のことについて　(2) ウ

〈解説〉(1) 「身近で簡単な事柄」とは，児童がよく知っている人や物，事柄のうち簡単な語彙や基本的な表現で表すことができるものを指している。学習指導要領解説(平成29年7月)では例として，学校の友達や教師，家族などコミュニケーションを図っている相手，身の回りの物や自分が大切にしている物，学校や家庭での出来事や日常生活で起こることなどが挙げられている。　(2)　外国語科の目標(1)の中の，読むこと，書くことにおける基礎的な技能を身につけることに関する留意事項である。アルファベットの指導に用いられる4線は，アルファベットをバランスよく書くためのもので，上から3本目の線はベースラインと呼ばれ，アルファベットを書くときの基礎の線となるものである。

【29】(1)　既習表現を使って，先生ができること以外にも，I can swim. I like swimming.などを加えて，自分ができることやできないことについて話していた。また，聞き手にCan you play tennis?と質問しながら話していた。　(2)　児童2にCan you play baseball?と尋ね，指導者もI can play baseball.と自分のことを言うなどして，I can play baseball.の表現を何度も聞かせるようにする。その後，自分ができるスポーツについて児童同士で伝え合う。

〈解説〉(1)　良い点をうまく見出すことができるかどうかが問われている。児童1の発表は，身近な人(先生)の紹介とともに，自分のことのときには，自分のできることや好きなことを紹介し，さらにできないことも紹介している。また，聞き手に問いかけている。このように，いろいろな面から紹介したり，問いかけも加えているところなどを指摘するとよい。　(2)　児童2は，「野球をする」という英語の表現の理解が不十分である。正しい英語の表現を直に教えるのではなく，自ら自然に話せるように導く指導が必要である。さらには，先生(身近な人)のことばかりでなく，自分のことを英語で話せるように，グループやクラス全体で伝え合うなどの活動を行うことが考えられる。

【30】(1)　C　(2)　A　(3)　B

〈解説〉長文読解問題。出題されたのは，OECD Future of Education and Skills 2030プロジェクト(Education 2030 プロジェクト)の成果である

「OECDラーニング・コンパス(学びの羅針盤)2030」に関する記述である。 (1) 学習の枠組みが羅針盤に喩えられる理由を聞かれている。第1段落に，教師から指定された指導や方向性を受け取るだけでなく，慣れない環境の中で自らを導き，意義深く責任ある道へと方向付けをすることを学ぶ必要性を強調するためとある。したがって，Cの「生徒が自分で方向付けをすることを学ぶ必要性」が適切。

(2) anticipation は「予想，期待」という意味なので，AのExpectationが適切。 (3) Bは，Student agency の説明ではなく，Student agency を奨励する教育システムの一つであるCo-agencyの説明である。

【31】(1) B (2) A (3) C

〈解説〉選択式穴埋め問題。 (1) Aが「Mikeは私とはとても違うので，うまくやれない」と言っているのに対して，Bが「君は彼のよいところを見付けるよう努力すべきだ。君たちは，両方に(空欄)があると思うよ」と言っている。選択肢は，on time「時間通りに」，in common「共通に持つ」，by hand「手製で，手渡しで」，for rent「貸すための(貸出中)」という意味。この中では，in commonを入れて，「君たちは，両方に共通する点があると思う」となるのが適切。 (2) mindの使い方。Would you mind helping me? で「手伝って(助けて)くれませんか」という表現になる。 (3) Why not ～?で，「～しませんか」という表現。

【32】(1) 道徳性 (2) ウ (3) 「家族愛，家庭生活の充実」の内容で，保護者に授業前にアンケートをとって，授業の導入や終末などに生かす。

〈解説〉(1) 小学校学習指導要領(平成29年告示)総則において，「道徳教育は，教育基本法及び学校教育法に定められた教育の根本精神に基づき，自己の生き方を考え，主体的な判断の下に行動し，自立した人間として他者と共によりよく生きるための基盤となる道徳性を養うことを目標とすること」と示されている。ここで示された目標に基づいて，道徳科の目標が示されている。 (2) 従前は「道徳的価値の自覚及び自己の生き方についての考えを深め」ることであったが，今回の改訂で，学習活動を具体化して「道徳的諸価値についての理解を基に，自己を見つめ，物事を多面的・多角的に考え，自己の生き方についての考えを深める学習」と改められた。　(3)　学習指導要領解説(平成29年7月)には，公開解答を含めた授業の実施への保護者の協力を得る工夫のほか，授業の実施への地域の人々や団体等外部人材の協力を得る工夫，地域教材の開発や活用への協力を得る工夫などが，具体例とともに紹介されている。

【33】イ，ウ

〈解説〉平成27年3月告示の小学校学習指導要領の一部改訂において，「特別の教科 道徳」と位置付けられた経緯の中で評価の在り方が焦点となったことから，学習指導要領解説(平成29年7月)道徳編において，かなり詳細に説明されている。　イ・ウ「第5章　道徳科の評価　第2節　2　道徳科における評価」の中で，「個々の内容項目ごとではなく，大くくりなまとまりを踏まえた評価とすることや，他の児童との比較による評価ではなく，児童がいかに成長したかを積極的に受け止めて認め，励ます個人内評価として記述式で行うことが求められる」と示されている。　ア「道徳科の評価は，選抜に当たり客観性・公平性が求められる入学者選抜とはなじまないものであり，このため，道徳科の評価は調査書には記載せず，入学者選抜の合否判定に活用することのないようにする必要がある」とあることから，不適切である。
エ「道徳性の諸様相である道徳的な判断力，心情，実践意欲と態度のそれぞれについて分節し，学習状況を分析的に捉える観点別評価を通じて見取ろうとすることは，児童の人格そのものに働きかけ，道徳性を養うことを目標とする道徳科の評価としては妥当ではない」とあることから，不適切である。

2021年度　実施問題

【1】令和2年4月1日より全面実施となった新しい小学校学習指導要領では，育成することを目指す資質・能力を次図のように三つの柱として整理している。また，このような資質・能力を育むために，「主体的・対話的で深い学び」の視点から「何を学ぶか」だけでなく「どのように学ぶか」も重視して授業改善していくことを推進している。

次の図や文中の空欄①～④に当てはまる語句を答えなさい。

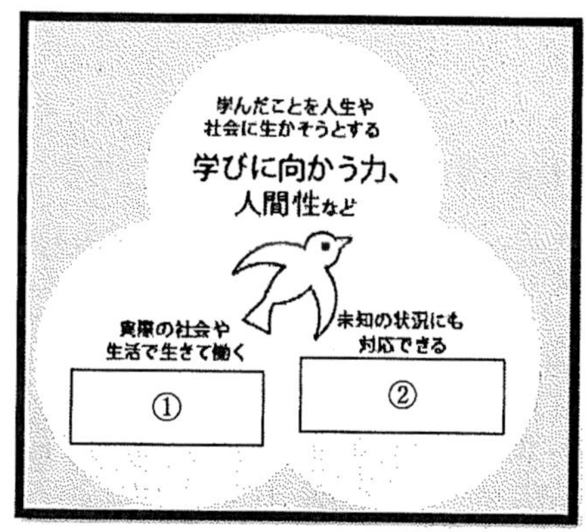

新しい学習指導要領の趣旨に沿った【授業改善の視点】の一例

・(　③　)をもって，粘り強く取り組む力が身に付く授業になっているか。
・自分の学びを(　④　)，次の学びや生活に生かす力を育む授業になっているか。
・周りの人たちと共に考え，学び，新しい発見や豊かな発想が生まれる授業になっているか。
・一つ一つの知識がつながり，「わかった！」「おもしろい！」と思える授業になっているか。

上記2つの資料の出典：【文部科学省ホームページ「平成29・30年改訂学習指導要領のくわしい内容」】

(☆☆☆◎◎◎)

【2】小学校国語の授業づくりに関する次の問いに答えなさい。

(1) 授業改善を進める上での留意点について述べた次の文の空欄に当てはまる語句を答えなさい。ただし，空欄には同じ言葉が入る。

> 国語科において学習改善を進めるに当たっては，児童が(　　)に着目し，(　　)に対して自覚的になるよう，学習指導の創意工夫を図ることが大切である。

(2) 授業づくりに当たっては，単元の目標を実現するために適した言語活動を位置づけることが重要である。国語科における言語活動にはどのようなものがあるか。1つ答えなさい。

(☆☆☆◎◎)

【3】次は，小学校4年生の山田さんが，総合的な学習の時間でお世話になった地域の方に向けて書いた【お礼の手紙】と封筒の【宛名面】である。あとの問いに答えなさい。

【お礼の手紙】

> 緑がまぶしい季節となりました。大川フラワーショップのみなさんはお元気ですか。先週、お花屋さんの仕事について教えていただいた、大町小学校の山田ともこです。
>
> この前は、お花屋さんの仕事を体験させてくださったり、インタビューにていねいにこたえてくださったりしてありがとうございました。お花屋さんの仕事について、とてもよく分かりました。大人になったら、大切な人にお花をおくりたいなと思いました。
>
> これからもお体に気をつけて、地域の方にお花をとどけて、みんなをえがおにしてください。さようなら。
>
> （Ａ）　　　　　（Ｂ）
>
> （Ｃ）

封筒の【宛名面】

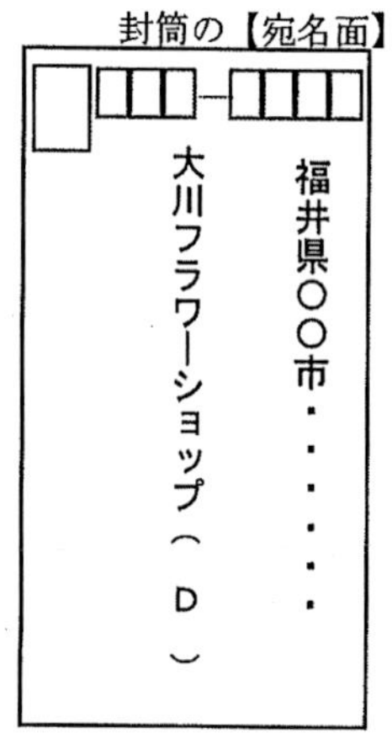

福井県〇〇市・・・・・・
大川フラワーショップ（　D　）

(1) 【お礼の手紙】の中の傍線部の「お花屋さんの仕事について，とてもよく分かりました。」という一文に対して，文章の内容をよりよくするために，どのような助言をするか考えて書きなさい。

(2) 【お礼の手紙】の後づけ(　A　)(　B　)(　C　)に当てはまる内容の組み合わせとして正しいものを，次のア～エのうち1つ選び，記号で答えなさい。

ア　A　日付　　　　B　相手の名前　　C　自分の名前
イ　A　相手の名前　B　日付　　　　　C　自分の名前
ウ　A　自分の名前　B　日付　　　　　C　相手の名前
エ　A　日付　　　　B　自分の名前　　C　相手の名前

(3) 封筒の【宛名面】の(　D　)に当てはまる語句を漢字で書きなさい。

(☆☆◎◎◎)

【4】次は，小学校5年生の森田さんの意見文の【構成メモ】と，森田さんの意見を聞いた友達の【コメント】である。あとの問いに答えなさい。

森田さんの意見文の【構成メモ】

（　A　）		本論	（　B　）
話題の提示	提案内容	提案理由	まとめ
クラスの仲を深めるにはどうすればよいか。 ↓ 全員が参加して協力する活動があるとよい。	学級活動の時間に、クラス対抗で、大なわ大会をする。	①大なわをすると、みんなの気持ちが一つになる。 ・声を出して、タイミングを合わせて一緒にとぶ。 ②準備物も少なく、ルールもかんたん。 ・準備物：大なわ五本 ・ルール：制限時間内に連続して一番多くとんだクラスが勝ち。	みんなが参加し、心を一つにすることができるので、大なわ大会は、クラスの仲を深めるよい活動だと考える。

友達の【コメント】

> たしかに大なわ大会はみんなが参加できるけれど，とんだ数を競うことで，なわにひっかかった人をせめる人がでたり，けんかになったりしないかが心配だな。

(1) 【構成メモ】の(　A　)と(　B　)に当てはまる語句を，それぞれ漢字で書きなさい。

(2) 友達の【コメント】を踏まえた説得力のある意見文を書くために，森田さんにどのような助言をしますか。「[　　　　　　　　　　　　]を考えて，本論の中に加えましょう。」の[　　]に当てはまる言葉を考えて，書きなさい。

(☆☆☆◎◎◎)

【5】次は，「好きな古典の言葉を紹介しよう」という国語の授業の中で，小学校6年生の山本さんが書いた，自分が紹介したい古典の言葉の【紹介カード】である。あとの問いに答えなさい。

【紹介カード】

A

過而不改，是謂過矣。

★紹介したい古典の言葉

過ちて改めざる，是を過ちと謂う。

意味　人はだれでもまちがえることがあるけれど，まちがいをおかして，それを改めないのが，本当のまちがいである。

★紹介したい理由

この言葉は，[　　]という書物にのっている，中国の古代の思想家である孔子の言葉です。わたしは，この言葉を思い出すと，失敗したり，間違えたりしたときに，素直に謝り，次はがんばろうと思えるので，みんなにも紹介したいと思いました。

(1)　【紹介カード】の中の[　　]に当てはまる書物の名前を漢字2字で答えなさい。

(2)　Aの漢文に，【紹介カード】の紹介したい古典の言葉に合うように返り点を付けなさい。

(☆☆☆◎◎)

【6】言葉の特徴や使い方に関する，次の問いに答えなさい。

(1)　次のア～エのうち，熟語の構成が異なるものを1つ選び，記号で答えなさい。

ア　強敵　　イ　温泉　　ウ　苦楽　　エ　山頂

(2)　次の文の意味を変えずに，下線部の言葉を正しい敬語に直しなさい。

「校長先生が，朝礼で<u>話す</u>。」

(☆☆◎◎◎)

【7】小学校学習指導要領(平成29年告示)に関する次の(1)～(3)の文章を読んで，問いに答えなさい。

(1)　社会科の目標(2)に「社会的事象の特色や相互の関連，意味を多角的に考えたり」とある。「多角的に考える」とはどのようなことか，答えなさい。

(2)　学習指導要領の改訂に伴い，小学校6年生の社会科の内容は，歴史→政治→国際から政治→歴史→国際に順序が改められた。これは何を重視して改められたか。答えなさい。

(3)　小学校3年生の「身近な地域や市区町村の様子」に関する内容で取り上げることが示された，多くの公共施設を運営したり，災害時における避難場所を指定したりする働きをしている公共施設は何か，答えなさい。

(☆☆☆◎◎◎)

【8】次は，小学校5年生「情報化した社会と産業の発展」の単元において，学習したことを振り返り，情報活用について話し合っている場面である。下の問いに答えなさい。

児童A：情報化した社会では，①情報がくらしや産業に役立って，とても便利になったことがわかりました。
児童B：私は，分からないことを調べる時に，よくインターネットを活用します。
児童C：でも，インターネットによるいじめや犯罪が問題になっています。
児童D：インターネットを正しく使うために，②メディアリテラシーを身に付けることが必要ですね。

(1)　下線部①について，コンビニエンスストアなどで商品を購入する時にバーコードを読み取り，商品名や数などが自動的に記録されるシステムの名称を答えなさい。

(2)　下線部②について，児童がメディアリテラシーを身に付けるための学習活動として，適切でないものを次のア～エのうち1つ選び，記号で答えなさい。

ア　情報発信による他人や社会への影響について考えさせる学習活

動

イ　情報技術の発展について考えさせる学習活動

ウ　健康を害するような行動について考えさせる学習活動

エ　情報には自他の権利があることを考えさせる学習活動

(☆☆☆◎◎◎)

【9】小学校4年生「特色のある地いきと人々のくらし」の単元では，伝統的な技術を生かした地場産業が盛んな地域について学習する。次の問いに答えなさい。

(1)　福井県の伝統的な産業とその産業が盛んな地域の正しい組み合わせを次のア～エのうち1つ選び，記号で答えなさい。

ア　越前和紙…鯖江市　　若狭塗…小浜市

イ　越前漆器…越前市　　若狭塗…若狭町

ウ　越前漆器…鯖江市　　若狭塗…若狭町

エ　越前和紙…越前市　　若狭塗…小浜市

(2)　児童に伝統的な技術を生かした地場産業が盛んな地域の様子を捉えさせるために，調べ学習で着目させることは何か。着目させることを2つ，簡潔に答えなさい。

(☆☆☆◎◎◎)

【10】小学校6年生「グローバル化する世界と日本の役割」の単元において，児童は「国際連合の働き」や「我が国の国際協力の様子」について調べる学習を行う。次の問いに答えなさい。

(1)　次のア～ウは国際連合の機関の説明である。ア～ウの機関の名称を答えなさい。

ア　教育，科学，文化を通じ国際協力を促進し，世界の平和と安全に貢献することを目的とする機関

イ　すべての人々が可能な最高の健康水準に到達することを目的とする機関

ウ　すべての子どもの命と権利を守るため，保健，栄養，教育など

の支援活動を実施している機関

(2)「我が国の国際協力の様子」については，教育，医学，農業など様々な分野で世界に貢献している事例の中から選択して取り上げることとされている。それらの事例を調べることを通して，児童がどのようなことを具体的に考えるようにするのか，次の[　　]に当てはまる語句をそれぞれ答えなさい。

[　　]における[　　]の役割を考える

(☆☆☆◎◎◎)

【11】次は，『小学校学習指導要領(平成29年告示)解説　算数編』に示されている算数科の学習における「数学的な見方・考え方」についての文章である。空欄①～④に当てはまる語句を答えなさい。

> 算数科の学習における「数学的な見方・考え方」については「事象を数量や(　①　)及びそれらの関係などに着目して捉え，(　②　)を基に(　③　)を立てて考え，(　④　)・発展的に考えること」であると考えられる。

(☆☆☆◎◎◎)

【12】小学校3年生では，簡単な場合の分数の加法と減法について指導する。次は，『小学校学習指導要領(平成29年告示)解説　算数編』に示されている第3学年の目標及び内容における「A(6)分数の意味と表し方」イ思考力，判断力，表現力等についての文章の一部分と実際の指導場面の例である。これらを読んで，あとの問いに答えなさい。

> また，整数と同じように，分数でも計算ができるかどうかを考え，同分母の分数の加法及び減法は，単位分数の個数に着目することによって，整数の場合と同様に処理できることに気付くようにする。

実際の指導場面の例

$\frac{2}{5}$Lと$\frac{1}{5}$Lを合わせると何Lになるかという問題において，$\frac{2}{5}+\frac{1}{5}$という式を立て，次のことを理解できるようにする。

$\frac{2}{5}$は$\frac{1}{5}$が２こ、$\frac{1}{5}$は$\frac{1}{5}$が１こ。
$\frac{1}{5}$が（２＋１）こなので、$\frac{3}{5}$になります。

⇒ $\frac{2}{5}+\frac{1}{5}=\frac{3}{5}$　　$\frac{3}{5}$L

(1)　この指導場面での単位分数と，整数の場合と同様に処理しているところをそれぞれ書きなさい。

(2)　この問題で，次にあるような図をかいて考えた児童がいます。

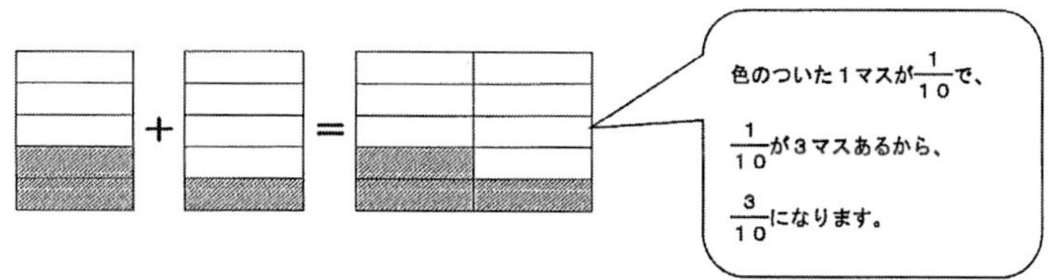

色のついた１マスが$\frac{1}{10}$で、
$\frac{1}{10}$が３マスあるから、
$\frac{3}{10}$になります。

この児童の説明(吹き出しの部分)に対して，あなたはどのような指導をするか書きなさい。

(3)　分数の計算と同様に，小数の計算でも，単位小数の個数に着目することによって，整数の計算に帰着できることに気付かせることが大切である。0.2－0.05の小数のひき算の仕方を，指導場面の例にある分数の場合の［　　　］と同様に説明しなさい。

(☆☆☆◎◎◎)

【13】次の問いに答えなさい。

(1)　バニラ・ストロベリー・チョコレート・抹茶・オレンジの5種類のアイスクリームがあります。このうち，2種類を選んで買います。組み合わせは全部で何通りあるか答えなさい。

(2)　2つのさいころを同時に投げるとき，出る目の数の積が6以下になる確率を答えなさい。

(☆☆☆◎◎◎)

【14】すべての辺の長さが6cmである正四角錐の体積を求めなさい。

(☆☆☆◎◎◎)

【15】洋菓子店で，焼き菓子の詰め合わせAセットが2,100円，Bセットが3,000円で売られています。

ある日，Aセット，Bセットを合計32セット用意しました。用意したAセット，Bセットのうち，それぞれ半分が売れたところで，残りは，10％引きの値段で販売しました。Aセット，Bセットはすべて売り切れ，売り上げの合計は80,940円でした。

用意したAセット，Bセットの数を答えなさい。なお，値段はすべて消費税込みとします。

(☆☆☆◎◎◎)

【16】振り子の運動について，次の問いに答えなさい。ただし，糸の重さや摩擦力，空気抵抗は考えないものとする。

(1)　図1，図2のような振り子を用意して，おもりの重さと振り子が1往復する時間の関係を調べた。すると，図1の振り子が1往復する時間は，1.2秒だった。

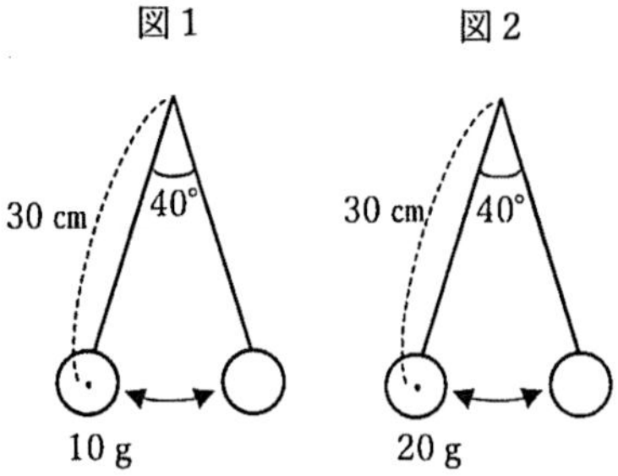

①　図2の振り子が1往復する時間は，どうなるか。次の㋐～㋓のうち1つ選び，記号で答えなさい。

㋐　0.6秒　　㋑　1.0秒　　㋒　1.2秒　　㋓　2.4秒

② ①のように答えた理由を簡潔に説明しなさい。

(2) 図3は振り子の運動の様子を表したものである。図のaの位置から400gのおもりを静かにはなすと，b，c，dを通り，おもりはaと同じ高さのeの位置まで上がった。

図3

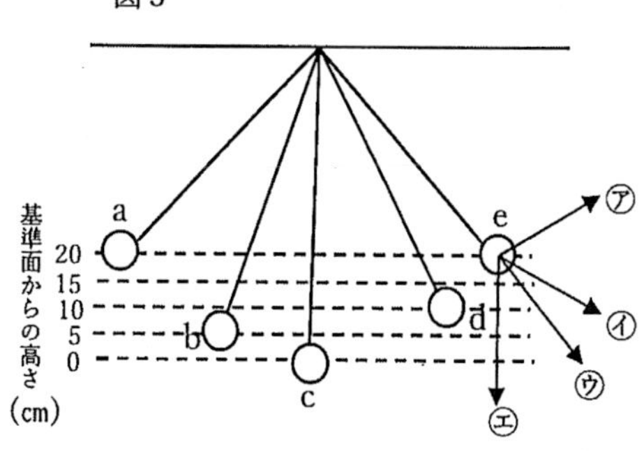

① bの位置にあるとき，おもりがもっている運動エネルギーは何Jか求めなさい。ただし，質量が100gの物体にはたらく重力の大きさを1N(ニュートン)とする。また，aの位置でおもりがもっている位置エネルギーはcの位置ではすべて運動エネルギーに変わったものとする。

② おもりがeの位置にきたとき，おもりをつるしていた糸が切れると，おもりはどの向きに運動するか。㋐～㋓のうち1つ選び，記号で答えなさい。

(☆☆☆◎◎◎)

【17】水溶液の性質の学習について，あとの問いに答えなさい。

次のような手順で，塩酸に金属を入れて様子を調べたり，溶けた物質の性質を調べたりする実験を行った。

【実験の手順】

1　2本の試験管にそれぞれスチールウールとアルミニウム片を入れる。

2　1の2本の試験管に希塩酸を入れる。

3　スチールウールやアルミニウム片，液の様子を観察し，記録する。

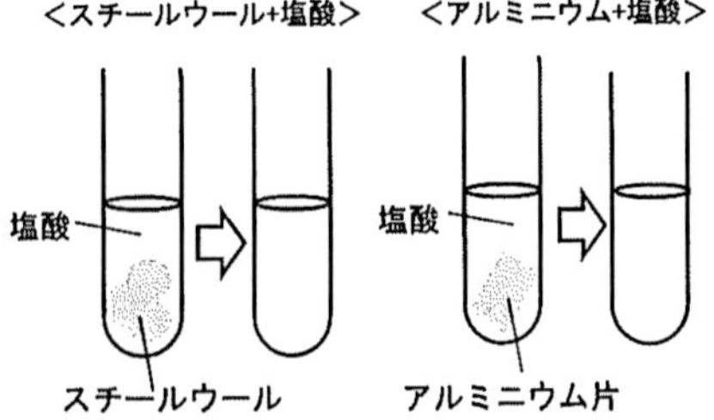

4　溶けた液を少量だけ蒸発皿に入れる。

5　加熱用コンロで蒸発皿を加熱する。

6　出てきた粉を集め，もとのスチールウールやアルミニウムと比較する。

(1)　塩酸の取扱いについて，次の㋐～㋓のうち適切なものを1つ選び，記号で答えなさい。

㋐　希塩酸をつくるときは，市販されている濃塩酸(35％・12M)をビーカー等の容器に入れ，ピペットを用いて水を少しずつ加えて希釈する。

㋑　希塩酸を実験に使う場合は，換気をする必要はない。

㋒　希塩酸を実験に使う場合は，保護めがねをつける。

㋓　実験後の廃液を処理するときは，大量の水で希釈し，薄い溶液にすれば，下水に流してもよい。

(2)　手順2の時，スチールウールを入れた試験管の中で起こっている化学反応を化学反応式で書きなさい。

(3) 手順[3]では，反応中の試験管をむやみに触ることのないようにしておくことが大切である。この配慮は，試験管の中で，何とよばれる反応が起こっているからか答えなさい。

(4) 手順[6]で，もとの金属と比較する際，どのような方法で行うか。次の㋐～㋓のうち適切でないものを1つ選び，記号で答えなさい。

㋐ 出てきた粉のにおいをかぐ。

㋑ 出てきた粉ともとの金属の色・つやを比較する。

㋒ 出てきた粉に，塩酸を注ぎ溶け方を調べる。

㋓ 出てきた粉に，水を注ぎ溶け方を調べる。

(☆☆☆◎◎◎)

【18】次は，『小学校学習指導要領(平成29年告示)解説　理科編』に示されている第3学年の目標及び内容の一部である。あとの問いに答えなさい。

> 身の回りの生物について，探したり育てたりする中で，それらの様子や周辺の環境，成長の過程や体のつくりに着目して，それらを比較しながら調べる活動を通して，次の事項を身に付けることができるよう指導する。
>
> ア　次のことを理解するとともに，観察，実験などに関する技能を身に付けること。
>
> (ア) 生物は，色，形，大きさなど，姿に違いがあること。また，周辺の環境と関わって生きていること。
>
> (イ) 昆虫の育ち方には[　A　]があること。また，成虫の体は頭，胸及び腹からできていること。
>
> (ウ) 植物の育ち方には[　A　]があること。また，その体は根，茎及び葉からできていること。
>
> イ　身の回りの生物の様子について追究する中で，[　B　]を基に，身の回りの生物と環境との関わり，昆虫や植物の成長のきまりや体のつくりについての問題を見いだし，表現すること。

(1) [A] には，同じ語句が入る。次の㋐～㋓から正しいものを1つ選んで，記号で書きなさい。

㋐　きまり　　㋑　一定の順序　　㋒　変化　　㋓　規則性

(2) [B] には，[＿＿＿点や＿＿＿点] という語句が入る。下線の語句を書きなさい。

(3) 次の観察カードは，3年生の福井さんがモンシロチョウの卵の観察を記録したものである。【先生から】の欄を使って，観察カードに付け加えるとよい点について助言する際，どのように記入するか，考えて書きなさい。

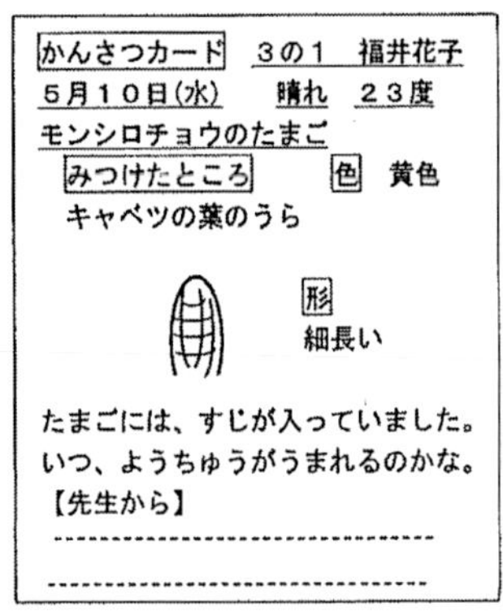

(4) 植物の育ち方について調べる学習では，「夏生一年生の双子葉植物」を栽培，観察する。以下の植物の中で，「夏生一年生の双子葉植物」でないものを㋐～㋓のうち1つ選んで，記号で答えなさい。

㋐　アサガオ　　㋑　トウモロコシ　　㋒　ヒマワリ

㋓　ホウセンカ

(☆☆☆◎◎◎)

【19】地震や火山の噴火による災害やその対策について，次の問いに答えなさい。

(1) 次に記すのは，「私たちのくらしと災害」について調べたことを話し合う様子である。

児童A：ぼくは，東日本大震災の時，地震によって起きた津波の様子を調べたよ。 児童B：私は，地震でくずれた道路やたおれた高速道路の写真を見つけたよ。それに，埋め立て地の道路で，何台もの車が，どろどろの砂の上に浮かんでいる写真もあったよ。 児童C：それって，［ A ］現象って言うんだって。地震が起きると，土地の様子が大きく変わってしまうんだね。 児童D：ぼくは，火山の噴火で，火山灰がとんでいる市街地を歩いている人の写真を見たよ。写真を見て，たいへんだなって，話していたら，お母さんがこう言ったんだ。「日本は，火山列島。火山が多く，噴火し，災害もある。その一方で，<u>この環境は，くらしにうるおいを与えてくれることもある</u>のよ。」って。 児童B：そうね，地震や火山を怖がるだけでなく，(　　　　　　　　　　)が大切ね。

① ［ A ］に当てはまる語句を答えなさい。

② 下線のような例には，どのようなものがあるか答えなさい。

③ (　　)には，どのような言葉が入るか，考えて書きなさい。

(2) 次の図のように，震源から30kmの地点に地震計があり，P波到着と同時に地震を判断し，その10秒後に震源から100kmの地域に緊急地震速報を伝えたとする。その地域の住民が情報を受け取ってから，S波到着までの時間差を求めなさい。ただし，震源で発生した地震はP波が5km/s，S波が2.5km/sで伝わるものとする。

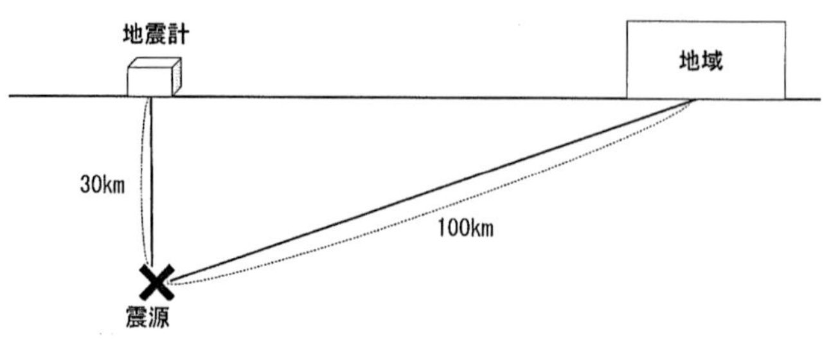

(☆☆☆◎◎◎)

【20】次は，『小学校学習指導要領(平成29年告示)第2章　第5節　生活　第3　指導計画の作成と内容の取扱い』の一部である。下の問いに答えなさい。

> 他教科等との関連を積極的に図り，指導の効果を高め，低学年における教育全体の充実を図り，中学年以降の教育へ円滑に接続できるようにするとともに，幼稚園教育要領等に示す(　①　)との関連を考慮すること。特に，②小学校入学当初においては，幼児期における遊びを通した総合的な学びから他教科等における学習に円滑に移行し，主体的に自己を発揮しながら，より自覚的な学びに向かうことが可能となるようにすること。その際，生活科を中心とした③合科的・関連的な指導や，(　④　)の設定を行うなどの工夫をすること。

(1)　(　①　)，(　④　)に当てはまる語句を書きなさい。

(2)　下線部②に示される幼児期の教育と小学校教育を円滑に接続する重要な役割を担う教育課程のことを何というか答えなさい。

(3)　下線部③に示される指導のうち，「合科的な指導」とはどのようなものか。次の㋐～㋓のうち適切なものを1つ選び，記号で答えなさい。

㋐　生活科の春の自然を観察する学習が，音楽科における春の歌の曲想と歌詞の表す情景や気持ちとの関わりについて気付くことに生かされるよう指導する。

㋑　生活科の学校探検で気付いたことを友達と伝え合う学習で，国語科の「伝えたい事柄や相手に応じて，声の大きさや速さなどを工夫すること」について指導する。

㋒　算数科で身に付けた個数の順番を正しく数えたり表したりする知識・技能が，生活科の学校探検で見つけたものを数える際に生かされるように指導する。

㋓　図画工作科で，幼児期の体験を想起させ，好きなものや好きなことから表したいことを見つけ，表し方を工夫して絵に表すよう指導する。

(☆☆☆☆◎◎◎)

【21】次は，『小学校学習指導要領(平成29年告示)解説　音楽編』に示されている音楽科の目標における「音楽的な見方・考え方」についての文章である。空欄①～④に当てはまる語句を答えなさい。

> 音楽的な見方・考え方とは，「音楽に対する(　①　)を働かせ，音や音楽を，音楽を形づくっている(　②　)とその働きの視点で捉え，自己の(　③　)や感情，生活や(　④　)などと関連付けること」であると考えられる。

(☆☆☆☆◎◎◎)

【22】次の楽譜は，『小学校学習指導要領(平成29年告示)解説　音楽編　第3章　第3節』に示されている第5学年の歌唱共通教材の楽譜である。あとの問いに答えなさい。

(1)　この曲の曲名を答えなさい。

(2)　楽譜中の(　①　)に当てはまる歌詞を答えなさい。

(3)　楽譜中の②の部分に当てはまるものを，次のア～エのうち1つ選び，記号で答えなさい。

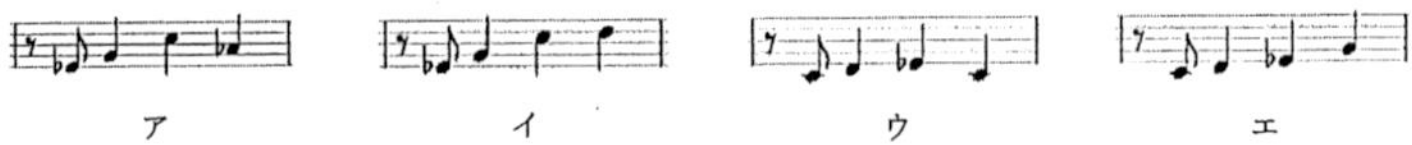

(4)　この曲の楽譜中に使われていないものを，次のア～エのうち1つ選び，記号で答えなさい。

ア　4分音符　　イ　付点4分音符　　ウ　2分音符

エ　付点2分音符

(☆☆☆◎◎◎◎◎)

【23】授業づくりについて，次の問いに答えなさい。

(1)　小学校第1学年及び第2学年では，簡単な小刀類等(カッターナイフ等)を扱う題材がある。この題材でカッターナイフの扱いに不安を感じ主体的に学習に取り組むことができない児童に，道具の使い方についてどのような指導を行うか。1つ書きなさい。

(2)　学習評価の実施に当たっては，評価の場面や方法を工夫して，学習の過程や成果を評価し，指導の改善や学習意欲の向上を図り，資質・能力の育成に生かすことが重要である。図画工作科において，児童の学習状況を把握するために，作品観察のほかに，どのような評価の仕方があるか，1つ書きなさい。

(☆☆☆◎◎◎)

【24】次の(1)，(2)の文は，版画の技法について説明したものである。その技法を用いた版画の名称を答えなさい。

(1)　材料を台紙にはりつけるコラージュの技法を応用する。

(2)　同じ木版を使って，色を変えるたびに必要な部分を掘り，何度も刷り取る。

(☆☆☆◎◎◎)

【25】次の(1)～(5)の文の(　　)に当てはまる語句や数字をそれぞれ答えなさい。

(1) 栄養素には，炭水化物，脂質，たんぱく質，無機質，(　　)があり，五大栄養素と呼ばれている。

(2) 献立は，主食，主菜，(　　)の組み合わせを考え，さらに汁物を加えることでより栄養のバランスが整う。

(3) 買う人(消費者)は買う意思を表し，売る人は売る意思を表して，おたがいの意思が合ったとき(合意)に(　　)契約が成り立つ。

(4) 大さじ1と小さじ1を足すと，(　　)mLである。

(5) 私たちが品質のよい物や環境や資源に配慮して作られたものを選ぶと，その物はたくさん作られるようになり，世の中に出回るようになるため，一人一人が何を選ぶかは，(　　)な社会をつくることに関わる。

(☆☆◎◎◎◎)

【26】次は，『小学校学習指導要領(平成29年告示)第2章　第9節　体育』の第5学年及び第6学年の「ボール運動」の内容の一部である。あとの問いに答えなさい。

> ボール運動について，次の事項を身に付けることができるよう指導する。
>
> (1) 次の運動の楽しさや喜びを味わい，その行い方を理解するとともに，その技能を身に付け，簡易化されたゲームをすること。
>
> ア　ゴール型では，ボール操作とボールを持たないときの動きによって，簡易化されたゲームをすること。
>
> イ　ネット型では，個人やチームによる攻撃と守備によって，簡易化されたゲームをすること。
>
> ウ　ベースボール型では，ボールを打つ攻撃と隊形をとった守備によって，簡易化されたゲームをすること。

(1)　ネット型として，主として取り扱うボール運動は何か答えなさい。

(2)　学校の実態に応じて取り扱わないことができるものを前頁のア～ウのうち1つ選んで，記号で答えなさい。

(3)　次の文は運動が苦手な児童への配慮の一例である。空欄①②に当てはまる語句を答えなさい。

・ゴール型のボール運動のゲームをする際，パスを受けてシュートなどをすることが苦手な児童には，シュートが入りやすい場所に(　①　)をつけたり，ボールを保持した際に最初に(　②　)を見ることを助言したりするなどの配慮をする。

(☆☆☆☆◎◎◎◎)

【27】次は，『小学校学習指導要領(平成29年告示)第2章　第9節　体育』の第3学年及び第4学年の「体つくり運動」の内容の一部である。下の問いに答えなさい。

体つくり運動について，次の事項を身に付けることができるよう指導する。 (1)　次の運動の楽しさや喜びに触れ，その行い方を知るとともに，体を動かす心地よさを味わったり，基本的な動きを身に付けたりすること。 ア　体ほぐしの運動では，手軽な運動を行い，心と体の変化に気付いたり，みんなで関わり合ったりすること。 イ　[　①　]運動では，体のバランスをとる動き，体を移動する動き，用具を操作する動き，力試しの動きをし，それらを組み合わせること。 (2)　<u>自己の課題を見付け，その解決のための活動を工夫するとともに，考えたことを友達に伝えること</u>。

(1)　体つくり運動は，「体ほぐしの運動」と[　①　]運動で構成されて

いる。[　①　]に当てはまる語句を答えなさい。

(2)　[　①　]運動に当てはまらない運動はどれか。次のア～エのうち1つ選び，記号で答えなさい。

ア　短なわを跳ぶ　　　　　　　イ　軽快なリズムにのって踊る

ウ　両足でジャンプして回転する　エ　物にぶら下がる

(3)　下線部について，授業の中で，児童が考えたことを友達に伝える場面として適切でないものはどれか。次のア～エのうち1つ選び，記号で答えなさい。

ア　運動のポイントについて気付いたことを友達に教える。

イ　体を動かすと心が軽くなるなどの気付きを発表する。

ウ　これまで経験した運動の中から好きなものについてのみ紹介する。

エ　運動を行ってみて楽しかったことを学習カードに書く。

(☆☆☆☆◎◎◎)

【28】小学校学習指導要領(平成29年告示)では，中学年に「外国語活動」，高学年に教科「外国語」が導入された。そのことについて，次の問いに答えなさい。

(1)「外国語活動」では，外国語による「聞くこと」，「話すこと」の言語活動を通して，資質・能力を育成することを目指している。「外国語」においては，「聞くこと」，「話すこと」に加えてどのような言語活動を通して，資質・能力を育成することを目指しているか。2つ答えなさい。

(2)　学習指導要領の「外国語活動」と「外国語」において，「主体的に外国語を用いてコミュニケーションを図ろうとする態度」とはどのような態度と示されているか，答えなさい。

(☆☆☆◎◎◎)

【29】次の(1)～(5)の文を読んで，小学校外国語における「読むこと」「書くこと」の指導として適切なものには○，そうでないものには×を書

きなさい。

(1)　音声で十分に慣れ親しんだ後，例となる文を見ながら，自分の考えや気持ちを表現するために，例となる文の一部を別の語に置き換えて書かせる。

(2)　活字体の大文字や小文字を正しく書けるようにするために，「ドリル学習」を中心に指導を行う。

(3)　「読むこと」の指導として，日常生活に関する身近で簡単な事柄について，掲示やパンフレットなどから自分が必要な情報を得る活動をする。

(4)　小学校生活の思い出アルバムを作成する単元では，自分の力だけで英文を書かせる活動を設定する。

(5)　主体的に読もうとする態度を育てるために，小学校の段階から発音と綴りを関連付けて指導する。

(☆☆☆◎◎◎)

【30】次の(1)～(6)の英文を読んで，(　　)に入れるのに最も適切なものを，A)～D)のうち1つ選び，記号で答えなさい。

(1)　A : I'm looking for the City Hospital. Could you tell me (　　) get there?

B : Sure. Go down this street and turn left at the third traffic light. You can see it on your right.

A)　go to　　B)　what to　　C)　how to　　D)　like to

(2)　My mother was cooking dinner (　　) I got home.

A)　if　　B)　that　　C)　because　　D)　when

(3)　Her violin tone was very beautiful and (　　) many people.

A)　attracted　　B)　created　　C)　suffered　　D)　disappeared

(4)　Young people should try (　　) they want to do.

A)　whenever　　B)　whoever　　C)　whatever　　D)　wherever

(5)　Why is that boy (　　) the guitar on the street?

A)　play　　B)　plays　　C)　played　　D)　playing

(6) A : Hey, Jim! It's time to go to bed now. ( ) the TV.
B : OK, Mom.
A) Take off B) Turn off C) Fall off D) Get off
(☆☆☆◎◎◎)

【31】次の英文を読んで，あとの問いの答えとして最も適切なものをA)～D)のうち1つ選び，記号で答えなさい。

The earth is called the "water planet". Two-thirds of the earth's surface is covered with water, and it is said that there are about 1.4 billion cubic kilometers of water. But 97% of the water on the earth is seawater containing salt. A lot of the freshwater is not available because it exists mostly as ice, snow and glaciers. In addition, most of the remaining liquid water is groundwater. Some people can get water from rivers and lakes, but not enough. Therefore, it is common for us to use groundwater as drinking water. Only 0.01% of water resources are available for our daily lives. If this precious water resource of only 0.01% is <u>contaminated</u>, it cannot be used. This is a situation that causes water shortages on the earth.

The biggest cause of water shortage is population growth. The population is increasing all over the world. There are also speculations that the population of the earth will reach more than 9.7 billion by 2050. As our lives become richer, the amount of water that people use will increase. It is not easy for people to sacrifice the richness of their lives. As a result, the more developed the world economy, the more severe the water shortage will be. Another cause is climate change. First of all, due to climate change, the temperature of the earth rises and the sea level rises. That is because the amount of seawater increases and the amount of freshwater decreases. In addition, it could lead to ecosystem changes and reduce the availability of water resources.

In fact, Japan is also one of the countries where demand for water resources is high and supply and demand are tight. However, for us living in Japan, it doesn't feel that serious. The reason Japan can live a life free from water resource worry is that it imports a large number of products from other countries. Large amounts of water are needed to grow and produce food, care for livestock, and process and wash industrial products. Virtual water is an estimate of how much water is required to produce the imported foodstuffs and products. Japan is the world's largest importer of virtual water. The amount is huge, and Japan imports as much virtual water from other countries as it uses domestically.

Globally, the problem of water shortage is becoming a big issue every day. There is now a great need to pursue the efficient use of fresh water both in Japan and around the world, Even in Japan, which has abundant drinking water, it is necessary to seriously face up to the world's water shortage problem, in order to maintain our enriched lifestyles.

(1) What is the main topic of the first paragraph?

A) The close relationship between water and the earth.

B) The water issues we must be aware of.

C) The importance of importing virtual water.

D) What we can do to stop population growth.

(2) Choose the most similar in meaning to "contaminated" in line 9.

A) treasured

B) recognized

C) increased

D) polluted

(3) What is "virtual water" in line 26?

A) The total amount of water needed in the production process of foods and products.

B) The minimum amount of water that people need to live.

C) The ideal amount of water needed to live a prosperous life.

D) The amount of water that Japanese people actually use every day.

(4) According to this passage, which sentence is true?

A) The majority of the earth is seawater, so we won't be running out of water in the future.

B) As the global economy develops, population growth and climate change will become less of an issue.

C) The people of the world will have to consume large amounts of water as the population decreases.

D) Many Japanese people think that Japan is rich in water resources, but in fact it is not.

(☆☆☆◎◎◎)

解答・解説

【1】① 知識及び技能 ② 思考力，判断力，表現力など ③ 見通し ④ 振り返り

〈解説〉①，② 平成29年に改訂された小学校学習指導要領は，その基本方針として「育成を目指す資質・能力の明確化」を提示し，教育課程全体を通して育成することを目指す資質・能力を，ア 生きて働く「知識・技能」の習得，イ 未知の状況にも対応できる「思考力・判断力・表現力等」の育成，ウ 学びを人生や社会に生かそうとする「学びに向かう力・人間性等」の涵養，の三つの柱に整理し，各教科等の目標や内容についてもすべての教科等の目標及び内容をこの三つの柱で再整理して示している。 ③，④ 平成29年に改訂された小学校学習指導要領は，その基本方針として「主体的・対話的で深い学び」の実現に向けた授業改善の推進を提示し，「総則 第3 1 (1)」で授業改善を行うよう示している。授業改善の「主体的な学び」「対話的な学び」「深い学び」の3つの視点は，「中央教育審議会答申(平成28年12月)」で示された次の3つの授業改善の視点に基づいている。①学ぶことに興味や関心を持ち，自己のキャリア形成の方向性と関連付けながら，見通しをもって粘り強く取り組み，自己の学習活動を振り返っ

て次につなげる「主体的な学び」が実現できているかという視点。②子供同士の協働，教職員や地域の人との対話，先哲の考え方を手掛かりに考えること等を通じ，自己の考えを広げ深める「対話的な学び」が実現できているかという視点。③習得・活用・探究という学びの過程の中で，各教科の特質に応じた「見方・考え方」を働かせながら，知識を相互に関連付けてより深く理解したり，情報を精査して考えを形成したり，問題を見いだして解決策を考えたり，思いや考えを基に創造したりすることに向かう「深い学び」が実現できているかという視点。

【2】(1)　言葉　　(2)　調べたことを，まとめて報告する。

〈解説〉(1)　平成29年改訂の小学校学習指導要領の基本方針として「主体的・対話的で深い学び」の実現に向けた授業改善が提示され，国語科においては，指導計画の作成と内容の取扱いにおける指導計画作成上の配慮事項として，児童の主体的・対話的で深い学びの実現を図るように示され，続いて「その際，言葉による見方・考え方を働かせ，言語活動を通して，言葉の特徴や使い方などを理解し自分の思いや考えを深める学習の充実を図ること」と示されている。学習指導要領解説(平成29年7月)ではこの配慮事項の解説の中で，知識及び技能や思考力，判断力，表現力等といった資質・能力を育成するため，「児童が言葉に着目し，言葉に対して自覚的になるよう，学習指導の創意工夫を図ることが期待される」と記述されている。　(2)　小学校学習指導要領では単元の指導目標とする各学年段階の〔思考力，判断力，表現力等〕の各領域の指導事項について，(2)で「次のような言語活動を通して指導するものとする」として言語活動例が示されている。例えば高学年においては，考えを話したり聞いたりする活動，情報を集めたり発表したりする活動，考えたことや伝えたいことを書く活動，感じたり考えたりしたことなどを文章に書く活動，調べたり考えたりしたことを報告する活動などがある。

【3】(1)　お花屋さんの仕事について，どんなことがよく分かったのかを具体的に書くとよいですね。　(2)　エ　　(3)　御中

〈解説〉(1)　小学校学習指導要領(平成29年告示)の第2章　各教科　第1節　国語　第2　各学年の目標及び内容〔第3学年及び第4学年〕「B　書くこと」の考えの形成に関わる指導事項ウには，「自の考えとそれを支える理由や事例との関係を明確にして，書き表し方を工夫すること」と示されている。児童が書いたお礼の手紙の文には，インタビューの成果について感想のみが述べられている。「とてもよく」と感じたことを支える具体的なこと，どんなことが分かったか，分かったことの具体例を書くとインタビューで得られたことが相手により伝わる手紙になりお礼の気持ちが伝わることを助言するとよい。　(2)　後付けは，本文の次の行に日付を行頭から少し下げて書く，日付の次の行の行末に自分の名前を書く，自分の名前の次の行に相手の名前を行頭から書くのが一般的な基本の様式である。　(3)　この手紙の宛先が「大川フラワーショップ 」で組織であるので，「御中」が適切である。「御中」は，具体的な人ではなく，その組織や機関の中にいる関係者へあてる，という意味を表す脇付けである(「敬語の指針」文化審議会答申より)。

【4】(1)　A　序論　　B　結論　　(2)　どうしたらなわにひっかかった人をせめる人がでたり，けんかになったりしないか(を考えて，本論の中に加えましょう。)

〈解説〉(1)　学習指導要領解説国語編(平成29年7月)では，第5学年及び第6学年「B　書くこと」の指導事項「イ　筋道のとおった文章となるように，文章全体の構成や展開を考えること」について，「文章全体の構成や展開」の基本的な例として「序論－本論－結論」が挙げられている。文章の構成としてはほかに，序論・説明・論証・結論(起承転結)などがある。　(2)　「B　書くこと」の第5学年及び第6学年には，「目的や意図に応じて，感じたことや考えたことなどから書くことを選び，集めた材料を分類したり関係付けたりして，伝えたいことを明確にすること」という指導事項がある。賛成の立場の材料だけでなく

反対の立場の材料を集めることで，一方の立場からの材料の不足に気付き，更なる情報収集の必要性を感じることが考えられる。さらに集めた材料相互の関係が整理されることによって，示すべき理由や事例などの事実が絞られ，伝えたいことを明確にすることができる。

【5】(1)　論語　　(2)　過而不レ改、是謂レ過矣。

〈解説〉(1)　中国古代(春秋時代)の思想家孔子とその弟子との問答と孔子の言行，高弟の言葉を，儒家の一派が記録した言行録が『論語』である。四書(『論語』『大学』『中庸』『孟子』)の一つで，儒学の基本となった書である。　(2)「而」,「矣」は訓読するときには読まない字である。「不」は打消しの助動詞「ず」に当たり，訓読する場合は「ず」の活用を用いて読む。

【6】(1)　ウ　　(2)　おっしゃる

〈解説〉(1)　アの「強敵」，イの「温泉」，エの「山頂」はいずれも，前の漢字が後の漢字を修飾する構成。ウの「苦楽」は，反対の意味の漢字が並んだ構成である。　(2)　校長先生が主語であるから，話者の校長先生への尊敬の念を込めた尊敬語を使うことが適切である。「話す」

の尊敬語は「おっしゃる」「お話しになる」である。

【7】(1) 児童が複数の立場や意見を踏まえて考えること (2) 政治の働きへの関心を高めるようにすることを重視したから (3) 市役所

〈解説〉(1) 公開解答は，学習指導要領解説(平成29年7月)の中で，社会科の目標(2)の「多角的に考える」について解説されたものである。なお，「多角的」という言葉は，中央教育審議会答申(平成28年12月)(以降，「答申」と表す)において，資質・能力の一つである「学びに向かう力，人間性等」の具体的な内容について，「主体的に学習に取り組む態度と，多面的・多角的な考察や深い理解を通して涵養される自覚や愛情など」として整理された中で用いられ，社会科の目標(3)でも「多角的な思考や理解を通して」として示されている。 (2) 「答申」では，小学校の具体的改善事項として社会科においては，「世界の国々との関わりや政治の働きへの関心を高めるよう教育内容を見直す」と示された。これを踏まえて，小学校学習指導要領(平成29年告示)の社会科において歴史と政治の順序が改められた。 (3) 「災害時における避難場所」だけではなく，「多くの公共施設を運営」という指示もあるので，「市役所」などの指揮できる公共機関がふさわしい。市役所に関しては，第3学年の「内容 (1) イ (ア)」については，学習指導要領解説社会編(平成29年7月)で解説されている。

【8】(1) POSシステム (2) イ

〈解説〉(1) POSシステムとは，単品ごとに販売・在庫管理を行うための販売時点情報管理システムのことである。商品のバーコードを読み取り，レジで精算を行うとともに，読み取った商品名，販売数，金額などのデータの分析によって，販売計画や在庫管理に活用される。

(2) 改訂された学習指導要領(平成29・30年告示)では，学習の基盤となる資質・能力の一つとして情報活用能力が挙げられている。メディアリテラシーは，各種メディアからの情報を主体的・批判的に読みとき，使いこなす能力のことである。そのような視点から考えれば，イの「技術の発展について考えさせる」は該当しない。ウの「健康を害するような行動について考えさせる」については，それそのものは情報に関するものではないが，健康を害するような行動に関して各種メディアから発信される情報について主体的・批判的に考える学習と捉えれば，適切と言える。

【9】(1)　エ　　(2)　自然環境，歴史的背景

〈解説〉(1)　地図帳で，どこでどのような伝統工芸が盛んなのかを確認しておくとよい。なお，鯖江市は現在，眼鏡のフレーム生産で有名である。　(2)「伝統的な技術を生かした地場産業が盛んな地域」とは，県内で古くから伝わっている技術や技法を受け継いで行われている伝統的な工業や，古くから地域の特性を生かして独自の製品をつくっている産業など，地域に密着した地場産業の盛んな地域を指している。冬は雪で稲作ができないのであれば，代替の仕事を考えなければならないであろう。また，地域の産業がどのように発展していったかという歴史的背景を調べさせることも大切である。

【10】(1)　ア　UNESCO(ユネスコ，国際連合教育科学文化機関)　イ　WHO(世界保健機関)　　ウ　UNICEF(ユニセフ，国際連合児童基金)　　(2)　国際社会(における)我が国(の役割を考える)

〈解説〉(1)　UNESCOは，1946年にユネスコ憲章の発効に伴って設立された。本部はパリ。WHOは1948年に設立。本部はスイスのジュネーブにある。UNICEFは1946年に設立。本部はニューヨークにある。

(2)　日本も当然ながら国際社会の一員として活動している。日本国憲法によって平和主義を示している日本にとって，どのような角度から国際貢献をしていくのかを児童に考えさせることはとても重要である。教育や医学，農業などの生活の基盤となる分野を中心に活躍していることを取り上げ，国際社会における我が国の役割を具体的に考えさせたい。

【11】① 図形　② 根拠　③ 筋道　④ 統合的

〈解説〉学習指導要領改訂にあたって，中央教育審議会答申(平成28年12月)において，算数科・数学科における数学的な見方・考え方について，「事象を数量や図形及びそれらの関係などに着目して捉え，論理的，統合的・発展的に考えること」として示された。それを踏まえて，数学的な見方については，「事象を数量や図形及びそれらの関係についての概念等に着目してその特徴や本質を捉えること」，「数学的な考え方」については，「目的に応じて数，式，図，表，グラフ等を活用しつつ，根拠を基に筋道を立てて考え，問題解決の過程を振り返るなどして既習の知識及び技能等を関連付けながら，統合的・発展的に考えること」，そして算数科における数学的な見方・考え方は出題の文章のように整理された。

【12】(1)　単位分数…$\frac{1}{5}$　整数の場合と同様に処理しているところ…$2+1(=3)$　(2)　まず，1Lが図のどこに当たるのかを確認し，次に色のついた1マスが$\frac{1}{5}$Lになっているかを確認すること。　(3)　0.2は0.01が20こ，0.05は0.01が5こ。0.01が(20－5)こなので，0.15になります。

〈解説〉(1)　$\frac{2}{5}$は単位分数$\frac{1}{5}$が2こ，$\frac{1}{5}$は単位分数$\frac{1}{5}$が1こ。これより，$\frac{2}{5}+\frac{1}{5}$は，整数の場合と同様に処理して，単位分数$\frac{1}{5}$が$2+1=3$〔こ〕なので，$\frac{3}{5}$になる。　(2)　問題図の右辺の図は，全体の量が2Lで，色のついた1マスが2Lの$\frac{1}{10}$だから，$\frac{1}{10}\times 2=\frac{2}{10}\left(=\frac{1}{5}\right)$〔L〕となる。よって色のついた部分の量は，$\frac{2}{10}\times 3=\frac{6}{10}\left(=\frac{3}{5}\right)$〔L〕になる。

(3)　0.2は0.1が2こで，0.05は0.01が5こ。0.2は0.01が20こでもあるから，両方の数の加減計算をする場合は，両方の数の共通単位の0.01をもとにして計算する。0.2は単位小数0.01が20こ，0.05は単位小数0.01が5こ。これより，0.2－0.05は，整数の場合と同様に処理して，単位小数0.01

が20－5＝15〔こ〕なので，0.15になる。

【13】(1)　10通り　　(2)　$\frac{7}{18}$

〈解説〉(1)　${}_5C_2=\frac{5\cdot4}{2\cdot1}=10$〔通り〕　(2)　2つのさいころを同時に投げるとき，すべての目の出方は　6×6＝36〔通り〕。このうち，出る目の数の積が6以下になるのは，2つのさいころの出る目の数をa，bとしたとき，(a，b)＝(1，1)，(1，2)，(1，3)，(1，4)，(1，5)，(1，6)，(2，1)，(2，2)，(2，3)，(3，1)，(3，2)，(4，1)，(5，1)，(6，1)の14通り。よって，求める確率は　$\frac{14}{36}=\frac{7}{18}$

【14】$36\sqrt{2}$ cm^3

〈解説〉正四角錐の頂点をO，底面の正方形をABCDとし，正方形ABCDの対角線の交点をHとする。△ABC≡△AOCであることと，△ABCは直角二等辺三角形で，3辺の比が1：1：$\sqrt{2}$であることから，OH＝AH＝$\frac{1}{2}$AC＝$\frac{1}{2}\times\sqrt{2}$ AB＝$3\sqrt{2}$〔cm〕　以上より，正四角錐の体積＝$\frac{1}{3}$×(正方形ABCDの面積)×OH＝$\frac{1}{3}\times6^2\times3\sqrt{2}=36\sqrt{2}$〔cm^3〕

【15】Aセット…12セット　　Bセット…20セット

〈解説〉用意したAセット，Bセットの数をそれぞれ$2x$セット，$2y$セットとする。Aセット，Bセットを合計32セット用意したことから　$2x+2y=32$　⇔　$x+y=16$…①　売り上げの合計の関係から　$2100\times x+3000\times y+2100\times\left(1-\frac{10}{100}\right)\times x+3000\times\left(1-\frac{10}{100}\right)\times y=80940$　整理して，$7x+10y=142$…②　①，②の連立方程式を解いて，$x=6$，$y=10$　よって，Aセットは6×2＝12〔セット〕，Bセットは10×2＝20〔セット〕

【16】(1)　①　㋒　　②　振り子が1往復する時間は，振り子の長さにより変わり，おもりの重さによって変わらないから。　(2)　①　0.6J

② ㊄

〈解説〉(1)　振り子の周期(1往復する時間)は振り子の重さや振幅に関係なく，振り子の長さ(及び重力加速度)だけで決まる。このことを振り子の等時性という。　(2)　①　bの位置における，おもりがもっている運動エネルギーをK_bとする。aとbの位置に着目すると力学的エネルギー保存の法則より，$4\times0.2=4\times0.05+K_b$と表すことができ，$K_b=0.6$〔J〕となる。　②　eの位置では運動エネルギーは0Jであり，おもりが静止した時点でおもりをつるす糸が切れると，おもりは重力によって真下に落下する。

【17】(1)　㋒　(2)　$Fe+2HCl \rightarrow FeCl_2+H_2$　(3)　発熱反応
(4)　㋐

〈解説〉(1)　㋐　水に濃塩酸を少しずつ加えて希釈する。　㋑　希塩酸を使う際は換気をする。　㊄　全ての廃液は適切な手順を踏んで処理する必要がある。　(2)　繊維状の鉄であるスチールウールに塩酸を加えると，スチールウールは鉄イオン(Fe^{2+})になって溶けて水素が発生する。　(3)　反応中の試験管は高温になるため注意が必要である。
(4)　金属光沢の有無といった見た目や，塩酸や水への溶け方の様子を比較して調べる。

【18】(1)　㋑　(2)　差異(点や)共通(点)　(3)　たまごの大きさについて書くとよい。　(4)　㋑

〈解説〉(1)・(2)　第3学年の「内容　B　生命・地球　(1)身の回りの生物」からの出題である。理科では，学年を通して育成を目指す問題解決の力が学年ごとに示されており，第3学年では主に差異点や共通点を基に，問題を見いだすといった問題解決の力の育成が目指されている。この力を育成するためには，複数の自然の事物・現象を比較し，その差異点や共通点を捉えることが大切である。　(3)　身の回りに見られる生物について観察する際には，色，形，大きさや見つけた場所などを記録しておくとよい。　(4)　㋑のトウモロコシは，イネ，マツなどとともに単子葉植物である。

【19】(1)　①　液状化　　②　火山の熱を利用した発電所　　③　火山を理解し，上手にかかわっていくこと　　(2)　24秒

〈解説〉(1)　①　液状化現象とは，ゆるく堆積した砂の地盤に強い地震動が加わると，地層自体が液体状になる現象のことである。液状化が発生しやすい場所は例えば，埋立地，干拓地，昔の河道を埋めた土地，砂丘や砂州の間の低地などである。　②　地熱発電や温泉のほか，火山がもたらした湧水や地下水の利用，火山灰の農作物の生産への利用などが挙げられる。　③　地震や火山噴火といった災害の脅威と共に，その恩恵も併せて理解し，かかわっていくことが大切である。

(2)　地震発生から地震計にP波が到達するのは30÷5＝6〔秒〕後であり，地域の住民に緊急地震速報が伝わるのはさらに10秒後であることから，地域の住民が情報を受け取るのは地震発生から6＋10＝16〔秒〕後である。実際にその地域にS波が到達するのは，100÷2.5＝40〔秒〕後であることから，求める時間差は40－16＝24〔秒〕である。

【20】(1)　①　幼児期の終わりまでに育ってほしい姿　　④　弾力的な時間割　　(2)　スタートカリキュラム　　(3)　㋑

〈解説〉(1)　今回の幼稚園教育要領等改訂において，幼児期の終わりまでに育ってほしい姿がまとめられ，幼児期の教育と小学校教育との円滑な接続を図るための手掛かりが示された。弾力的な時間割の設定を行うなどの工夫については，入学当初の児童の発達の特性に配慮し，この時期の学びの特徴を踏まえて，10 分から15 分程度の短い時間で時間割を構成したり，児童が自らの思いや願いの実現に向けた活動をゆったりとした時間の中で進めていけるように活動時間を設定したりすることなどが考えられている。生活科を中心に，合科的・関連的な指導や弾力的な時間割の設定など，指導の工夫や指導計画の作成を行うことについては，小学校学習指導要領(平成29年告示)の総則でも示されている。　(2)　今回の学習指導要領改訂においては，幼児期の教

育との連携や接続を意識したスタートカリキュラムについて，生活科固有の課題としてではなく，教育課程全体を視野に入れた取組とすることが示された。　(3)　学習指導要領解説(平成29年7月)の中で，合科的な指導の例が示されている。音楽科との関連では，身の回りのものなどを使って遊んだ体験が曲想と歌詞の表す情景や気持ちとの関わりに気付くことに発展する，算数科では長さの単位や測定の意味の理解が，野菜などを育てる過程での茎やつるの長さの変化を記録する際に発揮されるなどが示されている。

【21】①　感性　　②　要素　　③　イメージ　　④　文化

〈解説〉三つの柱で示された資質・能力を育成するためには，音楽的な見方・考え方を働かせることが必要である。音楽に対する感性とは，音楽的な刺激に対する反応，すなわち，音楽的感受性と捉えることができる。音楽に対する感性を働かせることによって，音楽科の学習が成立し，その学習を積み重ねていくことによって音楽に対する感性が一層育まれていく。

【22】(1)　子もり歌　　(2)　ぼうやは　よいこだ　　(3)　ウ　　(4)　イ

〈解説〉(1)・(2)・(3)　第5学年の歌唱共通教材「子もり歌」(日本古謡)からの出題である。共通教材は各学年4曲である。曲名，作詞者，作曲者，歌詞，旋律は確実に押さえておきたい。　(4)　4分音符に付点がついた「付点4分音符」は4分音符の1.5倍の長さを持つ。楽譜の中で付点がついているのは「付点2分音符」である。

【23】(1)　カッターの刃を出し過ぎない。　　(2)　活動の様子を観察

〈解説〉(1)　児童がどのようなことに不安を感じているのかを理解して，指導することが大切である。公開解答例の「刃を出し過ぎない」は，出し過ぎると力の入れ方によって刃が折れてしまい，その破片で手や腕などのけがをする危険性がある。この他に，不安定な姿勢で使用しない，刃の進む方向に手を置かないなどがある。　(2)　学習活動の特

質，評価の観点や評価規準，評価の場面や児童の発達段階に応じて，観察，児童との対話，ノート，ワークシート，学習カード，作品，レポート，ペーパーテスト，質問紙，面接などの様々な評価方法の中から，その場面における児童の学習の状況を的確に評価できる方法を選択していくことが必要である。上記のような評価方法に加えて，児童による自己評価や児童同士の相互評価を工夫することも考えられる。

【24】(1)　コラグラフ　　(2)　ほり進み木版(画)

〈解説〉(1)　コラージュとは「貼り絵」とも言われ，異素材の写真や布などをはりつけて作る方法である。コラグラフはこの方法を版画に取り入れ，版木に素材をはりつけたり，ジェッソなどでマチエールを作ったりして凹凸をつくり，それを版にして刷る版画である。　(2)　ほり進み木版(画)は一枚の版木で，色を変えるたびに必要な部分を彫り，刷ることを繰り返す。彫りと刷りの楽しさを味わいながら，画面構成を表したり，自分の思い描く色をつくりだす喜びを感じることができる。

【25】(1)　ビタミン　　(2)　副菜　　(3)　売買　　(4)　20　　(5)　持続可能

〈解説〉(1)　栄養素は，体の組織を作ったり，体の調子を整えたり，エネルギーになったりする働きがある。それぞれの役割も理解しておきたい。　(2)　主食はごはんやパンなど，主菜は肉，魚，卵，大豆など，副菜は野菜，海藻，きのこなどが主材料である。　(3)　売る人は売ったものを買った人に引き渡す義務があり，買った人は売った人に代金を支払う義務がある。契約で合意した内容は守らなくてはならない。(4)　大さじ1は15mL，小さじ1は5mLである。　(5)　消費者が，エコ商品やフェアトレード(発展途上国の原料や製品を適正な価格で継続的に取引し，生産者の持続的な生活向上を支える仕組み)商品，環境への影響に配慮した商品などを選んで消費することをエシカル消費と呼ぶ。持続可能な開発目標(SDGs)の12番目の「持続可能な生産・消費形態の確保」に該当する取り組みである。

【26】(1) ソフトバレーボール (2) ウ (3) ① 目印 ② ゴール

〈解説〉(1)・(2) 高学年の「内容の取扱い(5)」では，ゴール型はバスケットボール及びサッカーを，ネット型はソフトバレーボールを，ベースボール型はソフトボールを主に取り扱うことが示されている。また，学校の実態に応じてベースボール型は取り扱わないことができるとされている。 (3) 学習指導要領解説(平成29年7月)には，運動が苦手な児童への配慮の例が示されている。

【27】(1) 多様な動きをつくる (2) イ (3) ウ

〈解説〉(1) 低学年の「体つくりの運動遊び」は，「体ほぐしの運動遊び」と「多様な動きをつくる運動遊び」，高学年の「体つくり運動」は，「体ほぐしの運動」と「体の動きを高める運動」で構成されている。 (2) 多様な動きをつくる運動のうち，アは用具を操作する運動，ウは体のバランスをとる運動，エは力試しの運動である。イは，「体つくり運動」ではなく「表現運動」の中のリズムダンスの内容である。 (3) 内容(2)は思考力，判断力，表現力等に関する指導事項である。学習指導要領解説(平成29年7月)では下線部の内容の解説として，「心と体の変化に気付いたことや，友達と関わり合ったり，多様な動きを身に付けたりするための運動の行い方について，考えたことや気付けたことを友達に伝えること」が示され，その例が挙げられている。ウの「好きなものについてのみ」の紹介は適切ではない。

【28】(1) 読むこと，書くこと (2) 授業だけでなく，生活の中でも積極的に外国語を使おうとする態度。

〈解説〉(1) 中学年の外国語活動においては，聞くこと，話すこと[やり取り]，話すこと[発表]の3つの領域で構成される。一方，高学年の外国語科においては，聞くこと，読むこと，話すこと[やり取り]，話すこと[発表]，書くことの5つの領域で構成される。　(2)「主体的に外国語を用いてコミュニケーションを図ろうとする態度」とは，単に授業等において積極的に外国語を使ってコミュニケーションを図ろうとする態度のみならず，学校教育外においても，生涯にわたって継続して外国語習得に取り組もうとするといった態度を養うことを目標としている。

【29】(1)　○　　(2)　×　　(3)　○　　(4)　×　　(5)　×

〈解説〉(1)「書くこと　(ウ)相手に伝えるなどの目的をもって，語と語の区切りに注意して，身近で簡単な事柄について，音声で十分に慣れ親しんだ基本的な表現を書き写す活動」に関連した指導である。
(2)「ドリル学習」とは特に明記されていない。　(3)「読むこと　(ウ)日常生活に関する身近で簡単な事柄を内容とする掲示やパンフレットなどから，自分が必要とする情報を得る活動」に関連した指導である。　(4)「自分の力だけで」の部分が誤り。書く活動では，「例の中から言葉を選んで」書くことが示されている。　(5)　発音と綴りを関連付けて指導することは，中学校の外国語科での指導である。

【30】(1)　C　　(2)　D　　(3)　A　　(4)　C　　(5)　D　　(6)　B

〈解説〉(1)　行き方を尋ねているので，Cのhow to が適切。　(2)「家に着いたとき，母が夕食を作っていた」となるべきなので，Dのwhenが適切。　(3)「彼女のヴァイオリンの音色はとても美しく」とあるので，「多くの人々を魅了した」となるAのattractedが適切。　(4)　若いうちはなんでもやってみるべきだという意味。よって，Cのwhateverが適切。
(5)　現在進行形なので，Dのplayingが適切。　(6)「テレビを消しなさい」はTurn off the TV. となる。

【31】(1)　B　　(2)　D　　(3)　A　　(4)　D

〈解説〉(1)　第1段落の主要な話題は，地球における水の存在とその貴重な水資源が不足する状況にあるという問題が述べられているので，B

が適切。 (2) contaminatedは「汚染された」という意味なので，Dのpollutedが適切。 (3) virtual waterの意味を問う問題。直後に説明があるように，食物や製品を作るのに使われる水の総量を指す。よって，Aが適切。 (4) A，B，Cはいずれも，記述された内容と一致しない。「日本は水資源が豊富であると日本人は考えているが，実際はそうではない」とするDは，最終段落で述べられている内容であり適切。

2020年度　実施問題

【1】次は『小学校学習指導要領(平成29年告示)解説　国語編』の一部である。①～⑤に当てはまる語句をそれぞれ書きなさい。

> 2　学年の目標　第5学年及び第6学年
>
> (1)　日常生活に必要な国語の(　①　)を身に付けるとともに，我が国の(　②　)に親しんだり理解したりすることができるようにする。
>
> (2)　筋道立てて考える力や豊かに感じたり想像したりする力を養い，日常生活における人との関わりの中で伝え合う力を高め，自分の思いや考えを(　③　)ことができるようにする。
>
> (3)　(　④　)がもつよさを認識するとともに，進んで(　⑤　)をし，国語の大切さを自覚して思いや考えを伝え合おうとする態度を養う。

(☆☆◎◎◎)

【2】次は，小学校5年生の児童が「地域とのつながりについて考えよう」というテーマで話し合いをしている場面である。あとの問いに答えなさい。

> 児童A(司会)　：「地域とのつながりについて考えよう」というテーマで話し合いを始めます。ここで出された意見は「提案書」としてまとめ，地域の公民館の方に提出をします。
> それでは話し合いを始めます。意見をお願いします。
>
> 児童B　：地域は大切だから，もっと関わりをもつほうが

	いいと思います。
児童C	：私もそう思います。でも，最近，関わりは少なくなっているよね。
児童A(司会)	：BさんやCさんの発言について，何か意見はありますか。
児童D	：はい。関わりを増やすには，何ができるのかを一人一人がちゃんと考えることが大切だと思います。
児童B	：自分たちが住んでいるところだから，大事にしたいよね。お世話になっている人も多いし。
児童E	：みんなが地域のことを考えることが，関わりを増やすことにつながるのですね。
児童B	：私たちのグループでは「一人一人がしっかりと考える」という意見にまとまったようだね。
児童(司会)	：[ ]
児童C	：たとえば，公民館の行事にボランティアで参加するというのはどうかな。
児童B	：他にも，清掃活動に参加することもできるね。

〈「話し合い」は続く〉

・・

(1) 児童A(司会)の波線の部分の発言は，どのような役割を果たしていると考えられますか。「確認」という言葉を用いて書きなさい。

(2) 児童A(司会)の発言として[ ]に当てはまる適切な内容を考えて書きなさい。ただし，次の書き出しの言葉に続けて書くこと。

提案書として提出するために

(3) 話し合いの「言語活動」として適切なものを，次のア～エから1つ選び記号で答えなさい。

ア 学校図書館などを利用し，事典や図鑑などから情報を得て，分かったことをまとめて説明する活動

イ　質問するなどして情報を集めたり，それらを発表したりする活動

ウ　事実や経験を基に，感じたり考えたりしたことや自分にとっての意味について文章にする活動

エ　実用的な文章を読み，実生活への生かし方を考える活動

(☆☆◎◎◎)

【3】次は，小学校4年生「百人一首に親しもう」という国語の授業の一場面です。下の問いに答えなさい。

> 先生　：元号の「令和」は，昔の書物の『初春の令月にして，気淑く風和ぐ。』という言葉がもとになっています。
>
> 児童A　：テレビや新聞で見たよ。昔の言葉だから難しいな。
>
> 児童B　：百人一首も昔の言葉をたくさん使っているね。「お気に入りの一首を見つけましょう」とあるけど，選ぶのが難しいな。
>
> 児童C　：僕の「お気に入りの一首」は，
>
> > A　人はいさ心もしらず古里は花ぞ昔の香ににほひける
>
> という歌だよ。声に出して読んだときのリズムが好きなんだ。

(1)　下線の部分について，書物名を漢字で答えなさい。

(2)　A の作者は「古今和歌集」の序文「仮名序」を書いた人物です。人物名を漢字で答えなさい。

(3)　B は(2)「仮名序」の一部です。冒頭の部分を説明した次の空欄①，②に当てはまる適切な言葉を書きなさい。ただし，①は漢字1字，②は漢字2字で答えなさい。

B やまとうたは、人の心を種として、万の言の葉とぞなれりける。世の中にある人、ことわざ繁きものなれば、心に思ふことを、見るもの聞くものにつけて、言い出せるなり。花に鳴く鶯、水に住む蛙の声を聞けば、生きとし生けるもの、いづれか歌をよまざりける。

人の(　①　)を種にたとえ，(　②　)を種から生じる植物の葉にたとえている。

(4) B の文中にある傍線の部分について，現代語で意味を書きなさい。

(☆☆◎◎◎)

【4】次は，小学校6年生の児童が書いた「生活ノート」の一部分である。あとの問いに答えなさい。

今日は家で本を読みました。先週家族で買い物に行ったときに，お母さんにお願いして買ってもらった本です。早く読みたいと思っていたのですが，やっと読むことができました。①この物語の一番おもしろい場面は，貧しいねずみの親子がひとばんのうちに大金持ちになりました。このあと物語がどうなっていくのか，とてもわくわくします。②この本の作者が今度学校にうかがうらしいので，楽しみです。

(1)　下線部①について，言葉の学習を踏まえた指導をする場合，その内容として最も適切なものを次のア～エの中から1つ選び，記号で答えなさい。

ア　一文が長いためその文が表していることがつかみにくくなっているので，文を二文以上に分けるようにしてわかりやすくするように指導する。

イ　相手に応じた言葉が適切に用いられていないので，相手に応じた言葉と表現を選ぶように指導する。

ウ　複合語が多く用いられているため文全体の意味が伝わりにくいので，漢語・和語・外来語の特徴を考え適切な表現を選ぶように指導する。

エ　主語と述語が正しく対応していないため，読む人に意図が正しく伝わりにくいので，主語と述語を正しく対応するように指導する。

(2)　下線部②について，敬語の使い方に間違いがあるため正しい敬語の使い方になるように指導します。次の文の空欄に当てはまる「敬語の種類」を書きなさい。

> 「うかがう」という□を「いらっしゃる」という尊敬語に改めるように指導する。

(☆☆◎◎◎)

【5】次の文章は，『小学校学習指導要領(平成29年告示)　第2節　社会』の各学年の内容(一部抜粋)である。あとの問いに答えなさい。

> ＜3学年＞
>
> ○　①観察・調査したり地図などの資料で調べたりして，白地図などにまとめること。
>
> ＜4学年＞
>
> ○　自分たちの県の地理的環境の概要を理解すること。また，②47都道府県の名称と位置を理解すること。

<5学年>

○　生産物の種類や分布，生産量の変化，③輸入など外国との関わりなどに着目して，食料生産の概要を捉え，食料生産が国民生活に果たす役割を考え，表現すること。

<6学年>

○　日本国憲法は国家の理想，④天皇の地位，国民としての権利及び義務など国家や国民生活の基本を定めていることや，現在の我が国の民主政治は日本国憲法の基本的な考え方に基づいていることを理解するとともに，立法，行政，司法の三権がそれぞれの役割を果たしていることを理解すること。

(1)　下線部①について，次の問いに答えなさい。

3年生の身近な地域の学習で，学校のまわりの様子を調べ，絵地図にまとめる活動までを計画するにあたり，以下のア～オのような学習活動を設定した。これらをどのような順序で展開するとよいか。ア～オを活動順に並べ替えなさい。

ア　それぞれのコースを探検し，調べたことを白地図に記録する。

イ　学校のまわりの様子で，見たいことや知りたいことを話し合って，学習問題をつくる。

ウ　探検で調べたことを絵地図にまとめる。

エ　通学路や家のまわりの様子を思い出し，自分のお気に入りの場所を発表する。

オ　調べることや調べ方を話し合って，探検の計画を立てる。

(2)　下線部②について，次の問いに答えなさい。

次の会話は，地図帳を使って，都道府県の名前と位置について調べる学習の一場面である。学習活動に対する先生の発問の［A］に当てはまる言葉を答えなさい。また，(　B　)に，当てはまる都道府県名を答えなさい。

先生	：「都道府県が，それぞれ［　A　］調べてみましょう。」
先生	：「福井県はいくつですか。」
児童A	：「福井県は4つです。」
先生	：「東京都はいくつですか。」
児童B	：「東京都も4つです。千葉県，埼玉県，山梨県，神奈川県です。」
先生	：「8つあるのはどの都道府県ですか。」
児童C	：「(　B　)です。」

(3)　下線部③について，次の問いに答えなさい。

5年生の「日本の食糧生産」の学習において，日本の食料自給率についてインターネットで調べ，米，大豆，肉類，野菜について，次のグラフにまとめた。グラフの(　a　)～(　c　)はそれぞれ，大豆，肉類，野菜のいずれかを表している。(　b　)に当てはまる品目を答えなさい。

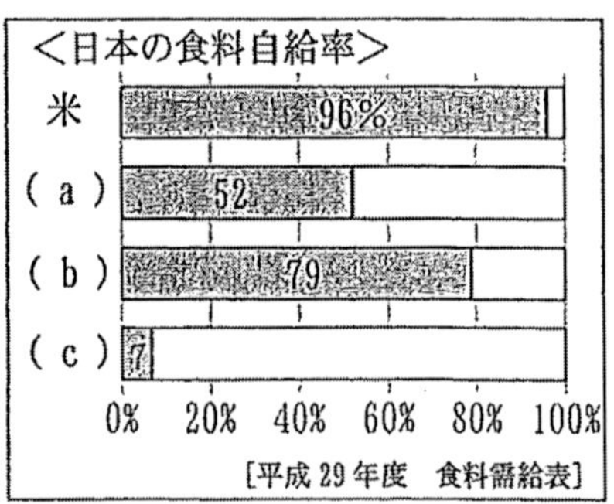

(4)　下線部④について，以下の文は，日本国憲法に定める「天皇」に関する条文の一部である。空欄C～Eに当てはまる語句を書きなさい。(※同じ記号には同じ語句が入る。)

第1条：天皇は，日本国の(　C　)であり日本国民統合の(　C　)であつて，この地位は，主権の存する日本国民の総意に基く。 第2条：皇位は，世襲のものであつて，国会の議決した(　D　)の定めるところにより，これを継承する。 第3条：天皇の国事に関するすべての行為には，内閣の助言と(　E　)を必要とし，内閣が，その責任を負ふ。

(☆☆☆◎◎◎)

【6】「日本遺産」とは，地域の文化財を地域の歴史や伝統を語る群としてつなぎ，そのストーリーを国内外に発信することで，観光誘客の促進や地域の活性化につなげようとするものです。

今年5月に，福井県・福井市・勝山市が共同申請していた「400年の歴史の扉を開ける旅　～□から読み解く中世・近世のまちづくり　越前・福井～」が，「日本遺産」に認定されました。□に入る語句を漢字1字で書きなさい。

(☆☆☆◎◎◎)

【7】以下の文は，『小学校学習指導要領(平成29年告示)　第2節　社会　第3　指導計画の作成と内容の取扱い』にある，各学年の指導において，社会的事象について多面的に考えたり，事実を客観的に捉え，公正に判断したりすることのできる児童の育成を目指す際の留意点を示したものである。①～③に当てはまる語句をそれぞれ書きなさい。

児童の発達の段階を考慮し，社会的事象については，児童の考えが深まるよう様々な見解を提示するよう配慮し，多様な見解のある事柄，未確定な事柄を取り上げる場合には，(　①　)な教材に基づいて指導するとともに，特定の事柄を(　②　)し過ぎたり，(　③　)な見解を十分な配慮なく取り上げたりするなどの

偏った取扱いにより，児童が多角的に考えたり，事実を客観的に捉え，公正に判断したりすることを妨げることのないよう留意すること。

(☆☆☆◎◎◎)

【８】『小学校学習指導要領(平成29年告示)解説　算数編』に示されている〔数学的活動〕における「数学的に表現し伝え合う活動」に関する文章の一部である。空欄の①～③に当てはまる語句を答えなさい。

なお，数学的に表現し伝え合う活動は，[　①　]や[　②　]，数，式，表，[　③　]などを適切に用いて，数量や図形などに関する事実や手続き，思考の過程や判断の根拠などを的確に表現したり，考えたことや工夫したことなどを数学的な表現を用いて伝え合い共有したり，見いだしたことや思考の過程，判断の根拠などを数学的に説明したりする活動である。

(☆☆☆◎◎◎)

【９】次は，小学校4年生算数の学習場面です。

平ゴム①は50cmから150cmに伸びます。平ゴム②は100cmから200cmに伸びます。どちらのゴムの方がよく伸びるゴムと言えるでしょう。 児童A：わたしは，平ゴム①がよく伸びるゴムだと思います。 児童B：わたしは，どちらも同じように伸びるゴムだと思います。

児童A，児童Bの考え方を，式で説明しなさい。

(☆☆☆◎◎◎)

【10】次のドットプロットの空欄の①～③に当てはまる用語を答えなさい。

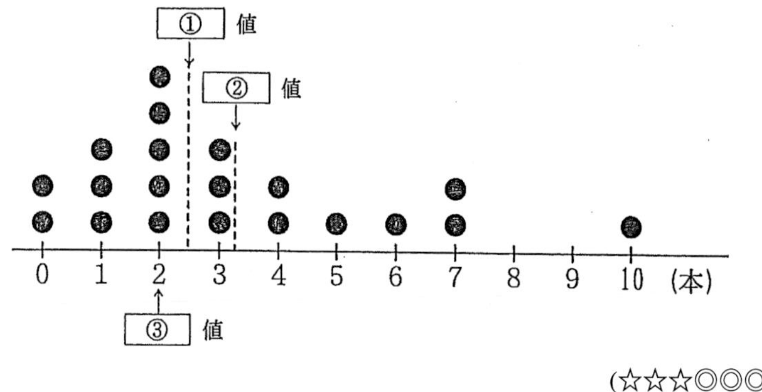

(☆☆☆◎◎◎)

【11】羊が11頭います。羊をA：B：C＝$\frac{1}{2}$：$\frac{1}{4}$：$\frac{1}{6}$に分けます。A，B，Cはそれぞれ何頭になるか答えなさい。

(☆☆☆◎◎◎)

【12】植物について，次の問いに答えなさい。

(1) 次の図1は，カキとインゲンマメの種子の断面を模式的に表している。発芽させたとき，子葉となる部分はア～ウ，エ～カのどこか。それぞれ1つずつ選び，記号で答えなさい。

図1

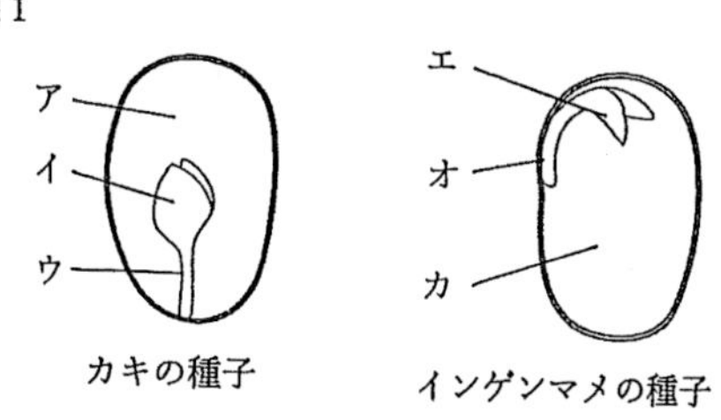

(2) 小学校第5学年で，インゲンマメの種子を使って，発芽に必要な条件を調べる実験を計画する。その際，一つの条件のみを変える対照実験を行う理由を説明しなさい。

(3) ある児童が小学校第6学年の理科の授業で，根からとり入れられた水は，根・茎・葉にある，決まった通り道を通って植物のからだ全体に運ばれることを学んだ。次にこの児童は，葉から水が空気中に出ていくことを調べるために，図2のような装置をつくり実験を行った。その結果，両方の袋の内側に水滴がついたが，葉がついたホウセンカのほうが，袋の内側に水滴が多くついた。この結果から分かったことをこの児童は下のように記述した。

児童が記述した内容は，正しくない。どこが正しくないのか理由をつけて説明しなさい。

図2

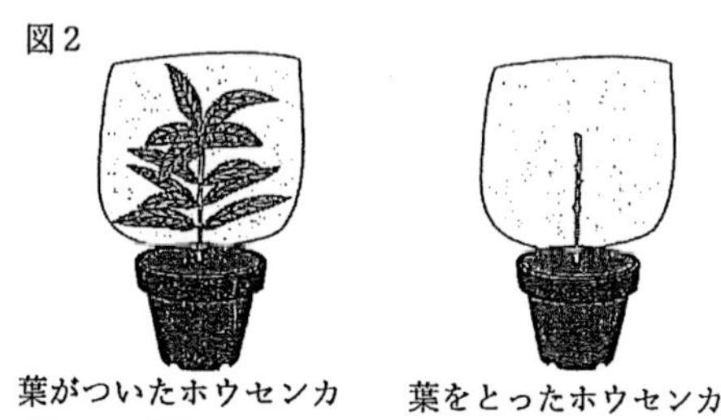

根からくきを通ってきた水は，葉だけから水蒸気となって出て行きます。

(☆☆☆◎◎◎◎)

【13】物質が燃える前と，燃えた後の空気を，それぞれ気体検知管で調べる。次の問いに答えなさい。

(1)　次の図は，気体検知管の端をチップホルダーで折ろうとしている場面である。折り方を説明した以下の文について，(　　)に当てはまる語句を答えなさい。

図

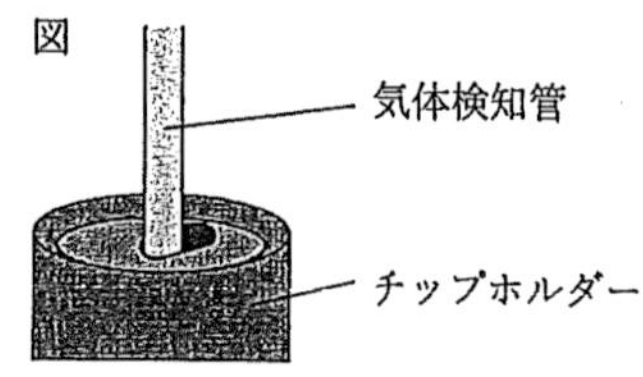

気体検知管の先を入れ，(　　)から，たおして折る。

(2) 酸素を調べる気体検知管を児童に使用させる際には，ガラスの部分ではなく，先につけたゴムのカバーの部分を持つように注意をする。この理由を答えなさい。

(3) ロウなどの有機物が燃焼するとき，二酸化炭素以外にも発生するものがある。その物質は何か，化学式で答えなさい。

(4) メタン分子(CH_4)を完全に燃焼させ，66gの二酸化炭素が発生したとき，何gのメタンが燃焼したと考えられるか。ただし，水素，炭素，酸素の原子量はそれぞれ，1，12，16とする。

(☆☆☆◎◎◎)

【14】力のはたらきについて，次の問いに答えなさい。

(1) 小学校第6学年で，実験用てこを使って，てこが水平につり合うときの条件を調べている。図1のように，左のうでの2の位置に30gのおもりを固定し，右のうでにおもりをつるすとき，つり合う位置と重さの組み合わせが何通りあるか答えなさい。ただし，おもりは1個10gのおもりを10個まで使用でき，右のうでの2カ所以上に同時にはつるさないものとする。

図1

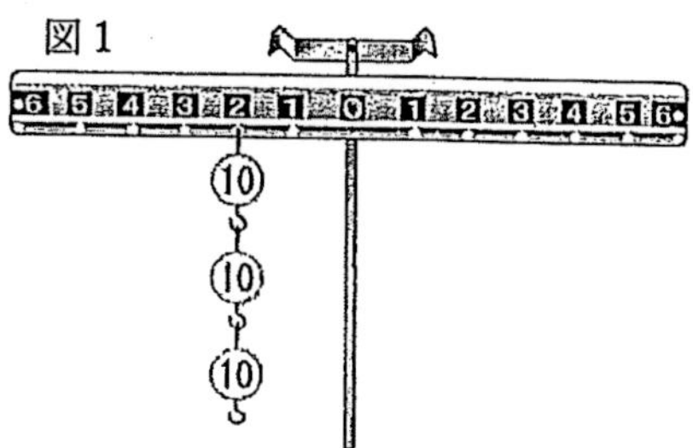

(2) てこを利用した道具のうち，ピンセットの支点の位置はどこか。図2のア～ウから選んで記号で答えなさい。

図2

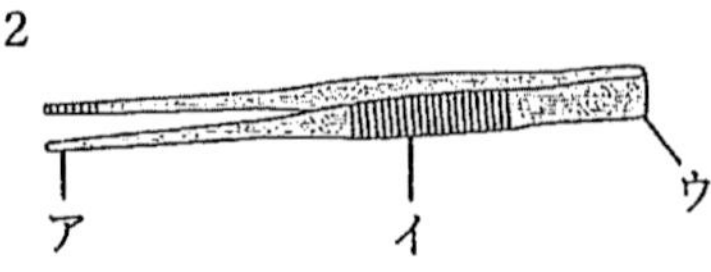

(3)　物体A(質量3kg)と物体B(質量1kg)をひもで結び，図3のように定滑車がついた30°の斜面上に物体Aを置いた。さらに，物体Bにつけたもう一方のひもを手で引いて静止させた。

重力加速度を$9.8m/s^2$とし，摩擦や空気抵抗，ひもの重さや，のびは無視できるものとして下の①，②の値を求めなさい。ただし，小数第1位までで求めなさい。

図3

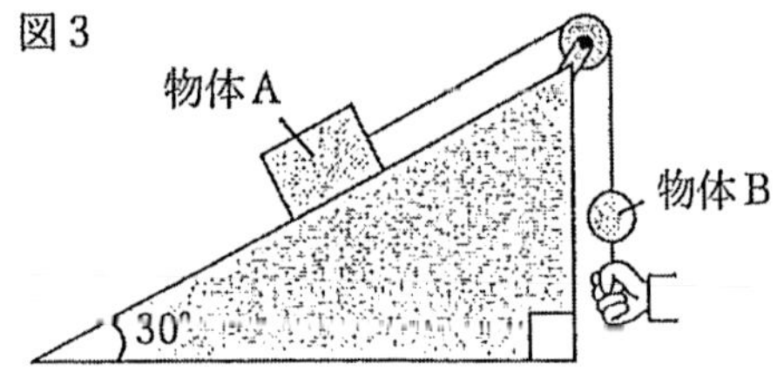

①　静止させているときの，手が下向きに引く力の大きさ

②　静止した状態から静かに手を離したときの，物体Aの加速度

(☆☆☆◎◎◎◎)

【15】北緯36度，東経136度の観察地点で，夏至の日に，太陽の動きを観察した。次の問いに答えなさい。

(1)　この日，観測地点で地面に垂直に棒を立てたところ，午前9時には太陽によって図1にような影ができた。午前11時にこの棒の影を観察すると，ア，イどちらの方向に移動しているか。また，影の長さは午前9時の時に比べどのように変化しているか。観察の間，太陽が雲に隠れた時間はないものとする。

図1

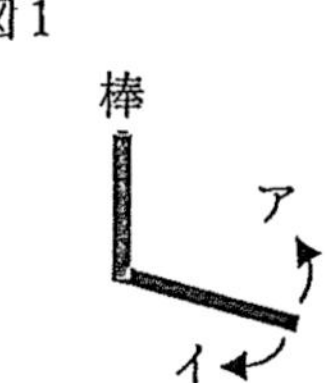

(2)　この日，兵庫県明石市の南中時刻が12時ちょうどだったとすると，観察地点で太陽が南中する時間は，何時何分か求めなさい。

(3)　この日，観察地点での南中高度を求めなさい。

(4)　別の日別の場所で，図2の透明半球を使い，8：30から14：30まで，1時間おきに太陽の位置を記録した。次に，これらの記録をなめらかな線で結び，透明半球の縁と交わった場所をそれぞれX，Yとした。得られた曲線の長さを測ったところ，X～8：30の記録までは6cm，8：30の記録～14：30の記録までは12cm，14：30の記録～Yまでは9cmだった。

　このときの①日の出の時刻，②昼の長さ(日の出から日の入りまでの時間)をそれぞれ求めなさい。ただし，太陽の大きさや大気差は無視できるものとして求めなさい。

図2

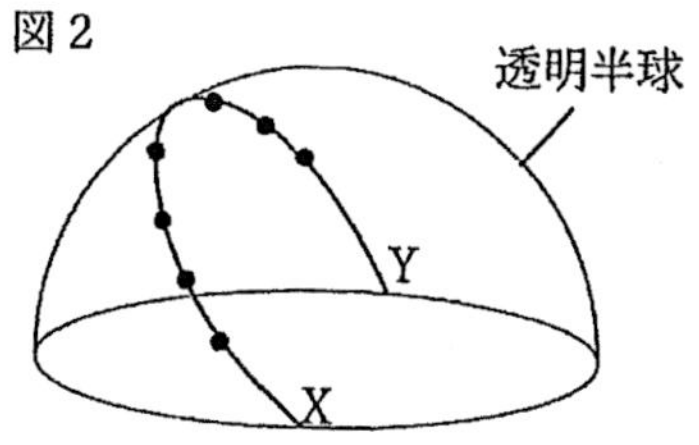

(☆☆☆◎◎◎◎)

【16】次は，『小学校学習指導要領(平成29年告示)解説　生活編』の一部である。①，②に当てはまる言葉として正しいものをア～エの中からそれぞれ1つずつ選び，記号で答えなさい。

具体的な活動や体験を通して，身近な生活に関わる見方・考え方を生かし，自立し生活を豊かにしていくための資質・能力を次のとおり育成することを目指す。 (1)　活動や体験の過程において，自分自身，身近な人々，社会及び自然の特徴やよさ，それらの関わり等に気付くとともに，生活上必要な(　①　)を身に付けるようにする。 (2)　身近な人々，社会及び自然を自分との関わりで捉え，自分自身や自分の生活について考え，表現することができるようにする。 (3)　身近な人々，社会及び自然に自ら働きかけ，(　②　)をもって学んだり生活を豊かにしたりしようとする態度を養う。

①　ア　習慣や技能　　イ　知識や技能　　ウ　習慣や知識
　　エ　習慣や規律
②　ア　関心や意欲　　イ　関心や自信　　ウ　疑問や意欲
　　エ　意欲や自信

(☆☆◎◎◎◎◎)

【17】小学校2年生の生活科で「うごく　うごく　わたしのおもちゃ」という単元の学習において，小学校1年生と地域の方を招いて『みんなであそぼう』という交流をもったあとの授業の場面である。

先生　：『みんなであそぼう』の時間は，1年生やたくさんの地域の方に来ていただいて楽しかったですね。 児童A：1年生の子がとても楽しそうにしてくれて，うれしかったです。 児童B：知らない子もいたけど，いっしょに遊べてよかったです。 児童A：たくさん遊びにきてくれてよかったです。近所のおじいちゃんも来てくれました。 先生　：先生もとっても楽しかったですよ。みんなが喜んでく

れましたね。
Bさんは，たくさんおもちゃを作ることができていましたね。
Aさんがつくったプレゼントには，たくさん絵がかいてあってよかったと思います。
みなさん，がんばっていてとてもすばらしかったですね。

下線部について，信頼性の高い評価となるようにするためにはどのようなことに注意するとよいか。次のア～エの中から適切ではないものを1つ選び，記号で答えなさい。

ア　単元の目標を明確にし，評価規準を具体的な児童の姿として表しておくこと

イ　「量的な面」だけではなく「質的な面」からも捉えること

ウ　児童の自己評価や家庭や地域の人々からの情報などの評価資料を収集すること

エ　活動の結果のみを重視した評価を行うこと

(☆☆☆◎◎◎)

【18】次の楽譜は，第6学年の歌唱共通教材「おぼろ月夜」である。下の問いに答えなさい。

(1)　楽譜中のアの記号名を答えなさい。

(2)　この曲をソプラノリコーダーで演奏する場合，楽譜中のイの音についてどの部分を指でおさえるよう指導すればよいですか。指で押さえる部分の○をすべて塗りつぶしなさい。

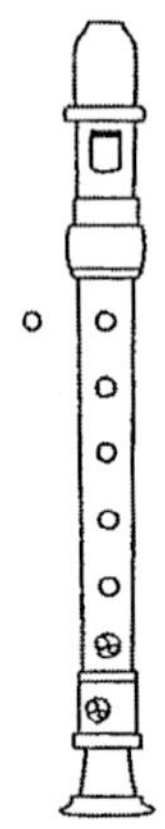

(☆☆◎◎◎◎◎)

【19】次の文は『小学校学習指導要領(平成29年告示)解説　音楽編　第2章　音楽科の目標及び内容　第1節　音楽科の目標』の一部である。次の①，②に当てはまる語句を答えなさい。

> (1)　(　①　)と音楽の構造などとの関わりについて理解するとともに，表したい音楽表現をするために必要な技能を身に付けるようにする。
> (2)　音楽表現を工夫することや，音楽を味わって聴くことができるようにする。
> (3)　(　②　)の楽しさを体験することを通して，音楽を愛好する心情と音楽に対する感性を育むとともに，音楽に親しむ態度を養い，豊かな情操を培う。

(☆☆◎◎◎◎◎)

【20】『小学校学習指導要領(平成29年告示)解説　図画工作編』では，第3学年及び第4学年の児童が形や色を表すために適した用具として「水

彩絵の具」を示している。水彩絵の具の取り扱いについて，以下の問いに答えなさい。

(1)　絵の具を混ぜ合わせて紫色を作ることとする。混ぜ合わせる2色を答えなさい。ただし，白色は使わないものとする。

(2)　絵の具を混ぜ合わせて茶色を作ることとする。混ぜ合わせる3色を答えなさい。ただし，白色は使わないものとする。

(3)　次の絵の具を使った表現技法の名称を下記のア～クの中から選びなさい。

①　濃いめに溶いた絵の具をつけた歯ブラシなどで，ぼかし網(金網)をこすって，絵の具を細かな霧のようにして画面に落とす技法

②　多めの水で溶いた絵の具を筆に含ませ，画面の上で振るなどして絵の具を落とし，模様をつくる技法

③　専用の絵の具，墨汁などを水に垂らして混ぜ，水面にできた模様を紙に写し取る技法

④　多めの水で溶いた絵の具を画面の上につけ，ストローなどで吹いて模様をつくる技法

ア　吹き流し　　イ　デカルコマニー　　ウ　にじみ
エ　こすり込み　　オ　スパッタリング　　カ　マーブリング
キ　たんぽ　　ク　ドリッピング

(4)　赤，黄，青などの色合いのことを何というか。漢字二文字で答えなさい。

(☆☆☆◎◎◎)

【21】次の文章は，『小学校学習指導要領(平成29年告示)「家庭」』の目標である。これについて，あとの問いに答えなさい。

> 第1　目標
> 　生活の営みに係る見方・考え方を働かせ，(　①　)などに関する実践的・体験的な活動を通して，生活をよりよくしようと工夫する資質・能力を次のとおり育成することを目指す。

(1)　家族や家庭，(　①　)，<u>消費</u>や環境などについて，(　②　)に必要な基礎的な理解を図るとともに，それらに係る技能を身に付けるようにする。
(2)　(　②　)の中から問題を見いだして(　③　)を設定し，様々な解決方法を考え，実践を評価・改善し，考えたことを表現するなど，(　③　)を解決する力を養う。
(3)　家庭生活を大切にする心情を育み，家族や地域の人々との関わりを考え，家族の一員として，生活をよりよくしようと工夫する実践的な態度を養う。

(1)　空欄①～③に当てはまる語句を答えなさい。(※同じ番号には同じ語句が入る。)

(2)　下線部について，次の問いに答えなさい。

(ア)　先に支払ったり，入金したりしてお金と同じように支払いに使えるカードを一般的に何といいますか。

(イ)　弁当やサンドイッチなどいたみやすい食品には，「賞味期限」と「消費期限」のどちらが表示されているか，答えなさい。

(☆☆◎◎◎◎◎)

【22】『小学校学習指導要領(平成29年告示)解説　体育編』で示されている次の器械運動の技の名称を答えなさい。

(1)　足の振り上げとともに腕を曲げ，上体を後方へ倒し手首を返して鉄棒に上がること。

(2)　支持の姿勢から腰と膝を曲げたまま体を後方に勢いよく倒し，腹を鉄棒に掛けたまま回転し，手首を返して支持の姿勢に戻ること。

(☆☆◎◎◎◎)

【23】側方倒立回転の手と足のつき方として適当なものを，次のア～エの中から選びなさい。

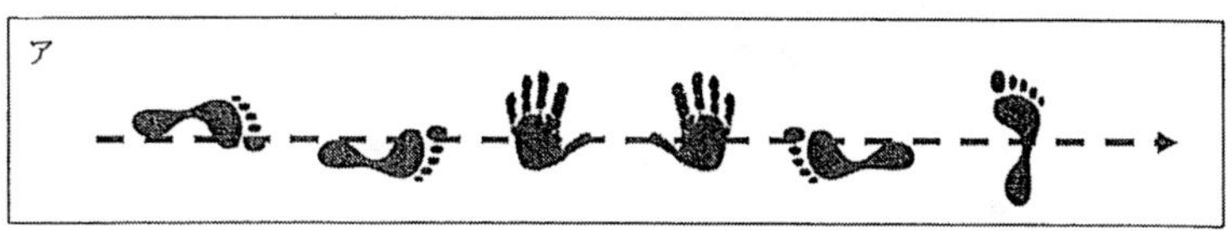

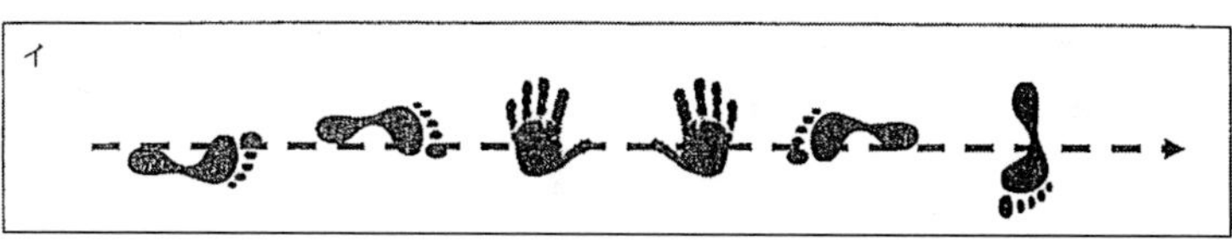

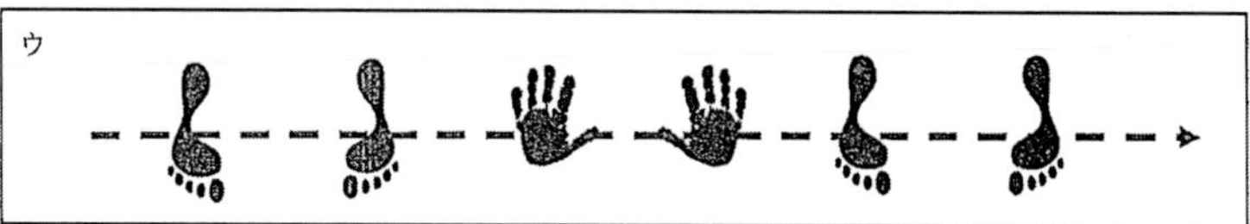

エ

(☆☆☆◎◎◎◎)

【24】次の文は『小学校学習指導要領(平成29年告示)解説　外国語活動・外国語編　第2章　外国語科の目標及び内容　第1節　外国語科の目標』と「外国語によるコミュニケーションにおける見方・考え方」について説明している部分を抜き出したものである。次の①～④に当てはまる語句を答えなさい。

> 第1　目標
> 　外国語によるコミュニケーションにおける見方・考え方を働かせ，外国語による聞くこと，読むこと，話すこと，書くことの(　①　)を通して，コミュニケーションを図る基礎となる(　②　)・能力を次のとおり育成することを目指す。

「外国語によるコミュニケーションにおける見方・考え方」とは，外国語によるコミュニケーションの中で，どのような視点で物事を捉え，どのような考え方で(　③　)していくのかという，物事を捉える視点や考え方であり，「外国語で表現し伝え合うため，外国語やその背景にある文化を，社会や世界，他者との関わりに着目して捉え，コミュニケーションを行う目的や場面，状況等に応じて，情報を整理しながら考えなどを(　④　)し，再構築すること」であると考えられる。

(☆☆☆◎◎◎)

【25】“Small Talk”とは，文部科学省作成の高学年新教材(We Can!1・2)で設定されている活動で，2時間に1回程度，帯活動で，あるテーマのもと，教師のまとまった話を聞いたり，ペアで自分の考えや気持ちを伝え合ったりする活動である。

6年生の授業において，“Small Talk”で「行きたい国とその理由」について伝え合う活動をすることにした。“Small Talk”の目的を踏まえた上で，下のア～オについて，“Small Talk”の指導として適しているものには○を，そうでないものには×を書きなさい。

ア　児童が“Italy.”と単語のみで答えた場合，教師が“Oh, you want to go to Italy.”と英文を言い換えて，やり取りすることで，児童の気付きを促すようにする。

イ　“Small Talk”の導入部分では，教師が既習表現を用いて「行きたい国とその理由」について，ALTまたは児童とやり取りをしながら対話の続け方を示し，活動の見通しをもたせるようにする。

ウ　「ピザが好き」と伝えたいが“I like～.”の表現を言えず困っている児童に対して，教師が即座に「“I like pizza.”と言えば伝わるよ。」と教えるようにする。

エ　児童が「行きたい国とその理由」を伝えることができるよう，「ビンゴゲーム」を活用して，“Where do you want to go?”“I want to go to Australia.”といった表現に十分に慣れ親しませてから行うようにする。

オ　未習表現の導入として行い，教師が表現を提示し，十分練習させ，その後の活動で使えるようにする。

(☆☆☆◎◎◎)

【26】次の英文を読んで，下の問いの答えとして最も適切なものをA)～D)の中から1つ選び，記号で答えなさい。

【問題における英文は，著作権上の都合により掲載できません。】

(1) What is the main topic?

A) The prevalence of the doll exchanges.

B) The history of World War Ⅱ.

C) Two people's attempt to make the world more peaceful.

D) Rebellion against a government order.

(2) Choose a word from below that is most similar in meaning to “distrust” in line 5.

A) affection

B) cooperation

C) disregard

D) suspicion

(3) What was the main action of the project that the two individuals initiated?

A) Swapping dolls between the two countries.

B) Children visiting each country with their countries' dolls.

C) Donating money to send dolls to each other's countries.

D) Children making ambassador dolls.

(4) According to the passage, which sentence is true about the doll exchange project?

A)　This doll exchange project started in 1927 and it continues to this day.

B)　Children from both countries were involved in exchanging dolls.

C)　300 dolls were made by Japanese teachers and students again in the 1970s.

D)　All of the blue-eyed dolls were lost when the government gave the order to destroy the dolls.

(☆☆☆◎◎◎)

【27】リスニング問題(スクリプト非公開)

英文の後にチャイムが鳴ります。チャイムの後に読まれるA～Cのうち，応答として適切なものを1つ選び，記号で答えなさい。英文は2回読まれます。

1

Q : How often do you go to Tokyo on business?

A) By plane.

B) Every Wednesday.

C) With my boss.

2

Q : Do you want to eat at the Japanese restaurant or the Italian restaurant?

A) How delicious!

B) I haven't bought any yet.

C) It's up to you.

3

Q : You went to the golf match last week, didn't you?

A) A local sports player.

B) I did. My favorite player won!

C) These socks don't match.

4

Q : Who should I contact to rent this tennis court?

A) Mr. Suzuki is the best player.

B) You can call Mr. Suzuki.

C) Yes, I'll update my contact list.

5

Q : I'm going to be absent from tomorrow's lectures. Could you take notes for me?

A) Sure, I can do that.

B) Thank you.

C) Room 101.

6

Q : Excuse me. I want to go to ABC Park. Which road leads to the park entrance?

A) In the big parking area.

B) Inside the information office.

C) The one on the left.

(☆☆☆◎◎◎)

解答・解説

【1】① 知識や技能 ② 言語文化 ③ 広げる ④ 言葉 ⑤ 読書

〈解説〉教科目標，学年目標は学習指導要領関連の問題の中でも最頻出の項目の一つである。文言だけでなく，その意味も学習指導要領解説などで確認しておくこと。

【2】(1) 話し合いの目的や内容を全員で確認する役割 (2) (提案書として提出するために)具体的な意見が必要なので，具体的な意見を出してください。 (3) イ

〈解説〉(1) 話し合いの目的を事前に教室全体で共有することで，話し

合いのテーマがぶれないようにするといった効果が期待できる。
(2)　空欄直後でCが「たとえば」と述べ，具体例をあげていることに注目する。つまり，A(司会)はこのCの発言を引き出す言葉を述べたと推測できる。　(3)　アは第3学年及び第4学年の「読むこと」，イは第3学年及び第4学年の「話すこと・聞くこと」，ウは第5学年及び第6学年の「書くこと」，エは中学校第3学年の「読むこと」の言語活動である。

【3】(1)　万葉集　　(2)　紀貫之　　(3)　①　心　　②　言葉
(4)　どれが歌をよまないということがあろうか。

〈解説〉(1)　令和の語源となったのは，「万葉集」の「巻五　梅花歌三十二首并序」である。　(2)「古今和歌集」には仮名で書かれた「仮名序」と，漢文で書かれた「真名序」(作・紀淑望)の2つの序文があることは知っておくとよい。　(3)　冒頭は和歌の本質を解き明かし，和歌の成り立ちを述べているところである。　(4)　直前に「心に思ふことを，見るもの聞くものにつけて，言ひ出せるなり」とあるので，傍線部は和歌を詠むという肯定の意味で取りたい。つまり，疑問ではなく反語として解する。

【4】(1)　エ　　(2)　謙譲語

〈解説〉(1)　下線部①は，文章がねじれていること(主語と述語がかみ合っていないこと)が指摘できる。　(2)　ここでは，本の作者に敬意を払うことに注意したい。「うかがう」では，「学校」へ敬意を表すことになってしまう。

【5】(1)　エ → イ → オ → ア → ウ　　(2)　A　いくつの都道府県と接しているのか　　B　長野県　　(3)　野菜　　(4)　C　象徴　　D　皇室典範　　E　承認

〈解説〉(1)　本問の場合，アの探検活動を中心にして考えるとわかりやすい。問題に「絵地図にまとめる活動まで」とあり，ウは調べたことを絵地図にまとめるとあるので，ア→ウとなり，イ，エ，オはアより前とわかる。イ，エ，オの順序付けはより実践的な内容をアに近づけるようにすればよい。エの位置づけに迷うかもしれないが，児童の感覚的な内容であることを考慮すると，導入部分と判断できるだろう。(2) A 児童Bが，東京都は千葉県・埼玉県・山梨県・神奈川県の4つと回答していることから判断したい。 B 長野県は新潟県・群馬県・埼玉県・山梨県・静岡県・愛知県・岐阜県・富山県と接している。なお，福井県は石川県・岐阜県・滋賀県・京都府と接している。(3) 農林水産省のホームページによると，平成29年度の食料自給率は米96%・大豆7%・肉類52%・野菜79%である。 (4) 天皇の国事行為には内閣総理大臣の任命，国会の召集，衆議院の解散，総選挙施行の公示などがあげられる。

【6】石

〈解説〉日本遺産とは我が国の文化財や伝統文化を通じた地域の活性化を図ること，そして地域に点在する遺産を「面」として活用し，発信することを目的としている。福井県にある一乗谷朝倉氏遺跡・福井城址・養浩館庭園や勝山市の平泉寺などの文化財を「石」をテーマに紡いだストーリー「400年の歴史の扉を開ける旅～石から読み解く中世・近世のまちづくり越前・福井～」が令和元年，日本遺産に認定されたことはおさえておきたい。

【7】① 有益適切 ② 強調 ③ 一面的

〈解説〉学習指導要領解説では，多様な見解のある事柄等について，絶対的な答えがあるわけではないこと，小学校社会科では一つの結論を出すこと以上に話合いの過程が大切であることを踏まえ，児童が多角的に考えたり，事実を客観的に捉え，公正に判断したりできるようにすることが必要，といったことが示されている。これらを踏まえて学習するとよい。

【8】①　言葉　　②　図　　③　グラフ

〈解説〉学習指導要領解説によると，〔数学的活動〕とは数学的な問題発見・解決の過程を指し，これらは数学における課題，および現実の世界における課題の解決に使われるとしている。そして，数学的な問題発見・解決に必要な資質・能力は小学校から高等学校教育まで行われ，小学校算数科では主に日常生活に深く関わり，日常生活の場面を数理化して捉える程度の内容となっている。以上のことを踏まえて学習するとよい。

【9】児童A　平ゴム①…150÷50＝3，平ゴム②…200÷100＝2

児童B　平ゴム①…150－50＝100，平ゴム②…200－100＝100

〈解説〉児童Aは伸びた割合，児童Bは伸びた長さで判断している。

【10】①　中央　　②　平均　　③　最頻

〈解説〉ドットプロットは1つの標本を1つの点で表すもので，本問では点が20ある。また，①と②の点線が整数の間，特に②は3に寄っていることにも注目したい。①は2と3のちょうど真ん中にある(2.5)と読める。中央値は資料の値を大きさの順に並べたときの中央に位置する値のことである。本問の場合，本数の少ない方から10番目と11番目の平均値なので$\frac{2+3}{2}=2.5$〔本〕となる。また，平均値は

$$\frac{0\times2+1\times3+2\times5+3\times3+4\times2+5\times1+6\times1+7\times2+10\times1}{20}=\frac{65}{20}$$

＝3.25〔本〕なので，②が該当する。③は資料の値の中で最も頻繁に現れる値なので，最頻値とわかる。

【11】A　6頭　　B　3頭　　C　2頭

〈解説〉与式＝6：3：2となる。6＋3＋2＝11なので，数値分それぞれに分ければよい。

【12】(1)　イ，カ　(2)　同時に2つの条件を変えると，どちらの条件が関係しているのかわからなくなってしまうから。　(3)　実験結果からくきからも水蒸気が出ていることが分かるので，葉だけからという部分が正しくない。

〈解説〉(1)　カキは有胚乳種子，インゲンマメは無胚乳種子であることに注意すること。なお，エは幼芽で将来は本葉となる。　(2)　変える条件を1つにすることで，変えた条件が発芽に必要な条件かどうかがわかる。　(3)　葉をとったホウセンカからも水蒸気が出ているので，くきからも水蒸気が出ていることが分かる。

【13】(1)　回して傷をつけて　(2)　(酸素用検知管は)熱くなるため(やけどを防ぐため)　(3)　H_2O　(4)　24g

〈解説〉(3)　化合物に含まれる水素は，完全燃焼すると水になる。(4)　メタンが燃焼するときの反応は，$CH_4+2O_2 \rightarrow CO_2+2H_2O$である。66gの二酸化炭素は，$\frac{66}{44}=1.5$〔mol〕である。1.5molの二酸化炭素が発生したときに燃焼したメタンは$1.5\times1=1.5$〔mol〕で，その質量は$16\times1.5=24$〔g〕となる。

【14】(1)　4通り　(2)　ウ　(3)　①　4.9N　②　1.2m/s²

〈解説〉(1)　右のうでにつるすおもりの数をn，つるす位置をLとすると，$2\times30=L\times10n$が成り立つときにつりあう。Lが1～6の範囲でnが整数となるのは，L＝1のとき($n=6$)，$L=2$のとき($n=3$)，$L=3$のとき($n=2$)，$L=6$のとき($n=1$)の4通りである。　(2)　ピンセットのアは作用点，イは力点，ウは支点である。　(3)　①　手が引く力をF〔N〕とすると，$3\times9.8\times\sin30^\circ=1\times9.8+F$，$F=4.9$〔N〕となる。　②　張力を$T$〔N〕，加速度を$a$〔$m/s^2$〕とすると，Aに関して，$3a=3\times9.8\times\sin30^\circ-T$，Bに関して$a=T-9.8$の運動方程式が成り立つ。これらの式より$a=1.22\cdots$〔$m/s^2$〕となる。

【15】(1)　向き…イ　　長さ…短くなる　　(2)　午前11時56分

(3)　77.4°　　(4)　①　午前5時30分　　②　13時間30分

〈解説〉(1)　太陽は東から南を通って西に動いて見えるので影はその反対に動く。また太陽の高度が上がるにつれ，影は短くなる。　(2)　明石市は東経135°の位置にある。東経が15°大きくなると時刻は1時間早くなるので1°大きくなると$\frac{60}{15}$＝4分早くなる。　(3)　夏至の日の南中高度は，90－緯度＋23.4で求められるので，90－36＋23.4＝77.4〔°〕となる。　(4)　①　6時間で12cm移動しているので1時間で2cm移動していることになる。よって日の出の時刻は8時30分の3時間前となるので5時30分である。　②　透明半球に描いた線の長さは6＋12＋9＝27〔cm〕である。1時間で2cm太陽が移動しているので，日の出から日の入りまでの時間は$\frac{27}{2}$＝13時間30分である。

【16】①　ア　　②　エ

〈解説〉設問には学習指導要領解説の一部とあるが，生活の教科目標である。教科目標は頻出なので，文言だけでなく，その意義も学習指導要領解説で十分に学習しておきたい。

【17】エ

〈解説〉生活科における評価について，学習指導要領解説では「結果よりも活動や体験そのもの，すなわち結果に至るまでの過程を重視して行われる」としている。

【18】(1)　ピアノ

(2)

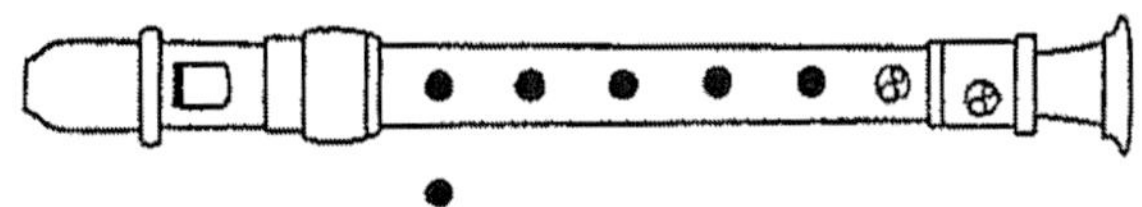

〈解説〉(1)　「p」は演奏する音量を表し「弱く」を意味する。学習指導要領に記載されている音符，休符，記号や用語は読み方，意味とも理

解しておくこと。　(2)　イの音は「ミ」である。音と運指を一致させておくこと。

【19】①　曲想　　②　音楽活動

〈解説〉問題にある(1)は「知識及び技能」の習得，(2)は「思考力，判断力，表現力等」の育成，(3)は「学びに向かう力，人間性等」の涵養に関する内容である。これも教科目標なので，文言の意味などもおさえておきたい。

【20】(1)　赤・青　　(2)　赤・黄・青　　(3)　①　オ　　②　ク　③　カ　　④　ア　　(4)　色相

〈解説〉(1)(2)　絵の具の混色は減法混色(混色すればするほど明度が下がる)なので，できあがった色はもとの色よりも明度が下がる。(2)では3色で茶色をつくる問題なので赤・黄・青となるが，2色で茶色を指定された場合は黄·青の混色で緑をつくり，赤と緑と解答する方法が考えられる。　(3)　表現技法には選択肢にある以外でもバチックやコラージュ，スクラッチ等もあるので，名称と技法を一通り学習するとよい。　(4)　色相は色の三属性のうちの一つで，赤みや青みといった色みの性質のことを指す。

【21】(1)　①　衣食住　　②　日常生活　　③　課題　　(2)　ア　プリペイドカード　　イ　消費期限

〈解説〉(1)　学習指導要領の目標は出題頻度が高いので，文言はもちろん，その意義も十分に確認しておく必要がある。　(2)　図書カード等が該当する。　(2)　一方，賞味期限はおいしさが保証されている期限のことであり乳・乳製品，冷凍食品，インスタントラーメン等が該当する。

【22】(1)　逆上がり　　(2)　後方支持回転

〈解説〉(1)　上体を後方へと鉄棒に上がるに着目するとよい。つまり，

「動きが後方の，鉄棒に上がる技」となる。学習指導要領解説に例示された鉄棒に上がる技のうち，逆上がりのみ動きが後方である。

(2)　この技は「支持 → 後方(回転) → 支持」という運動経過をもつことに着目するとよい。技の名称は，その技の運動構造(動きの様子や方向，使う体の箇所など)を表している。したがって，技の名称と例示された文章とを関連付けながら技自体を理解するとよい。

【23】イ

〈解説〉学習指導要領解説では，「正面を向き，体を前方に降り下ろしながら……」と示されている。この正面とは回転方向に対しての正面であり，ウ・エは横向きであるため誤りとわかる。学習指導要領解説に例示された運動を具体的に理解するためには，「小学校体育(運動領域)まるわかりハンドブック」(文部科学省)などを参考にするとよい。

【24】①　言語活動　②　資質　③　思考　④　形成

〈解説〉小学校で外国語科が新設されたため，まず，外国語科と外国語活動のすみ分けについて，理解しておく必要があるだろう。その上で，外国語活動で学習した内容をどう外国語科につなげるのか，といったことを学習するとよい。教科目標はその概要が示されているともいえるので，きちんとおさえておくこと。

【25】ア　○　イ　○　ウ　×　エ　×　オ　×

〈解説〉「小学校外国語活動・外国語研修ガイドブック」(文部科学省)によると，Small Talkの趣旨を「児童が興味・関心のある身近な話題について，自分自身の考えや気持ちを楽しみながら伝え合う中で，既習表現を繰り返し使用する機会を保障し，その定着を図るために行うもの」としており，目的を既習表現を繰り返し使用できるようにしてその定着を図ること，対話の続け方を指導することを踏まえて考えるとよい。

【26】(1) C　(2) D　(3) A　(4) B

〈解説〉問題には英文を読んでから質問に答えるように書かれているが，先に質問文を読んでおけば，文章の内容を推測でき，また，どのような点に注意して読むべきかがわかる。また，(2)のように，単語の意味を知っているだけで解答することができる問題もある。

【27】(1) B　(2) C　(3) B　(4) B　(5) A　(6) C

〈解説〉(1)　質問が「どのくらい頻繁に仕事で東京に行きますか？」なので,「毎週水曜日です」と答えるBが適切。　(2)　質問が「日本食のレストランかイタリアンのレストランで食べたいですか？」であり，Cは「あなた任せます」と答えている。　(3)　質問は「あなたは先週ゴルフの試合に行きましたね」であり，Bは「はい。私の一番好きな選手が勝ちました」と答えている。　(4)　質問は「テニスコートを借りるためには誰にコンタクトを取ればよいですか」で，Bは「鈴木さんに電話できます」と答えている。　(5)　質問は「明日の講義に欠席する予定です。私のためにノートをとってくれますか」であり，Aは「いいですよ」と答えている。　(6)　質問は「どの道路が公園の入り口につながっていますか」であり，Cでは「左側の」と答えている。

2019年度　実施問題

【1】次は，授業でインタビューの方法を学んだ小学5年生のたかしさんが，田中栄養教諭(田中先生)に実際にインタビューしている様子を表している。あとの各問いに答えなさい。

たかし	僕達のクラスは，給食の準備が遅く，給食の時間内に食べられない人が多いことが課題です。この課題を解決するために，ポスターを作って呼びかけようと考えています。田中先生，いろいろ教えてください。よろしくお願いします。
田中先生	こちらこそ，よろしくお願いします。給食の準備の時，ある子の給食がいつも大盛りになっていたり，逆に，少なかったりしていませんか。また，決まった子が重い食器ばかり運んでいたり，箸などの軽いものを運んでいたりしていませんか。
たかし	確かに，そんな光景をよく見かけます。そういう子が多いと，自然と準備が遅くなるのですね。では，準備を早くするために大切なことについて，教えてください。
田中先生	誰が何をするのかを明確にすることが大切です。遅れる原因の一つに「何をどうやっていいのかわからない」ということがあります。どのエプロンを使うのかでけんかが起こることもあります。それらが一目でわかる当番表を作り，一人一人の仕事を明確にすることが大切だと考えます。
たかし	①<u>そうか。当番表によって，何の仕事をすればよいかがすぐにわかりますね。たしかに，僕の家にも母が作った「後片付け当番表」が冷蔵庫に貼ってありま</u>

	す。役割もきちんと書いてあるので，とても役に立っています。
田中先生	すてきなお母さんですね。さらに，当たり前のことですが，準備を早くするためには，給食当番が早く仕事に取りかかるようにすることが大切です。
たかし	はい，僕もそう思います。けれども，［　A　］
田中先生	なるほど。そんな時は，あらかじめ，「給食当番は机の上にエプロンを置いてから教室移動する。」というルールを作っておくといいかもしれませんね。
たかし	それは，良いアイディアですね。クラスで提案してみます。
田中先生	ところで，食べるのが遅い子はたくさんいませんか。
たかし	はい，います。僕は，苦手な食べ物が多くて遅いというより，おしゃべりが多すぎて遅いのではないかと思っています。
田中先生	例えば，給食の時間の最後5分間を「もぐもぐタイム」と名付け，食べることに専念する時間にしてはどうでしょうか。
たかし	はい，このこともクラスで提案してみます。お忙しい中，お時間をとっていただき，ありがとうございました。大変勉強になりました。
田中先生	こちらこそ。すてきなポスターができることを楽しみにしていますね。

(1)　インタビューの方法について，____部①のたかしさんの発言の良い点を，「自分」「相手」という言葉を使って答えなさい。

(2)　たかしさんは［　A　］で，田中栄養教諭にどのように話したかを考えて書きなさい。

(3)　田中栄養教諭の話を聞きながら，たかしさんは次のようなメモを取った。このメモの書き方の良さを2つ書きなさい。

【たかしさんのメモ】

①給食準備　スピードアップ 　・当番表　→　役割 　・エプロン　机 ②おしゃべり 　・もぐもぐタイム　＝　最後5分間

(☆☆☆◎◎◎)

【2】次に，『小学校学習指導要領(平成29年告示)　第2章　第1節　国語』の一部をそれぞれ示した。(　A　)～(　E　)に当てはまる言葉を書きなさい。

言葉による見方・考え方を働かせ，(　A　)を通して，国語で正確に理解し適切に表現する資質・能力を次のとおり育成することを目指す。 ・日常生活に必要な国語について，その特質を理解し適切に使うことができるようにする。 ・日常生活における人との関わりの中で(　B　)を高め，思考力や想像力を養う。 ・言葉がもつよさを認識するとともに，言語感覚を養い，国語の大切さを自覚し，国語を(　C　)してその能力の向上を図る態度を養う。

読むことに関する次の事項を身に付けることができるよう指導する。 ア　事実と感想，意見などとの関係を(　D　)を基に押さえ，文章全体の構成を捉えて要旨を把握すること。 イ　登場人物の相互関係や心情などについて，(　E　)を基に捉えること。

(☆☆☆◎◎◎)

【3】『小学校学習指導要領(平成29年告示)　第2章　第1節　国語』において，「漢字が，へんやつくりなどから構成されていることについて理解すること」や「仮名及び漢字の由来，特質などについて理解すること」など，漢字に関する指導事項が示されている。

次は，「右」と「左」の漢字の形の違い等について，学校図書室で調べている場面である。各問いに答えなさい。

しんご	「右」も「左」も1画目と2画目の①筆づかいは，左払いと横画だね。
ひとみ	「右」の1画目は左払いだけれど，「左」は横画だね。
まさや	同じ形なのに，なぜ，このような違いがあるのかな。
先生	いいところに着目したね。いろんな本があるから，みんなで成り立ちを調べてみましょう。
ひとみ	「白川博士の漢字の世界」に「右」と「左」の成り立ちが載っているよ。
しんご	「右」は□で，又(ゆう)と口(こう)を組み合わせた形と書いてあるね。
まさや	「左」は□で，ナ(な)と工(こう)を組み合わせた形と書いてあるね。
ひとみ	又(ゆう)が右手の形を表していて，ナ(な)が左手の形を表していると書いてあるね。
しんご	本当だ。どちらも，手のひらと腕に見えるね。
まさや	だから，「右」の横画は「左」の横画よりも長く書くんだね。習字の先生が言っていたことを思い出したよ。
ひとみ	なるほど。つまり，［　A　］
しんご	漢字の由来や成り立ちを理解すると書き順の違いも説明できるんだね。他の漢字の書き順や部首も調べると，何か発見があるかもしれないね。

(1) ＿＿部①について，「永」で使われていない筆づかいのうち，2つ書きなさい。

(2) [A]には，どのような会話文が入るか。「手のひら」「腕」「横画」という言葉を使って書きなさい。ただし，同じ言葉を2回使っても良い。

(☆☆☆◎◎◎)

【4】次の和歌について，各問いに答えなさい。

願はくは花の下にて春死なんそのきさらぎの望月の頃

(1) この和歌は何句切れか。答えなさい。

(2) この和歌で使われている表現技法を答えなさい。

(3) この和歌は，山家集に載っている。和歌の作者名を漢字で答えなさい。

(4) この和歌を現代語に訳しなさい。

(☆☆☆◎◎◎)

【5】4年生の「くらしを守る」の単元のまとめの学習として，児童が気づいたことや疑問に思ったことを話し合ったところ，次の4つの意見が出された。

・「119番の電話があると，消防自動車がすばやく火事の現場に到着しているね。」
・「消防署の人達は，どうしてそんなにはやくかけつけることができるのかな。」
・「火事が起きたときには，消防署以外の人達も活躍するんだね。」
・「火事を消すことも大事だけれど，起こさないためにはどうすればいいのかな。」

これらをもとにクラスのみんなで話し合い，次のような学習問題をつくった。

消火活動をしたり，火事が起きないようにしたりするために，どのような人々がどのような働きをしているのだろうか。

この学習問題について，児童が次のように予想した。

<予想①>119番の電話が入ると，いろいろなところに連絡がいくと思う。

<予想②>火事を起こさないようにするためのさまざまな取り組みがあると思う。

予想①②について，どのようなことを調べればよいか答えなさい。

(☆☆☆◎◎◎)

【6】6年生の「わたしたちの生活と政治」の単元で，児童が裁判所の働きについて調べたことをまとめた次のメモについて，各問いに答えなさい。

○裁判所の働きは… 争いや事故，犯罪などが起こったときに，法律にもとづいて問題の解決を図ること。 ・人々の間に起きた争いなどについて，原告側と被告側に分かれて裁判を行い，判決を出す。 ・罪を犯した疑いのある人が，有罪か無罪かの裁判を行い，判決を出す。 ・①法律が憲法に違反していないかを調べる。 ・政治が憲法に違反していないかを調べる。 ○裁判員制度は… (　ア　)の裁判に限って，(　イ　)が裁判員として参加し，(　ウ　)と話し合って判決を出す。 ○②人権を守り公平・公正な裁判にするため，同じ事件で3回まで裁判を受けられる。

(1) ＿＿部①について，裁判所がもつこの権限を漢字で答えなさい。

(2)　上の(　ア　)〜(　ウ　)に当てはまる語句を書きなさい。

(3)　____部②について，この制度を漢字3文字で答えなさい。

(☆☆☆◎◎◎)

【7】福井県では，「ふるさと福井の先人100人」の冊子を作成し，福井の先人たちの業績などを学ぶ際に活用できるようにしている。福井の先人のうち，児童に紹介したい人物を1人挙げ，その人物名とその業績について30字程度で説明しなさい。

(☆☆☆◎◎◎)

【8】『小学校学習指導要領(平成29年告示)解説　社会編』には，「指導計画の作成と内容の取扱い」として，次のように書かれている。

> (4)　障害のある児童などについては，学習活動を行う場合に生じる困難さに応じた指導内容や指導方法の工夫を計画的，組織的に行うこと。

地図等の資料から必要な情報を見付け出したり，読み取ったりすることが困難な児童に対して『小学校学習指導要領(平成29年告示)解説　社会編』に示されている社会科の授業における指導方法の工夫を2つ挙げなさい。

(☆☆☆◎◎◎)

【9】次の表は，5年1組の男子と女子の人数と，上体起こしの平均回数を表したものである。

＜上体起こしの平均＞

	人数(人)	平均(回)
男子	16	20
女子	14	17

学級で「5年1組全体の上体起こしの平均」を求める学習活動を計画する。

部分の平均から全体の平均を求める場合，児童が最もつまずきやすい点としてどのようなことが予想されるか書きなさい。

(☆☆☆◎◎◎)

【10】第3学年では，除法が用いられる場合とその意味について指導する。次の各問いに答えなさい。

(1) 次の㋐～㋓のうち，包含除について述べられている文として正しいものをすべて選び，記号で答えなさい。

㋐ 12個のあめを1人に3個ずつ分けたとき，何人に分けられるかを求めること

㋑ 12個のあめを3人に同じ数ずつ分けたとき，1人何個になるかを求めること

㋒ 12÷3＝□をかけ算の式に表したとき，3×□＝12の□を求めること

㋓ 12÷3＝□をかけ算の式に表したとき，□×3＝12の□を求めること

(2) 第3学年のクラスの児童の多くに，乗法や除法を用いる文章題の立式につまずきが見られた。問題を読んで立式する際，乗法と除法のどちらを用いるか分からない児童が多いとき，どのような手立てを行うと効果的と考えられるか。手立てを2つ書きなさい。ただし，これらの児童は文章読解につまずきは見られないとする。

(☆☆☆◎◎◎)

【11】算数では学習内容の系統を把握し，指導することが大切である。次の内容は，『小学校学習指導要領(平成29年告示)解説　算数編』において，それぞれ第何学年で取り扱う内容として示されているかを書きなさい。

(1) 乗法九九

(2) 簡単な場合についての割合

(3) 速さ

(4) 対角線

(☆☆☆◎◎◎)

【12】『小学校学習指導要領(平成29年告示)解説　算数編』に示されている第5学年「D　データの活用」においては，統計的な問題解決の方法を知り，その方法で考察していくことができるようにすることが挙げられている。

統計的な問題解決の方法として示された5つの段階を正しく示しているものを，次の㋐～㋓の中から1つ選び，記号で答えなさい。

㋐　問題　→計画→データ→分析→結論

㋑　データ→計画→分析　→問題→結論

㋒　結論　→分析→問題　→計画→データ

㋓　データ→分析→問題　→結論→計画

(☆☆☆◎◎◎)

【13】次の㋐～㋕のうち，四捨五入で百の位までの概数にしたとき4000になる整数の範囲を正しく表したものを1つ選び，記号で答えなさい。

㋐　3500以上4499以下　　㋑　3500以上4500未満

㋒　3950以上4050以下　　㋓　3950以上4050未満

㋔　4049以上4999以下　　㋕　4049以上4499未満

(☆☆☆◎◎◎)

【14】次の(1)～(3)の[　　]に入る数をそれぞれ書きなさい。

(1)　100ha＝[　　]m^2

(2)　27000mg＝[　　]kg

(3)　0.04時間＝[　　]秒

(☆☆☆◎◎◎)

【15】次の四角形ABCDにおいて，AB＝AD，∠A＝∠C＝90°とするとき，四角形ABCDの面積を求めなさい。

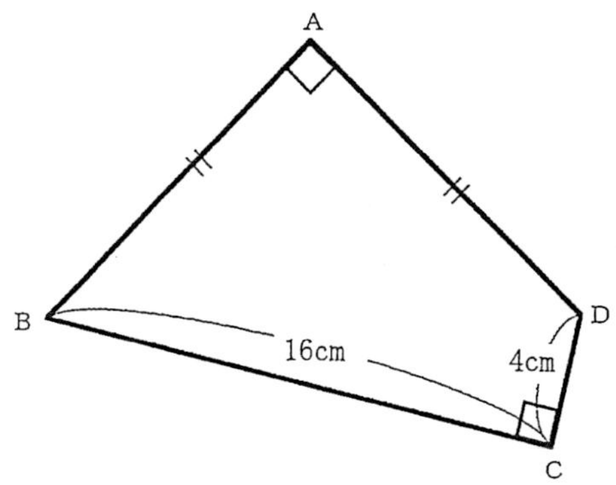

(☆☆☆◎◎◎)

【16】3年生において，児童が昆虫について学習している。次の各問いに答えなさい。

(1) 次の生物のうち，さなぎにならないものを，次のア)～オ)の中から1つ選び，記号で答えなさい。

ア) ショウリョウバッタ　　イ) オオクロアリ

ウ) ナナホシテントウ　　エ) アゲハ

オ) カブトムシ

(2) 次の図は，トンボのからだを下から見た模式図である。トンボのあしが，どこから何本はえているか分かるようにかき入れなさい。

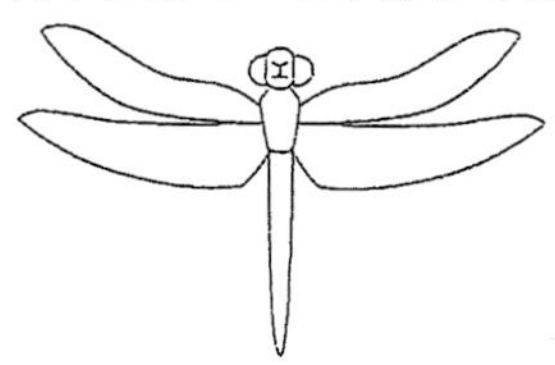

(3) 昆虫は節足動物に分類されるが，同じく節足動物に分類されるザリガニやカニ，ミジンコなどは何類か答えなさい。

(☆☆☆◎◎◎)

【17】電磁石や光電池について，次の各問いに答えなさい。

(1) 乾電池1個をつないでコイルに電流を流したところ，コイルの右側に置いた方位磁針が図のような向きを示した。

図

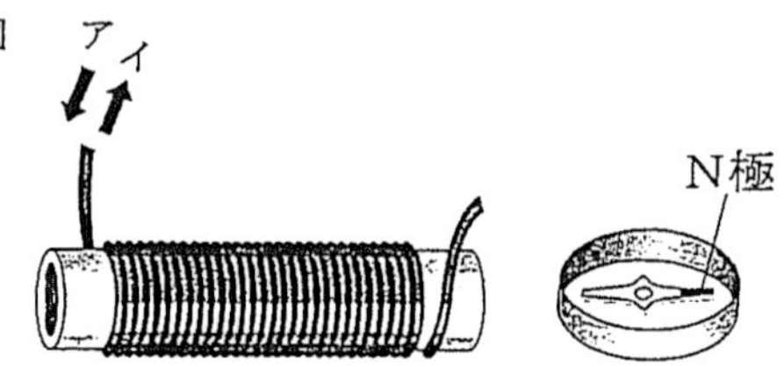

①コイルの右側はNとS，どちらの極になっているか書きなさい。

②コイルに流れる電流の向きはどちらか。図のア，イから1つ選び，記号で答えなさい。

(2) 図の電磁石の強さを強くする方法として，正しくないものはどれか。次のア～オからすべて選び，記号で答えなさい。

ア　乾電池の向きを逆にする　　　イ　乾電池2個を並列につなぐ

ウ　乾電池2個を直列につなぐ　　エ　コイルの巻き数を増やす

オ　コイルの中に鉄芯を入れる

(3) 面積100cm^{2}の光電池がある。この光電池に，1m^{2}あたり毎秒400Jの光を当てたところ，0.3Wの電力が得られた。この光電池は，光のエネルギーの何%を電気エネルギーに変換しているか求め，整数で答えなさい。

(☆☆☆☆◎◎◎◎)

【18】水溶液について，次の各問いに答えなさい。

(1) 次のノートは，5年生の児童が作成したものである。次のノートの中の まとめ は，適切ではない。正しい まとめ はどのような内容になるか書きなさい。

ノート

問題　水の量をふやすと、物が水にとける量は、どうなるのだろうか。
予想　水の量をふやすと、物が水にとける量は、ふえると思う。
（理由）大きななべで調理をしたとき、調味料をたくさんとかしたことがあるから。
実験　50mL、100mL、150mLの水に、食塩とミョウバンが、それぞれスプーンすり切り何はいとけるか調べる。

結果

水の量	50mL	100mL	150mL
とけた食塩の量	すり切り 6はい	すり切り 12はい	すり切り 18はい
とけたミョウバンの量	すり切り 2はい	すり切り 4はい	すり切り 6はい

クラス全体の結果

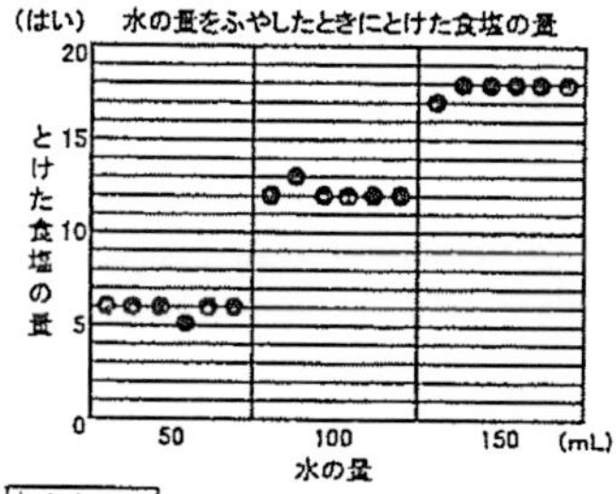

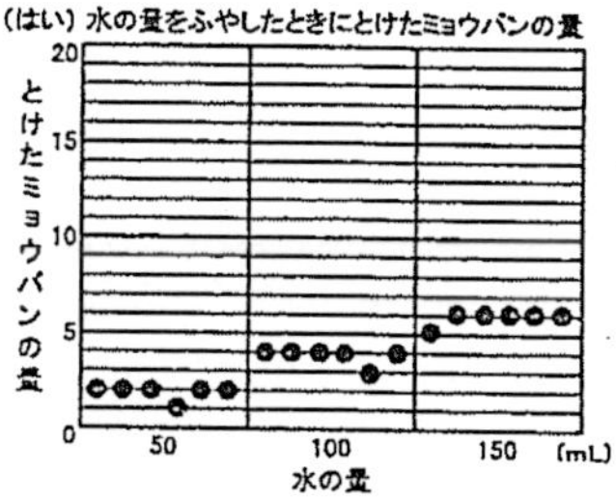

考えたこと
水の量が多くなると、とけた食塩の量は多くなっている。
水の量が多くなると、とけたミョウバンの量は多くなっている。
どの水の量のときも食塩の方がミョウバンよりも多くとけている。

まとめ
食塩はミョウバンより水に多くとける。

(2)　質量パーセント濃度が，5％の食塩水を200g作りたい。食塩と水をそれぞれ何gずつ混ぜればよいか答えなさい。

(3)　60℃のミョウバンの飽和水溶液100g(とけ残りは無い)を20℃まで冷やしたとき，再結晶するミョウバンは何gになるか，整数で求めなさい。ただし，100gの水にとけるミョウバンの質量は，60℃で60g，20℃で10gであるものとして求めなさい。

(4)　0.2mol/Lの硫酸100cm^{3}を用意し，0.5mol/Lの水酸化ナトリウム水溶液を少しずつ加えながら混ぜ，中和させた。この液が中性になるのは，水酸化ナトリウム水溶液を何cm^3加えたときか求めなさい。ただし，硫酸，水酸化ナトリウム水溶液とも，溶質はすべて電離しているものとする。

(☆☆☆☆☆◎◎◎◎)

【19】地層を観察したところ，火山灰，れき岩，砂岩の層が見られた。次の各問いに答えなさい。

(1)　双眼実体顕微鏡を使用する場合，粗動ねじを使って両目でおよそのピントを合わせた後，片目ずつピントを合わせる。図の双眼実体顕微鏡を使用する場合，はじめにピントを合わせるのは左右どちらの目か。また，その目のピントを合わせるために操作するのは，図のどの部分か。名称を答えなさい。

図

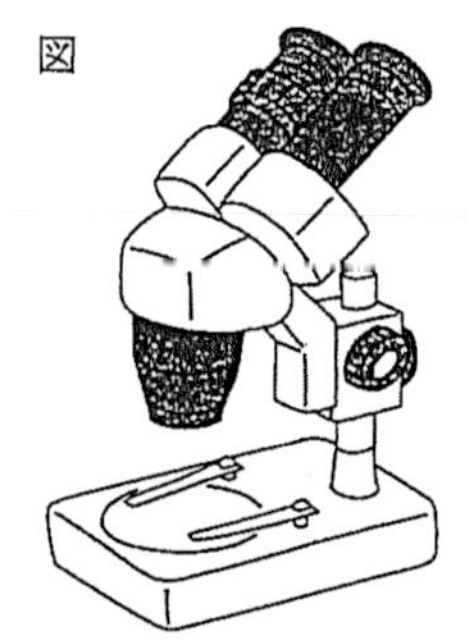

(2)　火山灰は，れき岩や砂岩をつくっている粒に比べ，その形に違いが見られた。火山灰の粒の形の特徴を簡単に説明しなさい。

(3)　次のア)～オ)のうち，中生代の示準化石を1つ選び，記号で答えなさい。

ア)　ピカリア　　イ)　ナウマンゾウ　　ウ)　フズリナ

エ)　サンヨウチュウ　　オ)　フクイサウルス

(4)　示準化石になる条件を説明しなさい。

(5)　ある場所の地層の中から木片が見つかり，その木片中の^{14}Cの割合が，空気中の$\frac{1}{8}$であった。この地層ができた時にこの木が枯れたとすると，この地層ができたのは，何年ぐらい前だと考えられるか。

次のア～クから1つ選び，記号で答えなさい。ただし，^{14}Cの半減期を5730年とし，大気中の^{14}Cの割合は一定であるとする。

ア　約720年前　　イ　約1400年前　　ウ　約2900年前
エ　約5700年前　　オ　約11400年前　　カ　約17200年前
キ　約23000年前　　ク　約46000年前

(☆☆☆☆◎◎◎)

【20】次に，『小学校学習指導要領(平成29年告示)　第2章　第5節　生活』の一部を示した。(　A　)(　B　)に当てはまる言葉を書きなさい。

(1)　活動や体験の過程において，自分自身，(　A　)，社会及び自然の特徴やよさ，それらの関わり等に気付くとともに，生活上必要な習慣や技能を身に付けるようにする。
(2)　(　A　)，社会及び自然を自分との関わりで捉え，自分自身や自分の生活について考え，(　B　)することができるようにする。

(☆☆☆☆◎◎◎◎)

【21】次は，「まち探検」を終えた後の授業の様子の一部である。[　A　]に当てはまる言葉を考えて答えなさい。

先生　　昨日の「まち探検」の様子を学級のみんなに教えてあげましょう。
さとし　郵便局に行ったら，6年生のお兄ちゃんの習字が貼ってありました。
みさき　ケーキ屋さんで，たくさんのケーキがきれいに並べられていてびっくりしました。
(中略)
先生　　みんな，いろいろな発見ができたようですね。
　　　　では，その発見を[　A　]伝えたいかを考えましょう。
さとし　はい。僕は，新聞を作って，体育館に貼って，6年生の

	みんなに見てもらいたいです。
みさき	私は，ケーキ屋さんにお手紙を書いて，私達が発見したそのお店の良さを伝えたいです。

(☆☆☆☆◎◎◎)

【22】次の楽譜は，『小学校学習指導要領(平成29年告示)　第2章　第6節　音楽』に示されている第3学年の歌唱共通教材の楽譜である。下の各問いに答えなさい。

(1)　この曲の曲名を答えなさい。

(2)　楽譜中の①の部分に入る拍子を答えなさい。

(3)　楽譜中の(　②　)に当てはまる歌詞を答えなさい。

(4)　第3学年の歌唱共通教材として当てはまるものを次のア～オの中からすべて選び，記号で答えなさい。

ア　もみじ　　イ　春の小川　　ウ　ふるさと　　エ　茶つみ

オ　虫のこえ

(☆☆☆☆◎◎◎◎◎)

【23】第5学年において，焼成用の粘土を使い，生活の中で楽しく使えるものを製作しようと考えている。

(1)　次の①～③の説明に合う焼き物の伝統的な技法の名称をア～カの中からそれぞれ1つずつ選び，記号で答えなさい。

①　ひも状にのばした粘土を，底の部分の上に巻き上げるようにし

て積み重ねて形をつくる方法

② 型紙をつくり，板状にした粘土から型紙にあわせて粘土を切り取り，組み合わせてつくる方法

③ 粘土の塊の中央をくぼませながら押し広げて成型する方法

ア 手びねり　　イ 型づくり　　ウ ひもづくり

エ 巻きづくり　　オ 板づくり　　カ ろくろづくり

(2) 購入したての粘土はよく練ってから使う必要がある。その理由を2つ挙げなさい。

(3) できた作品を実際に使ってみることにより，鑑賞を行いたいと考えている。鑑賞の視点として，見た目以外にどのような視点を与えるか，答えなさい。

(☆☆☆☆◎◎◎)

【24】第5学年の「かたづけよう　身の回りの物」の学習で，花子さんと一郎さんが環境にやさしいくらしにする工夫について話し合っている。次の会話文を読んで，各問いに答えなさい。

花子　使わなくなった物でも，地域の決まりに従って，きちんと(　A　)して出すと，資源として再使用・再利用ができるようになるね。

一郎　ごみを処理するためには，多くの費用と資源が使われるけど，ごみは僕達が工夫して生活することによって，減らすことができるよね。そのためにも，物を大切にすることや，捨てる前に資源として生かす方法を考えていきたいね。

花子　そうだね。家庭での仕事でも，(　B　)など，いろいろな工夫をすることができるよね。

(1) 上の文の(　A　)に当てはまる語句を漢字2文字で答えなさい。

(2) 下線部について，ごみを減らす「3R」をそれぞれカタカナで答えなさい。

(3)　(　B　)に当てはまる，家庭の仕事における工夫の例を1つ挙げなさい。

(☆☆☆◎◎◎◎)

【25】第3学年のマット運動において，前転や後転の学習に取り組む。次の各問いに答えなさい。

(1)　次の文は，『小学校学習指導要領(平成29年告示)　第2章　第9節　体育』で示された，第3学年及び第4学年「マット運動」の内容である。(　　)内に入る語句の組み合わせが正しいものを，ア～オの中から1つ選び，記号で答えなさい。

マット運動では，(　　)や(　　)の基本的な技をすること。

ア　回転系－支持系　　イ　回転系－巧技系
ウ　回転系－倒立系　　エ　支持系－巧技系
オ　支持系－倒立系

(2)　授業者であるあなたは，後転がうまくできずに悩んでいる児童を見つけた。観察を続けたところ，回転の勢いが足りないためにうまく立ち上がれないことが分かった。後転の回転に勢いをつけるために，あなたはこの児童に対しどのような手立てをとるか。考えられる手立てを2つ書きなさい。ただし，補助は除く。

(☆☆☆☆☆◎◎◎)

【26】次の文は『小学校学習指導要領(平成29年告示)　第2章　第10節　外国語』の一部である。あとの各問いに答えなさい。

外国語によるコミュニケーションにおける見方・考え方を働かせ，外国語による聞くこと，読むこと，話すこと，書くことの<u>言語活動</u>を通して，コミュニケーションを図る基礎となる資質・能力を次のとおり育成することを目指す。

・外国語の音声や文字，語彙，表現，文構造，言語の働きなどについて，日本語と外国語との(　ア　)に気付き，これらの知識を理解するとともに，読むこと，書くことに慣れ親しみ，聞くこと，読むこと，話すこと，書くことによる実際のコミュニケーションにおいて(　イ　)できる基礎的な技能を身に付けるようにする。

・コミュニケーションを行う(　ウ　)や場面，状況などに応じて，身近で簡単な事柄について，聞いたり話したりするとともに，音声で十分に慣れ親しんだ外国語の語彙や基本的な表現を(　エ　)しながら読んだり，語順を意識しながら書いたりして，自分の考えや気持ちなどを伝え合うことができる基礎的な力を養う。

・外国語の背景にある(　オ　)に対する理解を深め，(　カ　)に配慮しながら，主体的に外国語を用いてコミュニケーションを図ろうとする態度を養う。

(1) 上の(　ア　)～(　カ　)に当てはまる言葉を入れなさい。

(2) 文部科学省作成の新教材 We Can! 2 Unit 5「夏休みの思い出」において，言語活動として適しているものを，以下のア～カの中から3つ選び，記号で答えなさい。

ア　児童が，ALTの夏休みについて，思い出の写真を見ながら，ALTと英語でやり取りをする。その後，児童自身の夏休みの思い出について，ALTとやり取りをする。

イ　児童が，学級担任の後に続けて，新教材 Unit 5 に出てくる語彙をリピートする。その後，それらの語彙に慣れ親しむために，ペアでポインティングゲームを行う。

ウ　児童が，新教材 Unit 5 にあるチャンツを練習する。その後，主語を You や友達の名前に替えて，グループでチャンツの練習をし，新出の表現に慣れ親しむ。

エ　児童が，Small Talk で夏休みに行った場所についてペアで伝え合う。その後，学級担任はペア活動で児童が話した内容を，学級全体で英語でやり取りしながら共有する。

オ　児童が，新教材 Unit 5 の登場人物の思い出の英文を一斉に音読する。その後，その英文をワークシートに書き写す。

カ　児童が，英語で夏休みの思い出をペアで伝え合い，例文を参考にして，ワークシートに自分の思い出を書く。

(☆☆☆◎◎◎)

【27】次の英文を読んで，あとの問いの答えとして最も適切なものをA)～D)の中から1つ選び，記号で答えなさい。

Do you know what mobile libraries are? They are vehicles which travel and supply knowledge and library services to support people who have hardly any or no access at all to public libraries.

Mobile libraries have even supported their readers during tragedies. After the Great Eastern Japan earthquake and Kumamoto earthquake, many public libraries were badly damaged. However, all kinds of people including volunteers and librarians worked hard running mobile libraries to guarantee that all citizens had access to books, so their reading life could continue.

The forms of mobile libraries are not just motor vehicles but various means of transport, such as bikes, boats, and living animals. One of the oldest ones in the world was a horse-drawn van in the 19th century in England. It was fitted with wooden shelves and carried more than 800 books. Enthusiastic local patrons enjoyed reading with it. In the present day, mobile libraries using living animals are mostly operated in rural villages of Asia or South America. They play a role in teaching information literacy in addition to satisfying the needs for reading. Have you ever heard of the primary school teacher who runs a mobile library on donkeys? He spends his free time delivering books to hundreds of children and saves them from illiteracy. Mobile libraries like this can educate children to be good citizens and more useful people who improve their communities.

Due to the stimulation of the electronic book market, bookless mobile libraries were launched about 10 years ago. We can browse e-books, audiobooks, and e-book reading devices. We can also ask the staff how to use them. If you rent e-books, we can read them with our own computers or mobile devices for one or two weeks. After the return date, they become unavailable automatically and we don't need time and effort to return them. Bookless mobile libraries are increasing the interest and spread information about this new lending system.

Mobile libraries work for people who have a lack of reading opportunities. Reading has a favorable influence over our minds. It's an exciting, joyous, and reassuring act wherever we are. There will always be a demand for books regardless of the form. To meet these reading needs mobile libraries are continuing to develop, change and grow.

(1) What is the main topic?

A) A digital device people can use in a library.

B) The importance of librarians

C) The system for carrying books for people

D) Books publication made available in digital form

(2) Choose the word most similar in meaning to "illteracy" in the line 13.

A) isolation

B) ignorance

C) neglect

D) boredom

(3) What is mentioned about modern day mobile libraries using living animals?

A) They are mainly operated in built-up areas.

B) They give opportunities for children to play with animals.

C) They educate parents to change children.

D) They can influence the social development of rural towns.

(4) According to this passage, what is NOT true about bookless mobile libraries?

A) The service originated in response to e-book popularity.

B)　There are people who are available to answer questions there.

C)　We can no longer borrow e-books from bookless mobile libraries.

D)　We don't have to visit there to give the e-books back.

(☆☆☆◎◎◎)

【28】リスニング問題(スクリプト非公開)

英文の後にチャイムが鳴ります。チャイムの後に読まれるA～Cのうち，応答として適切なものを1つ選び，記号で答えなさい。英文は2回読まれます。

1

Q: Are you warm enough?

A) We don't have enough time.

B) I think I need a jacket.

C) I like warm colors.

2

Q: May I make copies of this worksheet?

A) Don't show your cards to anyone.

B) Watch and copy carefully.

C) Sure thing. How many?

3

Q: How long have you been in Boston?

A) In America.

B) It'll be two years next November.

C) By Tuesday at the latest.

4

Q: Why don't we take a short break?

A) I had a sandwich there.

B) They break very easily.

C) Good idea. I need some fresh air.

5

Q: What did you think of today's lesson?

A) Either one is OK with me.

B) It was not so good.

C) All right. See you there.

6

Q: How can I change the password?

A) I will tell you later.

B) I don't have any change.

C) I'm fine. Thanks anyway

(☆☆☆◎◎◎)

解答・解説

【1】(1)　相手の話を受けて(相手の話につなげて)，自分の経験や感想を述べている。　(2)　前の時間が体育の時(特別教室で授業の時)は，教室に戻るのが遅れて早く始められないときがあります。　(3)　・箇条書きで書いている(短い言葉や単語で書いている)。　・番号や矢印を使っている。

〈解説〉(1)「当番表」という田中先生の言葉を受けて，具体例や感想を述べている。　(2)　直前で「給食当番が早く仕事に取りかかるようにすること」，直後で「教室移動」について書かれているので，空欄では「教室移動によって，給食当番が仕事に取りかかるのが遅れる」という問題点があげられていると考えられる。　(3)　簡潔に分かりやすくまとめられていること，記号や番号によってさらに分かりやすくなっていることを指摘する。

【2】A　言語活動　　B　伝え合う力　　C　尊重　　D　叙述
E　描写

〈解説〉ABCが入る文は，国語科の目標である。DEが入る文は，第2　各学年の目標及び内容　第5学年及び第6学年　2　内容　C　読むことの内容である。学習指導要領及びその解説は精読し，キーワードは確実に押さえておく。Bの「伝え合う力」は「人との関わり」とセットで覚えるとよい。

【3】(1)　曲がり，そり　　(2)「右」の横画は腕の部分を，「左」は手のひらの部分を表しているということなんだね。

〈解説〉(1)「永」の字には点，横画，縦画，はね，はらいなど漢字の基本が8種類そろっていることから「永字八法」という。しかし「曲がり」「そり」は含まれていない。　(2)　直前に「「右」の横画は「左」の横画よりも長く書く」とあるが，「右」の横画は腕，「左」の横画は手のひらにあたるからである。指定語を使ってまとめる。

【4】(1)　三句切れ　　(2)　体言止め　　(3)　西行法師
(4)　願うことには，桜の木の下で春に死にたい。その二月の満月の頃に。

〈解説〉(1)「願はくは　花の下にて　春死なん／そのきさらぎの　望月の頃」と三句目で区切ることができる。　(2)　体言止めは，言い切った形にしないために，余情・余韻をもたせることができる。
(3)『山家集』は春，夏，秋，冬，恋，雑の6部からなり，終わりに百首歌1編を添えている。　(4)　現代語訳をする際には，三句切れを生かす。「きさらぎ」は二月を指す。

【5】予想①…通報が入ると，どこからどのようなところに連絡が行くかを調べる。　　予想②…火事を起こさないようにするための，消防署や地域の人の取り組みを調べる。

〈解説〉予想①　119番に通報すると，具体的にどのような流れで消防車・救急車が出動するのか，消防庁や各県の消防本部のホームページなどを手がかりに，通報後のしくみを調べてみる。　予想②　消防署，地元の消防団や町内会などの地域の具体的な取り組みを調べてみる。防火施設が地域全体に配備されていることなどがこれにあたる。

【6】(1)　違憲(立法)審査権，法令審査権　　(2)　ア　刑罰が重い犯罪　イ　国民　　ウ　裁判官　　(3)　三審制

〈解説〉(1)　違憲(立法)審査権は，国会・行政官庁の一切の法律・命令・規則・処分が日本国憲法に適合するかを審査するものである。最高裁判所が終審として決定することが，憲法第81条に記されている。

(2)　裁判員裁判は，死刑や無期懲役など重い刑罰の対象となる，殺人，強盗致死などの犯罪を裁く第一審の刑事裁判で行われる。裁判員は，選挙権のある人の中から抽選で選出される。裁判員は裁判官と共に公開の裁判に出席し，被告が有罪かどうかを判定し，刑罰の内容を決める。　(3)　第一審の裁判所の判決に不服のある当事者は，第二審の裁判所に不服申立て(控訴)をすることができ，第二審の裁判所の判決にも不服のある当事者は，更に第三審の裁判所に不服申立て(上告)をすることができる。控訴と上告を併せて上訴という。

【7】人物名…橋本佐内　　業績…「啓発録」を著し，藩政改革を行い国政や外交問題に奔走した。(29字)

〈解説〉「ふくいの先人たち」ミニ事典には，福井県にゆかりの人物152人が列挙されている。政治家・芸術家・僧侶・作家など様々な分野の人物が取り上げられているが，児童に認知されていて，興味を引く人物を選んで紹介したい。紫式部・道元・蓮如・新田義貞・柴田勝家・お市・近松門左衛門・杉田玄白・橋本佐内・松平春嶽・岡倉天心・杉原千畝などが良い例ではないだろうか。業績についても，端的にまとめておきたい。

【８】・地図等の情報を拡大する。　・見る範囲を限定する。

〈解説〉「指導計画の作成と内容の取扱い」には，「地図等の情報を拡大したり，見る範囲を限定したりして，掲載されている情報を精選し，視点を明確にするなどの配慮をする。」と記されている。

【９】男子と女子の平均をたして2で割ったものが5年1組全体の平均であると考える児童がいること。

〈解説〉出題の平均値は，加重平均である。解答例がつまずきの典型的なパターンである。

【10】(1)　㋐，㋒　(2)　・具体物を操作する。　・図に表す。

〈解説〉(1)　㋑と㋓は等分除について述べられている文である。

(2)　特に，線分図を使って，それぞれの数値の持つ意味と関係を理解させることが大切である。他の例としては，日常生活の問題場面に照らし合わせてみるなどがある。

【11】(1)　第2学年　(2)　第4学年　(3)　第5学年　(4)　第4学年

〈解説〉各領域の内容の概観は，「小学校学習指導要領(平成29年告示)解説　算数編　第2章　第2節　算数科の内容」に表とその解説で示されている。具体的な学習内容は，各学年に示された内容を確認しておくこと。

【12】㋐

〈解説〉自分たちが学習した分析手法の中でどれを用いて分析するかを計画の段階で視野に入れたり，分析に合わせたデータの集め方などを考えたりすることも大切である。また，得られた結論の意味や妥当性，問題解決の各段階が適切であったかについて，振り返って考え直す態度を養うことにも留意することが示されている。

【13】㊁

〈解説〉四捨五入で百の位までの概数にするには，十の位を四捨五入する。㋑は，千の位までの概数にしたときの範囲である。

【14】(1)　1000000　　(2)　0.027　　(3)　144

〈解説〉(1)　$1\text{ha}=10000\text{m}^2$　をもとに考える。　(2)　$1\text{mg}=\frac{1}{1000}\text{g}$，1〔mg〕$=\left(\frac{1}{1000}\times\frac{1}{1000}\right)$〔kg〕$=\frac{1}{1000000}$〔kg〕　だから，27000mgは，$27000\times\frac{1}{1000000}=\frac{27}{1000}=0.027$〔kg〕　(3)　1時間は，$60\times60=3600$〔秒〕だから，0.04〔時間〕$=(0.04\times3600)$〔秒〕$=144$〔秒〕

【15】100cm^2

〈解説〉三平方の定理より　$\text{BD}=\sqrt{\text{BC}^2+\text{CD}^2}=\sqrt{16^2+4^2}=4\sqrt{17}$〔cm〕
△ABDは直角二等辺三角形で，3辺の比は　$1:1:\sqrt{2}$だから　$\text{AB}=\text{AD}=\frac{\text{BD}}{\sqrt{2}}=\frac{4\sqrt{17}}{\sqrt{2}}=2\sqrt{34}$〔cm〕　以上より，四角形ABCDの面積は
$\triangle\text{ABD}+\triangle\text{BCD}=\frac{1}{2}\times\text{AB}\times\text{AD}+\frac{1}{2}\times\text{BC}\times\text{CD}=\frac{1}{2}\times2\sqrt{34}\times2\sqrt{34}+\frac{1}{2}\times16\times4=68+32=100$〔$\text{cm}^2$〕

【16】(1)　ア)

(2)

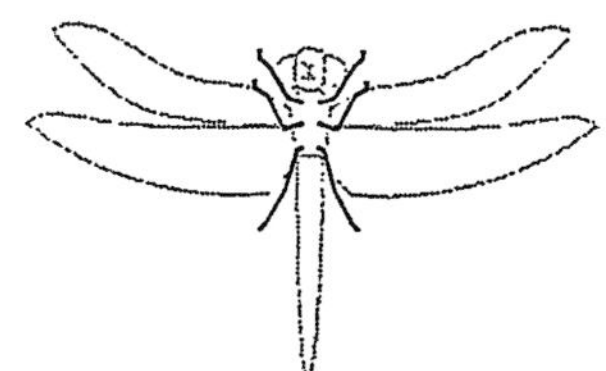

(3)　甲殻類

〈解説〉(1)　さなぎは，完全変態を行う昆虫の幼虫が，成虫になる前の発育段階である。一方，昆虫でさなぎにならない育ち方を不完全変態

という。バッタやカマキリ，コオロギなどである。　(2)　トンボは胸から6本の足が出ているので，それを表していればよい。　(3)　節足動物は，体が硬い殻に覆われていて，からだとあしに節がある動物である。甲殻類の多くは，頭胸部と腹部に分かれている。

【17】(1)　①　N極　　②　イ　　(2)　ア，イ　　(3)　8％

〈解説〉(1)　①　方位磁石のS極がコイルの方向に向いているので，コイルの右側はN極である。　②　右ねじの法則により電流の向きはイになる。　(2)　ア　乾電池の向きを逆にしても電磁石の力は強くならない。　イ　乾電池を並列につないでも流れる電圧は変わらない。
(3)　エネルギーの変換率は，(電力÷光のエネルギー×100)〔％〕の式で求められる。光のエネルギーは，400×(100÷10000)＝4〔J〕だから，0.3÷4×100＝7.5≒8〔％〕となる。

【18】(1)　水の量を増やすと，物が水に溶ける量も増える。
(2)　食塩…10g　　水…190g　　(3)　31g　　(4)　80cm^3

〈解説〉(1)　結果から水の増加と溶解量の増加が見られるので，それについてまとめられていればよい。　(2)　食塩の質量は，200×0.05＝10〔g〕となるので，水は，200－10＝190〔g〕　(3)　100gの水に対してそれぞれの温度で溶解する量に着目すると，その差は60－10＝50〔g〕となる。また，60℃における100gの飽和水溶液中に含まれる水の量(x)は，100：x＝160：100より，62.5gとなる。したがって，析出するミョウバンの量(y)は，100：50＝62.5：yより，y＝31.25≒31〔g〕　(4)　中和した時の化学反応式は，H_2SO_4＋2NaOH→Na_2SO_4＋$2H_2O$である。加える水酸化ナトリウムの量(z)は，0.2〔mol/L〕×0.1〔L〕×2＝0.5〔mol/L〕×z〔L〕を解くと，z＝0.08〔L〕＝80〔cm^3〕

【19】(1)　どちらの目…左目　　名称…微動ねじ(調節ねじ)　　(2)　粒が角ばっている　　(3)　オ)　　(4)　広い範囲で短い期間に栄え，絶滅した生物であること。　(5)　カ

〈解説〉(1)　出題の双眼実態顕微鏡は，右目に視度調節付き接眼レンズがついているので，左目から合わせる。　(2)　火山灰には多くの石英が含まれており，粒が角ばっている。　(3)　ビカリアは新生代第三紀，ナウマンゾウは新生代第四紀，フズリナ，サンヨウチュウは古生代の示準化石である。　(4)　示準化石は，その地層が堆積した地質を示す化石である。一方，示相化石は，その地層が堆積した当時の環境を示す化石である。マンモスは寒い気候の示相化石である。　(5)　14Cの割合は空気中の$\frac{1}{8}$，$\left(\frac{1}{2}\right)^3$であるから5730×3≒17200となり，約17200年前にできた地層であると考えられる。

【20】A　身近な人々　　B　表現

〈解説〉出題の箇所は，生活科の目標の一部である。(1)では，生活科において育成を目指す「知識及び技能の基礎」を，(2)では，「思考力，判断力，表現力等の基礎」を示している。キーワードとして「自分自身」「身近な人々」「社会及び自然」が挙げられる。

【21】誰に，どのような方法で

〈解説〉小学校学習指導要領解説(平成29年7月)に，「体験活動と表現活動を相互に繰り返しながら，学習活動の質を高めていく」とある。表現として伝えることについて，Aを含む先生の問いのあとの，さとしさんとみさきさんの答えから考える。「誰に」「どのような方法で」伝えたいかが答えられている。

【22】(1)　うさぎ　　(2)　$\frac{2}{4}$　　(3)　十五夜お月さま　　(4)　イ，エ

〈解説〉(1)　共通教材は，各学年4曲ずつあるので，すべて確認しておくこと。　(2)　1小節に4分音符が2つ分の音の長さが入っているので，4分の2拍子であることが分かる。　(3)　共通教材では，作詞者，作曲者，旋律，歌詞を問われることが多い。どの部分を問われても正しく解答できるよう，丁寧に学習すること。　(4)　第3学年の共通教材は「ふじ山」(文部省唱歌)巌谷小波作詞を含めた4曲である。

【23】(1) ①　ウ　②　オ　③　ア　(2) ・硬さを均一にするため(ムラをなくすため)　・空気を抜くため　(3) 質感，手触り，置き場所　から1つ

〈解説〉(1) 型づくりは，石膏でつくった型に粘土を押し当てて成型する。ろくろづくりは，電動ろくろや手ろくろなどを使って作る。

(2) 粘土をよく練ることは，良い作品をつくる基本である。 (3) 第5学年及び第6学年の内容にある「親しみのある作品などの鑑賞」として，自分の作品を使ってみることにより鑑賞する際の「鑑賞の視点」は，見たり触ったり，話したりすることが考えられる。

【24】(1) 分別　(2) リデュース，リユース，リサイクル

(3) ・買い物の時は買い物袋を持って行く　・食器洗いや洗濯の時は水や洗剤を使いすぎない　から1つ

〈解説〉(1) ごみをできるだけ増やさないためのはじめの一歩である。

(2) 無駄なものを取り込まずごみの発生を減らす事をリデュース，不要なものは人にゆずったり手を加えたりして再使用することをリユース，再生して使えるものは資源の回収に出すことをリサイクルという。

(3) 他には，詰め替え容器に入った製品や簡易包装の製品を選ぶ，耐久性の高い製品や省資源化設計の製品を選ぶなどがある。

【25】(1) イ　(2) ・マットの下にロイター板などを置いて坂をつくる。　・お尻を遠くにつけるようにして回転させる。

〈解説〉(1) 第5学年及び第6学年では，「マット運動では，回転系や巧技系の基本的な技を安定して行ったり，その発展技を行ったり，それらを繰り返したり組み合わせたりすること。」となっている。

(2) 「小学校学習指導要領解説」や「まるわかりハンドブック」から，回転に勢いをつけるためには，傾斜を利用する方法のほか，勢いをつける動きが身に付くように，腰を上げたり体を支えたりすることを練習することが考えられる。

【26】(1) ア 違い イ 活用 ウ 目的 エ 推測 オ 文化 カ 他者 (2) ア，エ，カ

〈解説〉(1) 提示された文は外国語の目標である。外国語の目標は，コミュニケーションを図る基礎となる資質・能力を育成することである。教科の目標は確実に覚えておく。 (2) 「コミュニケーションにおける見方，考え方を働かせ」た言語活動ができているかに着目して各事例を検証する。語彙のリピートや，チャンツ，一斉の音読でなく，ALTとのやりとりや，ペアで伝え合うといった活動が言語活動に適している。

【27】(1) C) (2) B) (3) D) (4) C)

〈解説〉移動式図書館についての文章問題である。 (1) 文章の主題を選ばせる問題である。移動式図書館を公の図書館にアクセスすることが難しい人へのサービスとして論じていることから，適切な主題を選ぶ。 (2) 文中の単語の意味を答えさせる問題である。illiteracyはliteracyの否定形であり，ここでは，本を届けることで，子ども達をそれから守る，とあることから適切な単語を選ぶ。 (3) 動物を移動手段とする移動式図書館について，第三段落の中盤から言及があり，田舎の子ども達を無知から守り，良き市民へと育てるとあることから，適切な文を選ぶ。 (4) ブックレスの移動式図書館について誤っている選択肢を選ぶ問題である。本文では，e-bookの貸し出しの仕組みについて述べられていることから選ぶ。

【28】(1) B) (2) C) (3) B) (4) C) (5) B) (6) A)

〈解説〉リスニング問題である。問いと返答の対応を判断するために，形式的な文法や単語の一致ではなく，中身を聞き取る必要がある点に注意する。 (1) 十分暖かいですか？という質問なので，体感温度に関係した適切な受け答えのものを選ぶ。A)はenough, C)はwarmなど，質問に出てくる単語こそ使っているものの，意味が対応していない。 (2) このワークシートのコピーをとってよいですかという質問であ

る。「もちろん」などの受け答えをしているものを選ぶ。　(3)　ボストンにはどのくらいの期間行っていたのですかという質問である。期間を適切に答えているものを選ぶ。　(4)　休みをとりませんか，という質問である。　(5)　今日の授業はどう思いましたか，という質問である。感想を答えているものを選ぶ。(6)　パスワードはどうすれば変えられますか，という質問である。どう教えるかを答えているものを選ぶ。

2018年度　実施問題

【1】次は，『小学校学習指導要領　第2章　第1節　国語』(平成20年3月)の第5学年及び第6学年〔伝統的な言語文化と国語の特質に関する事項〕にある指導事項の一部である。空欄①～⑤に当てはまる語句を書きなさい。

・親しみやすい古文や漢文，近代以降の(　①　)調の文章について，内容の大体を知り，(　②　)すること。
・(　③　)について解説した文章を読み，昔の人のものの見方や感じ方を知ること。
・語句の構成，変化などについての理解を深め，また，語句の(　④　)などに関心をもつこと。
・毛筆を使用して，穂先の動きと(　⑤　)のつながりを意識して書くこと。

(☆☆◎◎◎)

【2】読みやすい紙面構成を考えるという学習で，【お知らせしたい内容】を踏まえて，【グループでの話し合い】を行い，【話し合いを踏まえて作成したお知らせ】が作られた。下の問いに答えなさい。

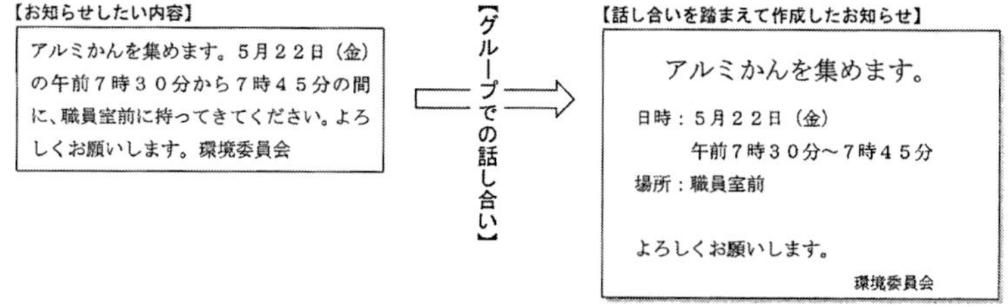

【お知らせしたい内容】
アルミかんを集めます。5月２２日（金）の午前７時３０分から７時４５分の間に、職員室前に持ってきてください。よろしくお願いします。環境委員会
【グループでの話し合い】
【話し合いを踏まえて作成したお知らせ】
アルミかんを集めます。
日時：５月２２日（金）
午前７時３０分～７時４５分
場所：職員室前
よろしくお願いします。
環境委員会

(1)　【グループでの話し合い】で，児童から出された意見として考えられることを二つ書きなさい。

(2)　筆記具を用いてお知らせを作る場合の助言を次に示した。空欄①②にふさわしい語句を入れて助言を完成しなさい。

助言：「情報の(　①　)や文字の大きさに合わせて，筆記具の(　②　)や種類を選ぶといいよ。」

(☆☆◎◎◎)

【3】福井県が推進している「日めくりカレンダー・言葉集」では，ことわざ・慣用句・四字熟語を日常的に学習することで児童の言語事項に対する興味・関心を高める工夫をしている。

次は，それを活かした学習の様子の一場面を表している。そこで，次の空欄①には適切な語を，空欄②には児童が納得できる内容の言葉を考えて，書きなさい。

先生	：『日めくりカレンダー』の今日の言葉は，「(　①　)がゆるむ」です。そのような経験を隣の人に伝えましょう。
児童A	：登校班の下級生に，「学校に行くときにゆっくり歩いてくれてありがとう」って，昨日言われたことかな。
児童B	：僕は，おじいちゃんからたくさんのお年玉をもらった時に，うれしくて「やったあ」って声をあげたことかな。
児童A	：ん……。先生，Bくんの経験は，なんか違うような気がするんですが……。
児童B	：そうかな。どこが違っているのかな。
先生	：この言葉は，うれしくて思わず(　②　)。
児童AB	：なるほど。

(☆☆◎◎◎)

【4】次の文章(漢詩)を読んで，下の問いに答えなさい。

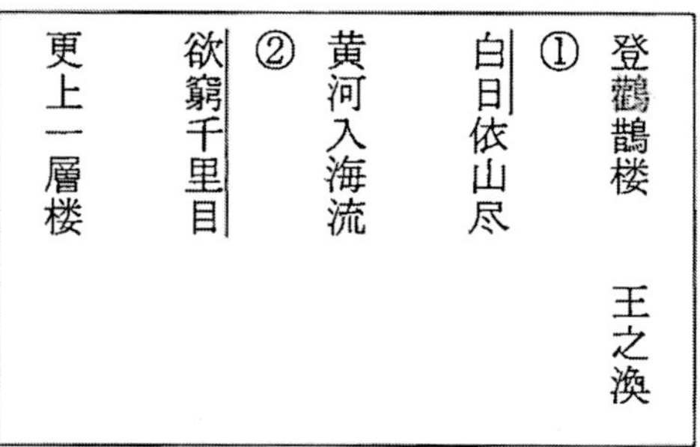
登鸛鵲楼　王之渙
白日依山尽
黄河入海流
欲窮千里目
更上一層楼

(1) 上記の漢詩の形式を漢字4文字で答えなさい。

(2) 結句に使われている表現技法を漢字3文字で答えなさい。

(3) 傍線部①「白日」の意味として最も近いものを次のア～エの中から一つ選び，記号で答えなさい。

ア　優しく穏やかな太陽

イ　白くぼんやりとした太陽

ウ　明るく輝く太陽

エ　衰弱した静かな太陽

(4) 傍線部②を，「千里の眺望を極めようと思い」という意味になるように，書き下し文に直しなさい。

(☆☆◎◎◎)

【5】次の文章は，平成29年3月に告示された次期『小学校学習指導要領 社会』の一部である。これについて，あとの問いに答えなさい。

第1　目標

(　①　)を働かせ，課題を追究したり解決したりする活動を通して，グローバル化する国際社会に主体的に生きる(　②　)な国家及び社会の形成者に必要な公民としての(　③　)の基礎を次のとおり育成することを目指す。

第2　各学年の目標及び内容

[第4学年]

2　内容

我が国における自分たちの県の位置，④県全体の地形や主な産業の分布，⑤交通網や主な都市の位置などに着目して，県の様子を捉え，地理的環境の特色を考え，表現すること。

3　内容の取扱い

県内の特色ある地域が大まかに分かるようにするとともに，伝統的な技術を生かした⑥地場産業が盛んな地域，国際交流に取り組んでいる地域及び地域の資源を保護・活用している地域を取り上げること。

[第6学年]

1　目標

我が国の政治の考え方と仕組みや働き，国家及び社会の発展に大きな働きをした先人の業績や優れた文化遺産，我が国と関係の深い国の生活や⑦グローバル化する国際社会における我が国の役割について理解するとともに，地図帳や地球儀，統計や年表などの各種の基本的史料を通して，情報を適切に調べまとめる技能を身に付けるようにする。

2　内容

日本国憲法は国家の理想，天皇の地位，国民としての権利及び義務など国家や国民生活の基本を定めていることや，現在の我が国の民主政治は⑧日本国憲法の基本的な考え方に基づいていることを理解するとともに，立法，行政，司法の三権がそれぞれの役割を果たしていることを理解すること。

第3　指導計画の作成と内容の取扱い

⑨博物館や資料館などの施設の活用を図るとともに，身近な地域及び国土の遺跡や文化財などについての調査活動を取り入

れるようにすること。

(1) 空欄①～③にあてはまる語句を答えなさい。

(2) 下線部④について，福井県を嶺北と嶺南に分ける峠の名称を答えなさい。

(3) 下線部⑤について，2014年に嶺南地域に開通した，高速道路の正式名称を答えなさい。

(4) 下線部⑥について，福井県では，鯖江市の眼鏡のフレームなどの地場産業が盛んである。福井県でこのような地場産業が盛んな理由を自然環境を踏まえて答えなさい。

(5) 下線部⑦について，核兵器に対する日本の方針を，「核兵器を」に続けて答えなさい。

(6) 下線部⑧について，次の日本国憲法第11条の空欄にあてはまる語句を答えなさい。

> 国民は，すべての(　　)の享有を妨げられない。この憲法が国民に保障する(　　)は，侵すことのできない永久の権利として，現在及び将来の国民に与へられる。

(7) 下線部⑨について，若狭三方縄文博物館に見学に行ったところ，鳥浜遺跡から出土した「ふん石」が展示されていた。「ふん石」からどのようなことが分かるか答えなさい。

(☆☆☆◎◎◎)

【6】3年生の「はたらく人とわたしたちのくらし」の単元において，地域の人々の生産や販売に見られる仕事の特色について考える授業を展開したい。スーパーマーケットでの見学を通して，販売に見られる仕事の工夫として取り上げる内容を二つ答えなさい。

(☆☆☆◎◎◎)

【7】次の文章は，『小学校学習指導要領　第2章　第3節　算数』(平成20年3月)の「[第4学年]　2内容　B量と測定」の文章の一部である。空欄①～③に当てはまる語句を答えなさい。

> (1)　面積について単位と測定の意味を理解し，面積を計算によって求めることができるようにする。
> イ　[　①　]及び[　②　]面積の求め方を考えること。
> (2)　角の大きさについて単位と測定の意味を理解し，角の大きさの測定ができるようにする。
> ア　角の大きさを[　③　]の大きさとしてとらえること。

(☆☆☆◎◎◎)

【8】平成29年度全国学力・学習状況調査の小学校算数Bにおいて，「理由」を説明する記述問題として，以下の問題が出題された。

(問題の概要)

> 地球から見える満月を円とみて，最も大きく見える見かけの直径を「最大の満月の直径」，最も小さく見える見かけの直径を「最小の満月の直径」ということにする。
> 「最小の満月の直径」を1円玉の直径(20mm)としたときに，「最小の満月の直径」をもとにして14%長くなっている「最大の満月の直径」は，100円玉(直径22.6mm)と500円玉(直径26.5mm)のどちらに近いかを選び，「最大の満月の直径」に近いと考えたわけを言葉や式で書く。

この問題に，ある児童は以下のように解答した。

> (答え)100円玉です。
> (わけ)1円玉の直径は，20mmです。14%は0.14倍で，0.14倍大きくなるので，20×(1＋0.14)＝22.8を計算して，22.8mmになるから100円玉を選びました。

この解答は「理由」を説明する記述として不十分である。必要な事柄を書き加えなさい。

(☆☆☆◎◎◎)

【9】円周率を求める言葉の式を書きなさい。

(☆☆☆◎◎)

【10】$\sqrt{2}+1$の整数部分をa　小数部分をbとするとき$a+\frac{1}{b}$の値を求めなさい。(値を求める過程も書くこと)

(☆☆☆◎◎◎)

【11】$x+y+z=5$を満たす負でない整数x，y，zの組は，全部で何個あるか答えなさい。

(☆☆☆☆◎◎◎)

【12】次のデータは，10人の児童のボール投げの記録(m)である。

22，9，11，0，16，11，35，10，16，23

(1)　平均値を答えなさい。

(2)　最頻値を答えなさい。

(3)　中央値を答えなさい。

(☆☆☆◎◎◎)

【13】ある日，空を見上げると，真南の空に図1のような月が観察できた。

図1

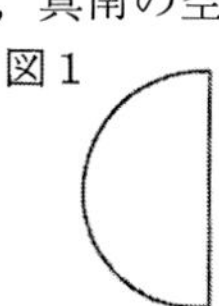

(1)　このように見える月の名称として正しいものを，次のア～オの中から一つ選び，記号で答えなさい。

ア　上弦の月　　イ　下弦の月　　ウ　満月　　エ　三日月
オ　新月

(2)　観察した時刻に最も近いのはどれか。次のア～エの中から一つ選び，記号で答えなさい。

ア　明け方　　イ　正午　　ウ　夕方　　エ　真夜中

(3)　次の日，同じ時刻に月を観察したところ，月が見える位置が変わっていた。

①　月が見える位置は，どちらの方角に変わっていたか。東・西・南・北の中から一つ選び，答えなさい。

②　月が見える位置は，何度変わっていたか。最も近いものを次のア～オの中から一つ選び，記号で答えなさい。

ア　3°　　イ　12°　　ウ　15°　　エ　30°　　オ　60°

夜空をながめると，月以外にもたくさんの星を観察することができた。

(4)　北斗七星を観察すると，北極星のまわりを1日で1回転するように見える。この時，北極星が，動かないように見える理由を説明しなさい。

(5)　ある場所へ旅行してきた児童が，旅行先で観察した星の動きを教えてくれた。図2はこの児童が図に書き表した星の動く様子である。この図から判断すると，この児童はどこへ旅行してきたと考えられるか。最も適当なものをあとのア～エの中から一つ選び，記号で答えなさい。

図2

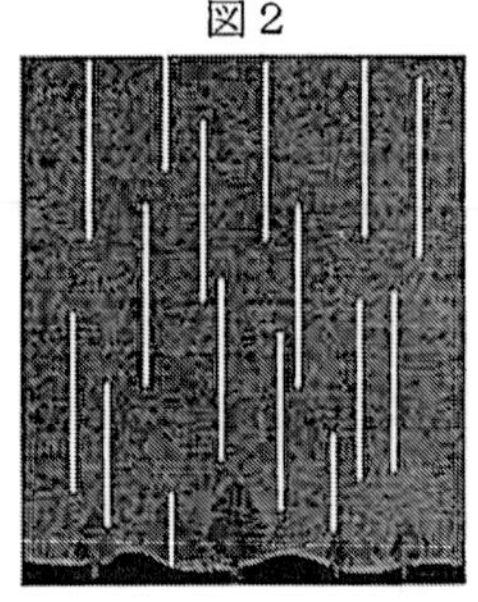

ア　緯度が90度に近い場所へ行った。

イ　緯度が0度に近い場所へ行った。

ウ　南半球の国へ行った。

エ　経度が0度に近い場所へ行った。

(6)　星の明るさを見かけの等級で表したとき，恒星Aは3等星，恒星Bは5等星である。この2つの恒星の実際の大きさや絶対等級が等しいとすると，地球と恒星Bの距離は，地球と恒星Aの距離の何倍か答えなさい。ただし，1等級分の明るさの差は2.5倍，見かけの明るさは距離の二乗に反比例するものとして求めること。

(☆☆☆◎◎◎)

【14】3年生の「たねをまこう」の単元で，児童が虫めがねを使って種子を観察した。次の問いに答えなさい。

(1)　虫めがねの使い方の指導として，正しいものを，次のア～エの中から一つ選び，記号で答えなさい。

ア　虫めがねを種子に近づけ，種子を前後(上下)に動かしてピントを合わせなさい。

イ　虫めがねを種子に近づけ，虫めがねを前後(上下)に動かしてピントを合わせなさい。

ウ　虫めがねを目に近づけ，種子を前後(上下)に動かしてピントを合わせなさい。

エ　虫めがねを目に近づけ，体を前後(上下)に動かしてピントを合わせなさい。

(2)　種子の休眠や発芽に関係する植物ホルモンを，次のア)～ク)の中から二つ選び，記号で答えなさい。

ア)　オーキシン　　イ)　ジベレリン　　ウ)　サイトカイニン

エ)　アミラーゼ　　オ)　エチレン　　カ)　フロリゲン

キ)　ジャスモン酸　　ク)　アブシシン酸

(3)　種子をまき，成長した植物は，光合成によって有機物を作り出している。陸上の緑色植物が，光合成によってグルコース($C_6H_{12}O_6$)を1

分子つくるときの反応過程を，化学反応式で書きなさい。

(☆☆☆◎◎◎)

【15】物質の温度変化に関する現象について，次の問いに答えなさい。

(1) ヤカンの水が沸騰し，白い湯気が見えているとき，白く見えている湯気は，水蒸気だとは言えない。この理由を水蒸気の性質を踏まえて説明しなさい。

(2) ダイヤモンドダストは，気体の水蒸気が液体になることなく，直接固体の氷になって起きる現象である。気体が直接固体になる状態変化の名称を答えなさい。

(3) 塩化ナトリウム(式量58.5)を水に溶かし，質量パーセント濃度が6%の食塩水つくった。この食塩水の凝固点は何℃になるか。水のモル凝固点降下は1.85K・kg/mol，水溶液中の塩化ナトリウムはすべて電離しているものとし，小数点第一位まで求めなさい。

(☆☆☆◎◎◎)

【16】同じ素材で太さや長さが違う4種類の電熱線を用意し，3.0Vの電圧を加えたときの電流の値を調べた。次に，電流を流して15秒後に発泡ポリスチレンをのせ，切れるまでの時間を調べた。あとの表はこの時の結果の一部である。

(1) 図中の装置を5本の導線でつなぎ，電熱線に加わる電圧と，電熱線に流れる電流を測定したい。1本の導線を使って図のアとクをつないだとき，エとカはそれぞれどこにつなげばよいか。図のア～クの中からそれぞれ選び，記号で答えなさい。(なお，アは電源装置の－，イは電源装置の＋，ウは電圧計の－，エは電圧計の＋，オは電流計の－，カは電流計の＋の端子，キとクは電熱線の両端を示している)

図

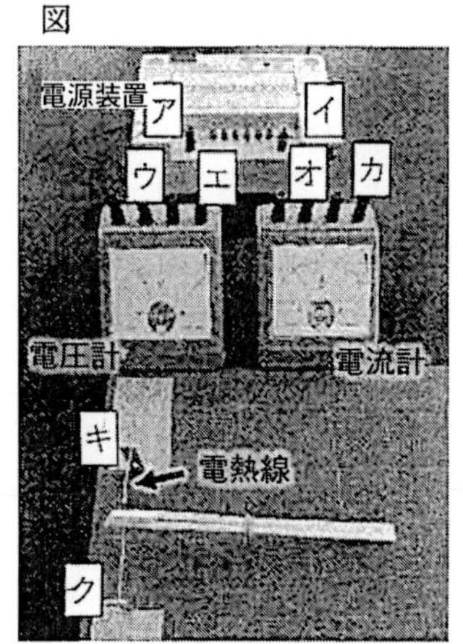

(2)　電熱線の太さによる発熱の仕方の違いを調べるためには，表のA～Dのどの電熱線を比べればよいか答えなさい。

表

電熱線	A	B	C	D
電熱線の直径(mm)	0.2	0.4	0.2	0.4
電熱線の長さ(cm)	5	10	8	5
電熱線に流れた電流(A)	2.0	2.0	1.2	4.0

(3)　電熱線Aに3.0Vの電圧を加え，30秒電流を流したときに発生する熱量は何Jになるか求めなさい。

(4)　電熱線Aと電熱線Bを直列につなぎ，回路全体に3.0Vの電圧を加えて電流を流したとき，回路全体の消費電力は何Wになるか求めなさい。

(☆☆☆◎◎◎)

【17】次の文章は『小学校学習指導要領　第2章　第5節　生活』(平成20年3月)の「各学年の目標及び内容」についての一部である。次の空欄①～③に当てはまる語句を答えなさい。(同じ数字の場所には，同じ語

句が入る。)

目標

・自分と身近な人々及び地域の様々な場所，公共物などとのかかわりに関心をもち，地域のよさに気付き，愛着をもつことができるようにするとともに，集団や社会の一員として自分の(　①　)や行動の仕方について考え，安全で適切な行動ができるようにする。

内容

・家庭生活を支えている家族のことや自分でできることなどについて考え，自分の(　①　)を積極的に果たすとともに，(　②　)正しく健康に気を付けて生活することができるようにする。

・自分たちの生活や地域の出来事を身近な人々と伝え合う活動を行い，身近な人々とかかわることの楽しさが分かり，進んで(　③　)することができるようにする。

(☆☆☆☆◎◎◎)

【18】次の楽譜は，小学校4年生の教科書にある「まきばの朝」という曲の最初の部分である。下の問いに答えなさい。

(1)　この曲の作曲者名を，次のア～エの中から一つ選び，記号で答えなさい。

ア　井上武士　　イ　岡野貞一　　ウ　橋本国彦　　エ　船橋栄吉

(2) 楽譜中に出てくる①の音符の名前を答えなさい。

(3) 小学校第3学年及び第4学年の歌唱指導における指導事項として，学習指導要領に示されているものを，次のア～エの中から一つ選び，記号で答えなさい。

ア 各声部の歌声や全体の響き，伴奏を聴いて，声を合わせて歌うこと。

イ 自分の歌声及び発音に気を付けて歌うこと。

ウ 範唱を聴いたり，ハ長調及びイ短調の楽譜を見たりして歌うこと。

エ 歌詞の内容，曲想にふさわしい表現を工夫し，思いや意図をもって歌うこと。

(☆☆☆◎◎◎◎)

【19】図画工作では，教員は用具の特徴と用途をよく把握し，用途に合った使い方が指導できるように求められている。以下の用具の使い方として，下線部が合っていれば○を，間違っていれば正しい語句を書きなさい。

(1) 電動系のこぎりの刃をつけるときには，刃を下向きにして<u>上</u>の締め具から止める。

(2) 彫刻刀の三角刀は細い線などを彫る時に使い，<u>丸刀</u>は丸みのある線や広い面を彫る時に使う。

(3) のこぎりのひき始めは，ひく位置に<u>人差し指</u>の関節をあわせ，根本の刃で小刻みにひくとよい。

(4) かなづちは，強く打つときは柄の下の方を，軽く打つときは柄の<u>中程</u>を持つとよい。

(5) <u>箱屋かなづち</u>を使う時は，釘を打ち進める時は平面の方で打ち，最後に打ち込む際には丸みのある方で打つ。

(☆☆☆◎◎◎)

【20】日本の伝統的な食事について，下の問いに答えなさい。

> ご飯とみそ汁は，和食の基本となる主食と汁物である。ご飯とみそ汁などの汁物に，おかずをそろえた食事のことを(　①　)という。また，それぞれの栄養的な特徴は，ご飯は(　②　)を多く含み，みそ汁に使うみそは(　③　)を多く含むことである。

(1)　上の文の空欄①に当てはまる語句を漢字4文字で答えなさい。

(2)　空欄②③に当てはまる栄養素を書きなさい。

(☆☆☆◎◎◎)

【21】次の文章は，家庭科の授業で布を用いていてマイバッグを製作する際の指導内容の一部である。空欄①②に当てはまる語句を答えなさい。

> ・マイバッグの上下の方向を布の(　①　)にする。
> ・中に入れるものの大きさに(　②　)を加え，できあがりの大きさを決める。

(☆☆☆◎◎◎)

【22】第5学年及び第6学年で体ほぐしの運動を行う。その内容としてふさわしくないものを次のア～オの中から一つ選び記号で答えなさい。

ア　仲間と手をつないで，体を使いながら風船を地面に落とさないようにする。

イ　ペアになり，気持ちの良いところまで押したり引っ張ったりしながらストレッチングをする。

ウ　グループになり，リーダーのまねをしながら歩いたり走ったりする。

エ　無理のない速さで5～6分程度の持久走をする。

オ　集団で手つなぎ鬼をする。

(☆☆☆◎◎◎)

【23】第6学年の「走り幅跳び」の授業において，授業者であるあなたは，跳躍が低空飛行になってしまうことで記録が伸び悩んでいる児童を見つけた。その児童の観察を続けたところ，踏み切り時の視線に問題があると判断した。そこで，あなたは，その児童に対し，口頭で踏み切り時の技術指導を行うことにした。どのように指導するかを「踏み切りの時は，」に続けて書きなさい。

(☆☆☆◎◎◎)

【24】次の英文を読んであとの問いに答えなさい。

What do you picture when you think of a drone? A solitary, remote-controlled toy with propellers? Soon, your images could be quite different: drones are becoming smaller, cheaper to make, and can gather in groups of hundreds, even thousands, to fly like a flock of birds. When enough of them get together, they are called swarms, and they can do better than humans in many ways; they can also save your life, or they could be a deadly collaborative force on the battlefield.

While regular sized drones have been used in rescue operations for years, tinier versions of them are being developed and used to search for survivors in the aftermath of earthquakes and other disasters because they can fly into buildings too badly damaged or over areas off-limits. Those smaller drones are known as “pocket drones,” and each one is small enough to fit in your hand. Researchers at Loughborough University have built a system to help with mountain search and rescue which uses a team of up to 10 small, hand-launched pocket drones. The drones are equipped with thermal cameras to easily locate lost climbers, and by communicating with each other, they ensure that the entire area is covered.

Drone swarms could also check pipelines, chimneys, power lines and industrial plants cheaply and easily. They may even have a place on the farm. They can spot plant disease and help manage water use, spray pesticides and herbicides only in the exact spot needed, all working cooperatively to cover the area and fill in gaps.

Today many countries want to gain a deeper interest in developing drone swarms, and there's more than one world superpower pursuing swarm technology - but why?

A swarm of drones costs less than a missile. The US Army is currently planning to develop high performance drone systems for use on land, sea and air. Their swarms of drones may soon make an appearance on the front line of battles scouting and locating enemy positions, and possibly attacking them. They may also provide defense against swarms of enemy drones. Warfare may then become simply a matter of who has the biggest and best drone swarms. Future wars might become swarm-versus-swarm war games.

Swarming drone technology is still very much in its infancy, but it's evolving fast. Many people think we should develop drones not as weapons and the equipment used in war, but as useful tools in our daily life. Small swarming drones might become as much a part of the environment as insects someday, and they could have great future benefits.

(1) 次の英文が本文の内容に合っていれば○を，合っていなければ×を書きなさい。

① Rescue drones are becoming bigger so survivors can see them easily.

② Drone swarms can transport water, pesticides or herbicides to the people working on the farm.

③ The US Army considers drones as machines that bring peace or considerable benefits to the world.

④ Drones will become weapons for attack and defense in many battlefields in the future of war.

⑤ Drone swarming technology is now undergoing rapid development.

(2) 本文の内容に関して，①②の質問の答えとして最も適切なものを下のア～エの中から一つ選び，記号で答えなさい。

① Why does using drone swarms have many benefits to us?

ア　Because they can find paths leading to the top of a mountain.

イ　Because the development cost of drones takes less money than buying masses of pesticides and herbicides.

ウ　Because they are useful for rescue work and let us know the number of casualties on battlefields.

エ　Because they're valuable products that keep people out of hazardous jobs and work efficiently.

② How will military strategy be changed in the future of warfare?

ア　Missiles will be downsized,　and become a threat to drones.

イ　A great number of drone swarms will work on the front line.

ウ　Many spies will use drones in battles.

エ　Militaries will put insects to good use as new weapons.

(☆☆☆☆◎◎◎)

【25】『中央教育審議会初等中等教育分科会教育課程企画特別部会における論点整理』(平成27年8月)では，これまで行われてきた外国語活動における課題を踏まえて，今後の指導の方向性を明確にしている。次の資料は，課題と今後の留意点についてまとめたものである。空欄①～⑥に当てはまるものをあとの(ア)～(シ)の中から選び，記号で答えなさい。

課題

(1)　音声中心で学んだことが，中学校の段階で音声から(　①　)への学習に円滑に接続されていない。

(2)　国語と英語の音声の違いや英語の発音と綴りの関係，(　②　)の学習において課題がある。

(3)　高学年は，児童の抽象的な(　③　)が高まる段階であり体系的な学習が求められている。

今後の留意点

小学校中学年：体験的に「聞く」「(　④　)」を中心とした外国語活動を通じて，外国語活動に慣れ親しみ，外

	国語学習への動機付けを高める。
小学校高学年：	(　⑤　)に向けて，4技能を扱う言語活動を通じて，コミュニケーション能力の(　⑥　)となる資質・能力を育成する。また，現行の課題を踏まえ，「アルファベットの文字や単語などの認識」「国語と英語の音声の違いやそれぞれの特徴への気付き」，「語順の違いなど(　②　)への気付き」等を促す指導を行っていく。

(ア)　言語活動　　(イ)　教科化　　(ウ)　文字
(エ)　コミュニケーション　　(オ)　文構造　　(カ)　素地
(キ)　基礎　　(ク)　文法　　(ケ)　表現力
(コ)　思考力　　(サ)　読む　　(シ)　話す

(☆☆☆◎◎◎)

【26】第5学年の外国語活動「Hi,friends!1 lesson7」では，“What's this?” “It's ～.” という表現を使って，ある物についてそれが何かを尋ねたり答えたりする活動を行う。ALTと授業をすることになったあなたは，ALTと打ち合わせを行い，授業中における適切な役割分担について話し合った。次のア～カは，学級担任とALTに求められる主たる役割である。ア～カの全てをそれぞれの役割に分類し，記号で答えなさい。

ア　児童の興味・関心に基づき，“What's this?” “It's ～.” に関する単元を見通した指導計画を立てる。

イ　“What's this?” “It's～.” の指導内容や活動を考える際に，自然な外国語使用の視点から意見を述べ協力する。

ウ　自然な外国語の使い方や発音を児童に体感させながら指導する。

エ　児童と一緒に活動に参加し，外国語を学ぼうという積極的な姿勢を見せる。

オ　授業中，児童が “What's this?” “It's～.” の表現を使ってコミュニケーションを図ろうとしていたかを評価する。

カ　児童に指示を出し，授業を掌握し，進行する。

(☆☆☆◎◎◎)

【27】英文の後にチャイムが鳴ります。チャイムの後に読まれるA～Dのうち，応答として適切なものを一つ選び，記号で答えなさい。英文は2回読まれます。

(☆☆☆◎◎◎)

解答・解説

【1】① 文語　② 音読　③ 古典　④ 由来　⑤ 点画

〈解説〉小学校の国語科は目標や学習内容が第1～2学年，第3～4学年，第5～6学年の3段階に分かれている。各段階の目標や学習内容を学習することはもちろん，各段階で内容などを比較し，共通点と相違点をおさえるとよい。

【2】(1) 題名や見出しを大きくする，項目ごとに分けて書く(小見出しをつける)，署名を小さくする　等から2つ。　(2) ① 重要性　② 色

〈解説〉(1) 要は，活動の内容や必要な情報を分かりやすく示すことが話し合われたと考えられる。短い内容であれば箇条書きにしたほうが，読み手にわかりやすい，原稿用紙のように書式が決まったものでなければ，文字の大小や配置なども考慮の対象になる，といったことを示すとよいだろう。　(2) ②は第5～6学年の書写に関する事項「目的に応じて使用する筆記具を選び，その特徴を生かして書くこと」に関する問題といえる。問題用紙がカラーでなければ，意外と気づきにくいかもしれない。学習指導要領解説では筆記用具の特徴の一つとして「色」が示されている。

【3】① ほお　② 微笑むという意味だから，「やったあ」と声をあげて喜んだところが合っていないと思うよ。

〈解説〉本問では後に「…がゆるむ」とあること，そして児童Aがあげる具体例から慣用句を判断したい。慣用句は意味をきちんと理解することが求められるが，その一環として文例を学習することも一つの方法である。特に，意味の間違えやすい慣用句には注意すること。

【4】(1) 五言絶句　(2) 倒置法　(3) ウ　(4) 千里の目を窮めんと欲し

〈解説〉(1) 絶句は4句からなり，律詩は8句からなる。また1行が5文字なので，「五言絶句」呼ぶ。 (2) 結句とは詩の最終行のことで，本問では「更上一層楼」が該当する。 (3) 「白」はくもりのないことを言う。白昼という言葉もある。なお，漢詩中では，この場合，夕日を表している。 (4) 漢詩では，動詞は目的語から返って読む。また「欲」も下から返って読み，欲求を表す。

【5】(1) ① 社会的な見方・考え方　② 平和で民主的　③ 資質・能力　(2) 木の芽峠(栃ノ木峠)　(3) 舞鶴若狭自動車道　(4) 冬に雪が多いため，農作業ができない冬の間の副業として発達したから。　(5) 核兵器を「持たず，つくらず，持ちこませず」　(6) 基本的人権　(7) 縄文人(当時の人々)が何を食べていたのかを知ることができる。

〈解説〉(1) 教科目標は，学習指導要領関連の問題の中でも最頻出である。今後は現行の学習指導要領を中心に学習しながら，次期学習指導要領と比較することも必要になる。 (2) なお，嶺北には福井市や鯖江市などが，嶺南には敦賀市や小浜市がある。 (4) 日本海側に面する福井県は豪雪地帯であるので，冬は農業ができない。よって，冬の間の生計を立てるための製品を作る必要があった。それが地場産業の発達につながり，かつ，伝統工芸の発達にもつながった。 (5) 日本は「非核三原則(持たず，つくらず，持ち込ませず)」を国是と位置づけている。　(6)　日本国憲法の三原則は国民主権，基本的人権の尊重，平和主義である。一般教養としても重要な知識なので，必ずおさえておきたい。　(7)「ふん石」は，動物や人間の排泄物である「ふん」が化石化したものである。これによって，食料資源の内容をより詳しく知ることができる。

【6】・商品の品質管理　・売り場での並べ方や値段の付け方　・宣伝の仕方　から2つ

〈解説〉経営者(販売者)側の立場から考えるとよい。例えば，惣菜などの傷みやすい商品は食中毒の防止等のため，こまめな商品管理(鮮度管理)が必要になる。また，人気商品を店の前面に出すことは，消費者を引き寄せる効果が期待できる。以上のように，商品の品質管理や並べ方には様々な意味がある。特にスーパーマーケットは，お店の特徴や地域の特性が反映されやすいので，そのような視点で店を見ると新しい発見があるだろう。

【7】①　正方形　②　長方形　③　回転

〈解説〉小学校算数の学習内容は「数と計算」「量と測定」「図形」「数量関係」で構成される。各学年ごとの内容を学習することはもちろん，学習内容ごとに各学年を比較することも必要であろう。

【8】100円玉の直径との差は22.8−22.6＝0.2〔mm〕，500円玉の直径との差は26.5−22.8＝3.7〔mm〕。100円玉の直径との差のほうが小さいので，100円玉のほうが近いです。

〈解説〉この児童の解答の不備は，100円玉のほうが近いと判断した理由を示さなかった点にある。問題では100円玉と500円玉の比較の問題であるから，それぞれの差を算出し，近いほうを答えとする内容を追加すればよい。

【9】円周率＝円周÷直径

〈解説〉円周の直径に対する割合のことを円周率という。

【10】解答…$\sqrt{2}+3$　　過程…$1<\sqrt{2}<2$より，$2<\sqrt{2}+1<3$

$a=2$，$b=(\sqrt{2}+1)-2=\sqrt{2}-1$　　$a+\frac{1}{b}=2+\frac{1}{\sqrt{2}-1}=2+\frac{\sqrt{2}+1}{2-1}$

$=\sqrt{2}+3$

〈解説〉解答参照。

【11】21個

〈解説〉5個の○の間に仕切りを2つ入れて，3つのグループ(本問の場合，x，y，zに該当)をつくることをイメージするとわかりやすくなるだろう。順列の総数と考えて，

$\frac{7!}{5!2!}=\frac{7\times6\times5\times4\times3\times2\times1}{5\times4\times3\times2\times1\times2\times1}=21$〔個〕となる。

【12】(1)　15.3m　　(2)　11m，16m　　(3)　13.5m

〈解説〉(1)　平均値は全記録の和を人数で除したものだから，平均値＝

$\frac{35+23+22+16\times2+11\times2+10+9+0}{10}=\frac{153}{10}=15.3$〔m〕

(2)　資料の値の中でもっとも頻繁に現れる値が最頻値である。11m，16mともに2回ずつ現れ，ほかは1回なので，11mと16mが最頻値となる。

(3)　中央値は資料の値を大きさの順に並べたときの中央の値。本問の場合，児童の人数は10人だから，記録を大きい順に並べ，5番目と6番目の平均値が中央値となる。したがって，中央値＝$\frac{16+11}{2}=13.5$〔m〕となる。

【13】(1)　イ　　(2)　ア　　(3)　①　東　　②　イ　　(4)　北極星が地軸の延長線上にあるから。　　(5)　イ　　(6)　2.5倍

〈解説〉(2)　下弦の月は夜半に東の空に昇り，明け方には南の空に見える。　(3)　①　月は，北極側から見ると地球の周りを反時計回りに公

転している。 ② 月は約1か月で地球を一回りする。よって，360÷30＝12〔度〕となる。 (5) 緯度が0度，すなわち赤道付近では星の動きは直線的に見える。 (6) 見かけの明るさは，距離の2乗に反比例することから，それぞれの恒星の明るさをAとB，距離をl_A，l_Bとすると，A＝2.5^2B，$\frac{l_B^2}{l_A^2}=\frac{A}{B}$という関係式を導くことができる。

【14】(1) ウ (2) イ，ク (3) $6CO_2+12H_2O$(＋光エネルギー) → $C_6H_{12}O_6+6H_2O+6O_2$ ($6CO_2+6H_2O \rightarrow C_6H_{12}O_6+6O_2$)

〈解説〉(1) 虫めがねはなるべく目に近づけ，観察する対象を動かしてピントを合わせる。 (2) 種子の休眠にはアブシシン酸，発芽にはジベレリンがそれぞれ関係する。 (3) 光合成は光エネルギーを用いた，葉緑体のチラコイドにおける無機物から有機物を作り出すはたらきである。

【15】(1) 水蒸気であれば目に見えないはずなのに白く見えているから。
(2) 昇華 (3) －4.0℃

〈解説〉(1) 湯気は，水蒸気が冷えて液体になったものである。
(2) 固体から気体，気体から固体いずれの状態変化も昇華である。
(3) 質量パーセント濃度が6％だから，溶液1kg中に溶けている食塩は60gである。完全に電離しているため，凝固点降下は$\Delta T_f=-k_f\times i\times m$より，$\Delta T_f=\frac{1.85\times2\times60}{58.5}$＝3.7948…≒－3.8(－3.7)〔℃〕とわかる。

【16】(1) エとキ，カとイ (2) AとD (3) 180 J (4) 3W

〈解説〉(1) 測定したい箇所に対して，電圧計は並列に，電流計は直列になるように接続する。 (2) この場合は，電熱線の太さ以外は条件が同じもの2つを選ぶことが求められる。本問の場合，AとDは直径が異なり，長さは同じなのでこの2本で調べるべきである。 (3) Q(熱量)＝V(電圧)×I(電流)×t(時間)より，3×2.0×30＝180〔J〕となる。
(4) 表より，AとBの抵抗はいずれもオームの法則より3.0÷2.0＝1.5〔Ω〕となるため，AとBを直列につなげると，回路全体の抵抗は3.0Ω

となり，流れる電流は1.0Aとなる。よって，W＝V×Iより，3×1.0＝3.0〔W〕とわかる。

【17】① 役割　② 規則　③ 交流

〈解説〉生活科の学年目標は4つあるが，本問は「主に自分と人や社会とのかかわり」に関する目標である。本目標が目指すものについて，学習指導要領解説では「児童が自分と身近な人々や社会とのかかわりに関心をもって，それらと主体的にかかわり，自分の住む地域のよさに気付き，愛着をもつとともに，その中で安全で適切な行動ができるようにすること」と説明している。このように，生活科の指導内容は教科目標や学年目標と，特に関連性が強いことを意識しながら学習するとよい。

【18】(1) エ　(2) 付点四分音符　(3) エ

〈解説〉(1) なお，井上武士は「うみ」，岡野貞一は「日のまる」「春がきた」「春の小川」「もみじ」「おぼろ月夜」「ふるさと」，橋本国彦は「スキーの歌」の作曲者である。いずれも学習指導要領の共通教材である。　(2) 小学校音楽科における音楽記号について，少なくとも学習指導要領の「音符，休符，記号や音楽にかかわる用語」で示されているものはおさえておくこと。付点四分音符は四分音符と八分音符を合わせた長さになる。　(3) ア，ウは第5～6学年の指導事項，イは第1～2学年の指導事項として示されている。

【19】(1) 下　(2) ○　(3) 親指　(4) ○　(5) げんのう

〈解説〉(1) 刃先は必ず下向きに取り付け，下側から留める。　(3) 切り始めは親指の関節やあて木をあて，切り終わりはゆっくりとのこぎりを動かし切り落とす材料を支えるようにする。　(5) げんのうには平面と曲面(木殺し面)があり，平面は打ち始め，曲面は釘の頭が5ミリほど残ったあたりから使い始める。

【20】(1) ① 一汁三菜 (2) ② 炭水化物 ③ タンパク質

〈解説〉一汁三菜の三菜とは，主菜に焼き物や刺身など，副菜に煮ものなど，副々菜に酢の物や和え物などをさし，主菜は右手，副菜は左手，副々菜は主菜・副菜の下の中央あたりに配膳する。配膳の位置はイラストなどで確認するとよい。

【21】① たて(みみに平行) ② ゆとり

〈解説〉布のみみと平行なのがたて方向，垂直であるのがよこ方向であり，たて方向の布目は伸びにくい。製作では，余裕をもって出し入れするにはゆとりが必要なことや，でき上がりの大きさに縫いしろを加える必要があることを理解する。

【22】エ

〈解説〉第5学年及び第6学年の体つくり運動は，体ほぐしの運動と体力を高める運動で構成されている。エは，体力を高める運動の「動きを持続する能力を高めるための運動」に該当する。

【23】(踏み切りの時は，)視線を前方(上方)に向けるといいよ。

〈解説〉児童の中には「踏み切りゾーン」を意識し過ぎて，助走のスピードが落ちてしまったり，目線が下を向きすぎてしまったりして，うまく跳べた感じを実感できない児童がいる。教師の指導助言に加えて，友達に自分の動きを見てもらい，アドバイスをもらいながら自分の動きをつかませることも大切である。

【24】(1) ① × ② × ③ × ④ ○ ⑤ ○

(2) ① エ ② イ

〈解説〉(1) ① 「救助用ドローンは大きくなってきており，生存者はそれらを簡単に見つけることができる」とあり不適。第2段落の記述によると，ドローンは小型化しているとあり，生存者がドローンを見つけるのではなく，ドローンが生存者を見つける。 ② 「ドローンは，農場で働く人々に水や殺虫剤，除草剤を輸送する」とあり不適。第3段落によると，ドローンは直接農場に水等を散布するのであって，農場で働く人々に持っていくのではない。　③「米国の軍隊はドローンを，平和を導く，あるいは世界に重要な利益をもたらす機械だと考えている」とあり不適。米軍のドローン開発に関する記述では，ドローンはミサイルより安価な兵器として扱われており，さらに偵察等の軍事利用の可能性が指摘されている。　④「ドローンは未来の戦争の多くの戦場で，攻撃や防衛用の武器になる」とあり，適切である。第5段落では，ドローンの軍事的活用について述べられている。

⑤「群れドローンの技術は今，急速な発展を経験している」とあり，適切である。最後の一文で同様のことが述べられている。

(2)　①「なぜ群れドローンを使うことは私たちに多くの利益をもたらすのか」といった質問であり，エが適切。　ア　登山道を示すとは本文にない。　イ　本文中には殺虫剤とドローンの費用の比較はない。ウ　戦場における負傷者の数を教えるという部分が本文にない。

②「未来の戦争においては軍の戦略はどのように変わりますか？」といった質問であり，イが適切。　ア　ミサイルの小型化についての記述も，それがドローンの脅威になるという記述もない。　ウ　スパイについての記述はない。　エ　虫を新たな兵器として使うという記述は本文にない。

【25】①　(ウ)　②　(オ)　③　(コ)　④　(シ)　⑤　(イ)　⑥　(キ)

〈解説〉まず注意したいのは次期学習指導要領において，現行の外国語活動は第3～4学年で履修することとなり，第5～6学年では外国語を履修するようになることである。この点について学習指導要領解説では「外国語で多様な人々とコミュニケーションを図ることができる能力は，生涯にわたる様々な場面で必要とされることが想定され，その基礎的な力を育成するため」としている。外国語の学習内容については「学びの過程全体を通じて，知識・技能が，実際のコミュニケーションにおいて活用され，思考・判断・表現することを繰り返すことを通じて獲得され，学習内容の理解が深まるなど，資質・能力が相互に関係し合いながら育成されること」がねらいになる。以上を踏まえながら，小学校における外国語教育の変遷を学習するとよい。

【26】学級担任…ア，エ，オ，カ　　ALT…イ，ウ

〈解説〉まず，外国語活動における授業の実施について，学習指導要領では「指導計画の作成や授業の実施については，学級担任の教師又は外国語活動を担当する教師が行うこととし，授業の実施に当たっては，ネイティブ・スピーカーの活用に努める」としていることに注意したい。よって，指導計画の作成，授業の進行・評価は学級担任が行うことになる。できれば授業前に指導計画をALTに見せ，意見などをもらうといったこと行うとよい。また，ALTが指導計画(案)のたたき台を作成し，学級担任が児童の実態に合わせて調整するといった方法も考えられる。そして，実際の授業ではそれぞれの役割と長所を生かしながら，進めていくことが適切であろう。

【27】(1)　B　　(2)　D　　(3)　B　　(4)　C　　(5)　A　　(6)　B

〈解説〉スクリプトが非公開なので，リスニング問題における解答のポイントを述べておく。まず，解答の選択肢が問題用紙に示されている場合には，放送前に必ず目を通しておくこと。英文は多少単語が聞き取れなくとも気にせず，S，V，Oを中心に大意を把握することを目的とすること。この問題では「応答として適切なもの」を選ぶことが求められているため，特に最後の問いかけは丁寧に聞くこと。

2017年度　実施問題

【1】次は，『小学校学習指導要領解説　国語編』(平成20年8月)の第3学年及び第4学年〔伝統的な言語文化と国語の特質に関する事項〕にある指導事項の一部である。空欄(　A　)～(　E　)に当てはまる言葉を書きなさい。(同じ記号の場所には，同じ言葉が入る。)

① 表現したり理解したりするために必要な文字や語句について，(　A　)を利用して調べる方法を理解し，調べる(　B　)を付けること。

② (　C　)や接続語が文と文との意味のつながりに果たす役割を理解し，使うこと。

③ 第3学年においては，日常使われている簡単な単語について，(　D　)で表記されたものを読み，また，(　D　)で書くこと。

④ 漢字や仮名の大きさ，(　E　)に注意して書くこと。

(☆☆☆◎◎◎◎◎)

【2】福井県が推進している「白川文字学を活かした漢字学習」では，漢字を体系的に学習することで，児童の漢字に対する興味・関心を高める工夫をしている。次の［　　　］は，児童と先生の会話である。下の問いに答えなさい。

児　童：　と　は、どちらも古代文字だけど、形がよく似ていますね。
先　生：そうね。似ているけれど、これらの古代文字が表す漢字は違うのよ。
児　童：　は、(　ア　)ですね。
先　生：そうよ。そして、　は、「火」をあらわすの。「火」は、　の他にも、いろいろ形を変えて使われているのよ。
児　童：そう言えば、昨日学習した(　イ　)という漢字にも、「火」の意味をもつ部首「灬」(　ウ　)がついていました。
先　生：そうね。学習したことをしっかり覚えていましたね。(　イ　)の古代文字は、　なのよ。
児　童：今の「火」に形が似ている部分がありますね。もっと他にもさがしてみます！

(1) 空欄(　ア　)(　イ　)にあてはまる漢字を書きなさい。

(2) 空欄(　ウ　)にあてはまる「灬」の名前を書きなさい。

(☆☆◎)

【3】次の各問いに答えなさい。

(1) 次の[人物－作品－人物と関わりの深い語句・事柄]の組み合わせから，正しい組み合わせになっているものをすべて選び，(ア)～(カ)の記号で答えなさい。

	[人物]		[作品]		[人物と関わりの深い語句・事柄]
(ア)	川端康成	……	雪国	……	日本人初のノーベル文学賞受賞
(イ)	宮沢賢治	……	トロッコ	……	農学校教諭
(ウ)	太宰　治	……	津軽	……	6月19日「桜桃忌」
(エ)	島崎藤村	……	夜明け前	……	自然主義文学
(オ)	三好達治	……	測量船	……	福井県民歌
(カ)	森　鷗外	……	山椒大夫	……	イギリス留学・則天去私

(2) 「2016年本屋大賞」を受賞した福井市出身の小説家の名前を漢字で書きなさい。

(☆☆☆☆◎◎)

【4】次の文章(漢文)を読んで，あとの問いに答えなさい。
(設問の都合で一部省略している部分がある。)

宋人(ニ)有(リ)〔下〕閔(うれヘテ)〔二〕其(ノ)苗之不［①］(ルヲ)
長(ゼ)、而揠(ぬク)〔レ〕之(ヲ)者〔上〕。芒芒然(トシテ)
帰(リ)、謂(ヒテ)〔二〕其(ノ)人〔一〕(ニ)曰(ク)、『今日②病
矣。予［③］〔レ〕苗(ヲ)長［④］(ト)矣。』其子趨(はしリテ)
而往(キテ)視(レバ)〔レ〕之(ヲ)、苗則(チ)槁(レタリ)矣。

(公孫丑篇)

(1) ［　①　］に入る返り点を書きなさい。

(2) ――部②の意味として最も近いものを次のア～オから選び，記号で答えなさい。

ア　病気になる　　イ　失敗をする　　ウ　疲れる

エ　横たわる　　オ　意欲を失う

(3) ［　③　］には，このエピソードからうまれた故事成語の一部(漢字一字)が入る。その漢字を答えなさい。

(4) ――部④が「成長させる」という意味になるように，送り仮名も含めて，読みを現代仮名遣いで書きなさい。(全てひらがなで書くこと。)

(☆☆☆☆☆◎◎◎)

【5】福井県について，次の各問いに答えなさい。

(1) 福井県には，東経136度線が通っている。同じように東経136度線が通る大陸をすべて答えなさい。

(2) 次の文の空欄にあてはまる語句を答え，それぞれの文にあてはまる市町名を答えなさい。

ア　この市では，(　①　)の生産がさかんです。今からおよそ100年前，増永五左衛門という人が，大阪から職人を連れてきて，(　①　)をつくる技術を伝えました。今では日本の(　①　)の生産の90%以上を占めています。

イ　この町では300年あまり前，大地震によって湖に流れ込む川がふさがれ，大変な被害を受けました。そこで，殿様の命を受けた行方久兵衛が(　②　)をつくり，村の人々を救いました。

ウ　浄土真宗中興の祖とよばれる(　③　)は，室町時代にこの市の吉崎を布教の拠点としました。春には，御影が京都から戻り，参拝客でにぎわいます。

(☆☆☆☆◎◎◎)

【6】次の文は，授業づくりについてのA先生とB先生の会話文である。空欄にあてはまる人物名や語句を答えなさい。

A先生：福井県のゆかりの人物を通して，近現代の授業を考えたいな。

B先生：ふくい歴史マップを見ていたら，福井市の中央公園周辺に何人かの銅像が立っていることに気付いたわ。

A先生：(　①　)は，明治時代に五箇条の御誓文の原案を考えた人物だね。

B先生：(　②　)も，明治時代の文明開化の時代に，日本の文化が軽く見られる中で，日本美術の価値を見出した人物として教科書に出てくるわ。両親が福井県の出身ということで，福井県を心のふるさととしてこよなく愛したそうよ。

A先生：福井県出身の総理大臣である(　③　)は，二・二六事件で暗殺されそうになった人物だね。

B先生：こうやってみていくと，近現代でも福井県のゆかりの人物が多く登場しているね。これらの人物に焦点を当てて，授業を作るのもおもしろそうね。

A先生：授業づくりの際には，子ども達が興味・関心をもって学習に取り組めるようにしたいね。そして，観察や調査・見学などの(　④　)的な活動や，その活動で分かったことや考えたことなどを適切に(　⑤　)する力も育てたいね。

(☆☆☆◎◎◎)

【7】昨年6月，公職選挙法が改正され，今夏の参院選から18歳選挙権が適用された。次の各問いに答えなさい。

(1)　次の文の空欄にあてはまる語句を漢字5文字で答えなさい。

18歳選挙権が適用されるにあたって，今まで以上に学校における(　　)の重要性が増してきます。

(2)　今夏の参院選の次の参院選は，何年に実施されるか。西暦で答えなさい。

(☆☆☆◎◎◎◎)

【8】次の文章は，『小学校学習指導要領解説　算数編』(平成20年8月)における「第2章　第1節　1教科の目標」の文章である。空欄の①，②，③に当てはまる語句を答えなさい。

[　①　]を通して，数量や図形についての基礎的・基本的な知識及び技能を身に付け，[　②　]について見通しをもち筋道を立てて考え，表現する能力を育てるとともに，算数的活動の楽しさや数理的な処理のよさに気付き，進んで[　③　]に活用しようとする態度を育てる。

(☆☆☆◎◎◎)

【9】第5学年の授業で台形の面積の求め方を考えさせる。次の図の台形を使う場合，面積を求めるために想定される変形の仕方を2つ，下の図に描きなさい。また，それぞれの図について，その変形の仕方からどのように台形の面積を求める公式を考えさせるか説明しなさい。

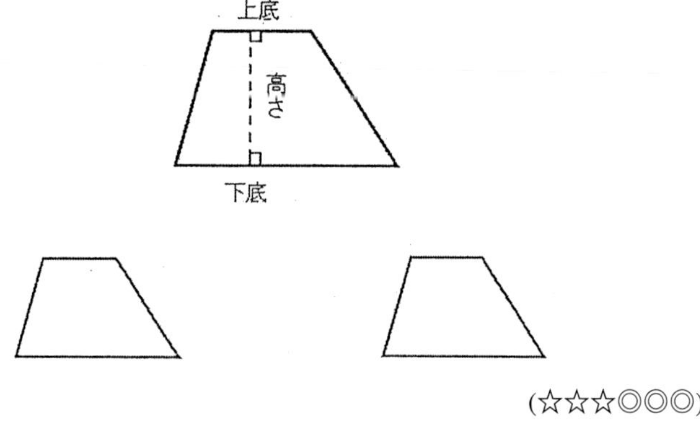

(☆☆☆◎◎◎)

【10】$1095^2-1092^2=a^2$となる正の整数aの値を求めなさい。(解を求める過程も書くこと)

(☆☆☆◎◎◎)

【11】一つのさいころを1の目が出るまで投げ続けるとき，投げる回数が4回以下となる確率を求めなさい。ただし，どの目が出ることも同様に

確からしいとする。(解を求める過程も書くこと)

(☆☆☆◎◎◎)

【12】地震が起きるとテレビのニュースや新聞などで，地震の大きさや震源について報道される。次の各問いに答えなさい。

(1) 気象庁の震度の階級は，人が揺れを感じない「震度0」から最も激しい揺れの「震度7」まであるが，何段階に分けられているか。

(2) 地震のP波の速度Vp[km/s]，S波の速度Vs[km/s]，初期微動継続時間T[s]とすると，震源までの距離d[km]は，どのような式で表されるか。

(3) 福井県で起きた過去の地震について調べ，以下のようにまとめた。(①)，(②)に入る適切な数字や語句を下のア～エから選びなさい。

福井地震は，(①)年に発生し，福井県を中心に北陸から北近畿を襲った地震です。震源は現在の(②)でした。地震の規模は，M7.1の都市直下型地震だったそうです。

① ア 1948　イ 1952　ウ 1960　エ 1968
② ア 大野市　イ 坂井市　ウ 鯖江市　エ 敦賀市

(☆☆☆◎◎◎◎)

【13】根のついたホウセンカを色水に入れ，水の通り道を調べた。図1は，茎を横に切って顕微鏡で観察したもので，図2は，その一部を拡大したものである。あとの各問いに答えなさい。

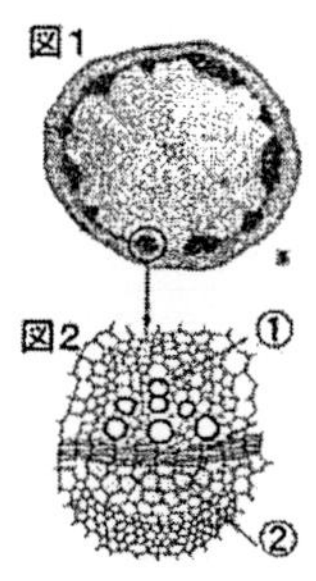

(1)　児童が顕微鏡で観察するとき，低倍率の対物レンズを使ってピントを合わせる場面でプレパラートを割ってしまうことが多い。ピントを合わせる前にどのような操作をさせたらよいか。「対物レンズ」という語句を使って説明しなさい。

(2)　図2の①②の名称を答えなさい。

(3)　植物に肥料を与えるとよく育つ。肥料は主に3つの元素を含む化合物でできている。次の特徴にあてはまる元素は何か。元素記号で答えなさい。

ア　植物の細胞をつくる材料。花や実のつきをよくする。

イ　植物の体のはたらきを調整する。根を強くする。

ウ　植物のタンパク質を構成する最も重要なもの。葉や茎を丈夫にする。

(☆☆☆◎◎◎◎)

【14】ろうそくが燃える前と燃えた後の集気びんの中の空気がどのように変化したのか，次の図のような器具を使いその成分を調べた。下の各問いに答えなさい。

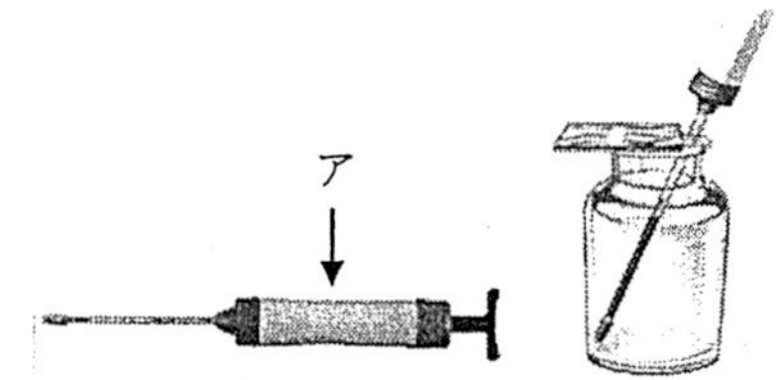

(1)　図のアの名前を答えなさい。

(2)　ろうそくが燃える前の空気のモデルをもとにして，実験結果から燃えた後の空気のようすを次の図のようにまとめた児童がいる。燃えた後の空気の成分について適切でないことを簡単に書きなさい。

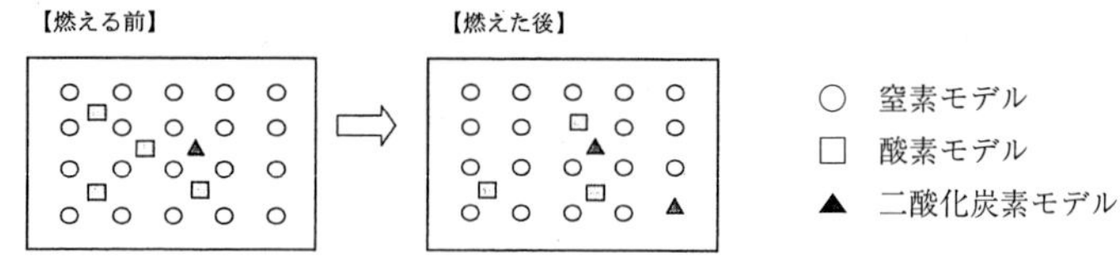

(3) ①燃えた後の集気びんの中に石灰水を入れると，石灰水が白く濁った。②さらに，この液体の中に二酸化炭素を通じ続けると無色透明になった。下線部①②で起こっている反応を化学反応式で表しなさい。

(☆☆☆◎◎◎◎)

【15】電気をためることができるコンデンサーを使って，図のような実験を行った。下の各問いに答えなさい。

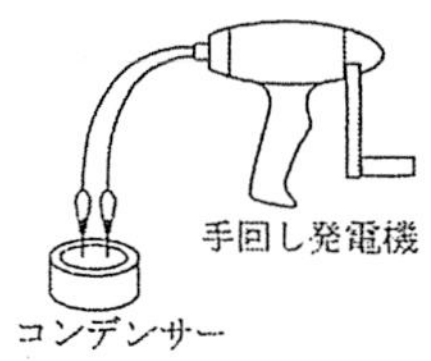

(1) 図のように，電気のたまっていないコンデンサーに手回し発電機をつなぎ，ハンドルを1秒に1回ずつ50秒間回しつづけた。回しているときの手ごたえはどうなるか。

(2) コンデンサーに電気が蓄えられていることを，豆電球やモーター，電子オルゴールを使って確認する。各器具をコンデンサーにつなぐとき，電子オルゴールの場合に注意することは何か。

(3) 電気容量$C=2\times10^{-8}$〔F〕，極板間隔$d=2\times10^{-2}$〔m〕の平行平板コンデンサーがある。極板間の電位差$V=50$〔V〕のとき，コンデンサーに蓄えられている電気量Q〔C〕を求めなさい。

(4) 電気容量が2.0μFのコンデンサーを50Vに充電する。このとき，コンデンサーに蓄えられる静電エネルギーU〔J〕を求めなさい。

(☆☆☆☆◎◎◎◎)

【16】次の図は，『小学校学習指導要領解説　生活編』(平成20年8月)の教科目標の構成を図で表したものである。あとの(　①　)，(　②　)に当てはまる語句を答えなさい。

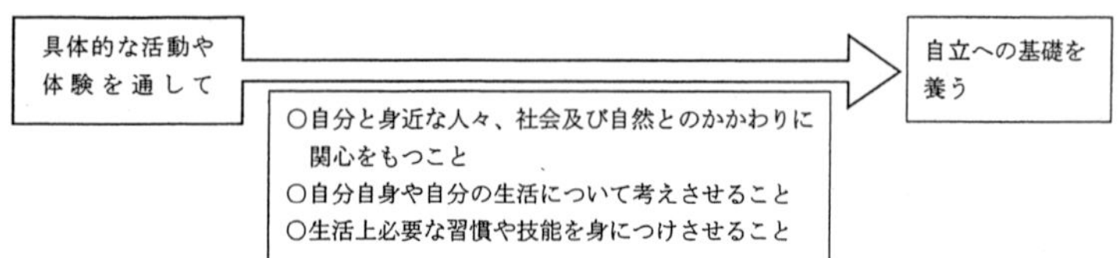

ここでいう自立とは，以下に述べる三つの自立を意味している。

第1は，自分にとって興味・関心があり，価値があると感じられる学習活動を自ら進んで行うことができるということであり，自分の思いや考えなどを適切な方法で表現できるという(　①　)の自立である。

第2は，生活上必要な習慣や技能を身に付けて，身近な人々，社会及び自然と適切にかかわることができるようになり，自らよりよい生活を創り出していくことができるという生活上の自立である。

第3は，自分のよさや可能性に気付き，意欲や自信をもつことによって，現在及び将来における自分自身の在り方に夢や希望をもち，前向きに生活していくことができるという(　②　)な自立である。

(☆☆☆◎◎◎)

【17】『小学校学習指導要領解説　生活編』(平成20年8月)の生活科の内容(7)に関しての文を読んで答えなさい。

> (7)　動物を飼ったり植物を育てたりして，それらの育つ場所，変化や成長の様子に関心をもち，また，それらは生命をもっていることや成長していることに気付き，生き物への親しみをもち，大切にすることができるようにする。

飼育する動物や栽培する植物としてどのようなものを取り上げることが大切か。動物か植物どちらかを選択し，解答しなさい。

(☆☆☆◎◎◎)

【18】次の楽譜は，第6学年の歌唱共通教材である。下の問いに答えなさい。

(1)　この曲の題名を答えなさい。

(2)　この曲は何拍子か。次の(ア)～(エ)から選び，記号で答えなさい。

(ア)　8分の6拍子　　(イ)　4分の4拍子　　(ウ)　4分の3拍子

(エ)　4分の2拍子

(3)　次のア～エは『小学校学習指導要領解説　音楽編』(平成20年8月)の第5学年及び第6学年の「2内容　A表現(1)歌唱の活動における指導事項」である。(　①　)～(　④　)に当てはまる語句の組み合わせとして，適当なものを下の表の(a)～(f)から1つ選び，記号で答えなさい。

ア　範唱を聴いたり，(　①　)の楽譜を見たりして歌うこと。

イ　歌詞の内容，(　②　)を生かした表現を工夫し，(　③　)をもって歌うこと。

ウ　(　④　)および発音の仕方を工夫して，自然で無理のない，響きのある歌い方で歌うこと。

エ　各声部の歌声や全体の響き，伴奏を聴いて，声を合わせて歌うこと。

	①	②	③	④
(a)	ハ長調	曲想	思いや意志	発声
(b)	ハ長調	構成	思いや意図	発声
(c)	ハ長調およびヘ長調	曲想	思いや意図	発声
(d)	ハ長調およびヘ長調	構成	思いや意志	呼吸
(e)	ハ長調およびイ短調	曲想	思いや意図	呼吸
(f)	ハ長調およびイ短調	構成	思いや意志	呼吸

(☆☆☆☆◎◎◎)

【19】次表は『小学校学習指導要領　図画工作編』(平成20年8月)における各学年の目標を簡単にまとめたものである。

表中の①～③に当てはまる文を下のア～ウの中から選びなさい。

造形への関心や意欲、態度に関する目標	・進んで表したり見たりする態度を育て、つくりだす喜びを味わう。（低学年） ・進んで表現や鑑賞をする態度を育て、つくりだす喜びを味わう。（中学年） ・創造的に表現や鑑賞をする態度を育て、つくりだす喜びを味わう。（高学年）
発想や構想の能力、創造的な技能に関する目標	・＿＿＿①＿＿＿（低学年） ・＿＿＿②＿＿＿（中学年） ・＿＿＿③＿＿＿（高学年）
鑑賞の能力に関する目標	・身の回りの作品などから、面白さや楽しさを感じ取る。（低学年） ・身近にある作品などから、よさや面白さを感じ取る。（中学年） ・親しみのある作品などから、よさや美しさを感じ取る。（高学年）

ア　想像力を働かせて発想や構想をし，様々な表し方を工夫する。
イ　豊かな発想をし，体全体の感覚や技能などを働かせる。
ウ　豊かな発想をし，手や体全体を十分に働かせ，表し方を工夫する。

(☆☆☆◎◎◎)

【20】第6学年において，地域の美術館を利用して，以下のような流れで鑑賞の授業を行うことにした。

【授業の展開】

①　学芸員になったつもりで，二つの彫刻作品のうち，どちらの作品を来館者に勧めるのか選ぶ。
・教師側より提示した二つの作品からお勧め作品を一つ選び，その理由をワークシートにまとめる。

②　二つの作品について話し合う。
・作品をみんなで囲み，教師の司会のもと，話し合いを進める。
・子どもたち一人ひとりがワークシートに記入した選んだ理由をもとに，話し合う。
・教師は具体的な根拠をもとに発表するよう助言をする。
・美術館の学芸員にも子どもたちの話し合いに随時加わってもらう。

③　振り返りの活動を行う。
・美術館の学芸員から話を聞く。
・自分の最初のイメージと変わったところや深まったところ

を記入する。

<『言語活動の充実に関する指導事例集(小学校版)』
(文部科学省　平成23年)より作成>

(1)　授業の最初の段階で子どもたちに理由を書かせるワークシートについて，教師はワークシートの中央に作品の画像を印刷し，その余白に自分の考えを記入させることにした。

子どもたちがワークシートに考えを記入する際，教師はどのような助言を与えるとよいか。「作品になったつもりで気持ちを書くだけでなく」の後に続けて書きなさい。

(2)　教師は，外部の人からの話を聞くことで，話し合いを取り入れた本時の活動に深まりを持たせたり，活動の意義付けをしたりしたいと考え，振り返りの活動の中に美術館の学芸員からの話を入れることにした。授業の最後の段階として，学芸員にどういった話をしてもらえるようお願いしておくとよいか。話してもらう内容について「作品に関する専門的な解説」以外に1つ書きなさい。

(☆☆☆◎◎◎)

【21】朝食の献立を考える。次の各問いに答えなさい。

(1)　(　①　)～(　③　)にあてはまる語句を答えなさい。

栄養素には，炭水化物，(　①　)，(　②　)，無機質，ビタミンがあり，(　③　)と呼ばれている。

(2)　次のような朝食の献立を考えた児童に，栄養のバランスについて指導する。

体内での主な働きによって分けられる3つのグループのうち1つが欠けているが，欠けているグループの名前とそのグループに属する具体的な食品名1つを書きなさい。

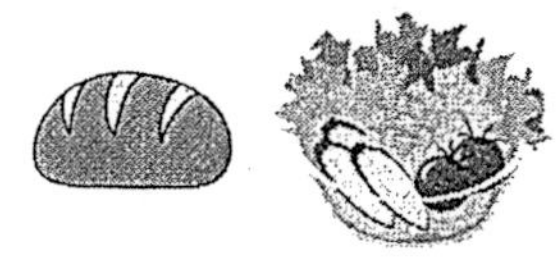

Aパン・野菜サラダ (レタス・きゅうり・ミニトマト・コーン)

(☆☆☆◎◎◎)

【22】小学校第5学年及び第6学年の表現運動でフォークダンスの指導を行う。指導の際，教師は子どもたちのイメージを膨らませ，動きを引き出すために以下のような言葉がけを行った。

①「この踊りは農民が水を見つけた喜びを歌い踊ったものです。」と<u>踊りに込められた思いや場面の様子</u>を説明したり，「まず始めの8呼間をします。繰り返しますね。」と<u>踊り方を少しずつ分けて繰り返し</u>説明したりする指導 ②「ちゃんと相手を見て手をたたこう。」「みんなの動きが揃ってきて，きれいになってきたよ。」と<u>友達との関わり方を方向づける</u>指導 ③「表情がいいね。」「動きがいきいきしてきたよ。その調子。」「農民の喜びが伝わってくるようだよ。」と<u>表情や動きに対して褒め言葉</u>で指導

①～③のような言葉がけには，それぞれ教師のどのような意図があるか。次のア～ウで最も適切なものを選びなさい。

ア　動きに自信のない子どもの動きを引き出す意図

イ　初めてフォークダンスを経験する子どもの動きを引き出す意図

ウ　みんなで踊る喜びを高め，意欲的に踊る姿勢を育む意図

(☆☆☆◎◎◎)

【23】次の文章は，『小学校学習指導要領解説　体育編』(平成20年8月)において，病気の予防について書かれたものである。空欄(　①　)，(　②　)に当てはまる語句を答えなさい。

(3)　病気の予防について理解できるようにする。

ア　病気は，病原体，(　①　)，(　②　)，環境がかかわり合って起こること。

イ　病原体が主な要因となって起こる病気の予防には，病原体が体に入るのを防ぐことや病原体に対する(　①　)を高めることが必要であること。

ウ　生活習慣病など(　②　)が主な要因となって起こる病気の予防には，栄養の偏りのない食事をとること，口腔の衛生を保つことなど，望ましい生活習慣を身に付ける必要があること。

エ　喫煙，飲酒，薬物乱用などの行為は，健康を損なう原因となること。

オ　地域では，保健にかかわる様々な活動が行われていること。

(☆☆☆◎◎◎)

【24】次の英文を読んで，各問いの語句に続くものとして最も適切なものをA)～D)から1つ選びなさい。

Why Carding Kids is a Bad Idea

For those of you who have forgotten what it was like to be a teenager, it's about five years of entrapment. You are trapped between the kid you once were and the person you are destined to become. Parents try hard to keep their kids away from things that might corrupt their future, such as drugs, alcohol or violent movies. But placing strict restrictions on teens will accomplish only two things: *really, really* annoy them and make the temptation for rebellion greater.

The newest protective gesture is requiring movie theaters to ask kids to show photo identification before seeing R-rated films. This carding, in my opinion, is just a silly waste of time. In general, when a group of kids at the age of 13 or 14 go out to see a movie, they're going to be drawn to a violent thriller. If they can't get into that, they'll probably just hit the streets rather than waste their hard-earned bucks. And it is much better to have your kids sitting safely in a theater watching an R-rated movie than on the streets, where they can be exposed to a world just as violent as Hollywood's. Parents should be relieved that their children want to see *Scream* at a theater they know, instead of having absolutely no idea where their kids are and whom they are with.

Some argue that if parents are O.K. with their teen seeing an R-rated flick, they can just buy the kid's ticket. When *Scream* came out, I was eager to see it; and my dad drove me, a couple of friends and my younger brother to the theater and went in to buy us tickets. They informed him that he would have to go into the movie with us; his permission was not sufficient to let us in. Since my dad couldn't stay to see the movie, we all went back home.

We all know how effective laws against underage drinking, smoking and drugs are: they're not. Who's to say that movie theater carding won't be just as ineffective? Kids are capable of holding some serious emotions, which if not expressed and understood can lead to destructive actions. Why not let them decide what thay can and cannot see? By giving them the freedom to choose, you are showing them a little piece of respect and responsibility.

(1) Parents with teenagers

A) try to keep their kids close with drugs, alcohol or violent movies.

B) irritate their kids by putting strict rules on them.

C) can feel easy when their kids walk around the streets.

D) can say O.K. for their kids to see R-rated movies and let them buy the tickets.

(2) The most suitable writer of this passage seems to be

A) A politician

B) A parent

C) A teenager

D) A worker at a movie theater

(3) According to the passage, we can say

A) asking kids to show their ID cards to movie theaters is a good, effective way to protect kids.

B) it is safer for the kids to see R-rated movies in a theater than to be free in the real world.

C) the writer's father was a really thoughtful man to see the R-rated movie with the kids.

D) all the kids are bad at controling their emotions and tend to commit destructive actions.

(4) The meaning of the word "sufficient" in line 15 is similar to

A) enough

B) powerful

C) necessary

D) meaningless

(☆☆☆◎◎◎)

【25】次は，中央教育審議会初等中等教育分科会教育課程企画特別部会における論点整理(平成27年8月)をまとめたものである。平成32年度以降の「外国語」における小学校段階の基本的な取り組みに関して，表の(①)～(⑥)の空欄に当てはまるものを下のア～コから選び，記号で答えなさい。

小学3・4年生	小学5・6年生
○「(①)」として実施	○「(②)」として系統的に指導
○外国語に(③)、外国語学習への動機づけを高める。	○語彙や表現を繰り返し活用した言語活動から、自分の考えや気持ちなどを(④)を意識しながら伝えようとする(⑤)までの総合的な活動を展開し、定着を図る。
○「聞く」「話す」の(⑥)を中心に活動する。	○4技能を扱う知識・技能を学ぶ。

ア 2技能　イ 教科　ウ コミュニケーション活動

エ 限定し　オ 話し手　カ 外国語活動

キ ゲーム　ク 慣れ親しみ　ケ 聞き手

コ ディベート活動

(☆☆☆◎◎◎)

【26】第5学年の外国語活動Hi, friends! 1 Lesson9では，"What would you like?"という表現を使って，欲しい物について丁寧に尋ねたり答えたり

する活動を行う。この単元の第3時の授業において，あなたは，児童を客と店員の役に分かれさせ，メニュー表を使って，“What would you like?” “I'd like～.” とやりとりさせながら，スペシャルランチを作る活動を行うこととした。

『小学校学習指導要領　外国語活動編』(平成20年8月)に示された内容と照らし合わせ，この活動での適切な指導を下の①～⑦から3つ選び，記号で答えなさい。

［メニュー表］

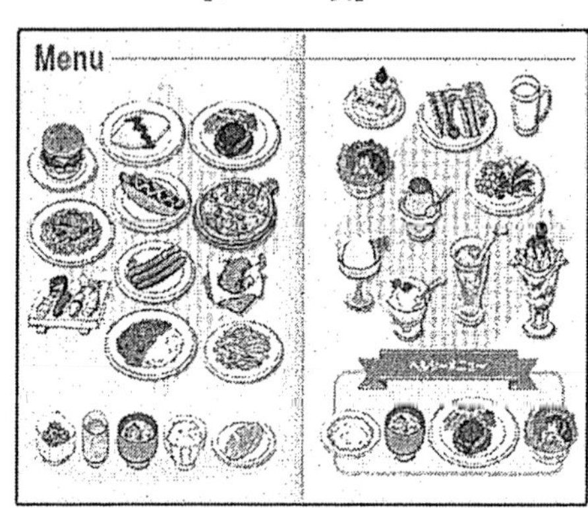

① 料理の絵カードを見せながら，英語の発音を聞かせる。

② 料理の英語の名前を書いたフラッシュカードを用いて，発音する練習を行う。

③ 外来語とそのもとの英語との音の違いから，日本語と英語との音の違いに気づかせ，何度も練習させ，正しく発音できるようにする。

④ 活動に使う英語の表現を練習させ，“What would you like?” “I'd like～.” と正確に言えることをねらいとして活動を行わせる。

⑤ 活動の前に，どのようなランチを作るか考えさせる。

⑥ これまでの活動で使われていた“What do you want?” ではなく，“What would you like?” を使うことに気づかせ，なぜ違う表現を使うのかについて考えさせる。

⑦ 活動に使う表現(文)を英語で書かせ，それを見ながら活動を行う

ように指示する。

(☆☆◎◎◎)

【27】ALTに次のように話しかけられた場合，どのように答えたらよいか。最も適切なものを問いの後から読まれる1～3の中からそれぞれ1つずつ選び，記号で答えなさい。英文は2回繰り返して読まれる。

小学校　リスニング　　放送原稿

1.

Q: What will the weather be like tomorrow?

(1)　No, it was rainy yesterday.

(2)　Well, I like to go on a picnic on sunny days.

(3)　Sorry, I have no idea.

2.

Q: Should I go out and play with the kids or stay here?

(1)　I like to go out.

(2)　No, you shouldn't.

(3)　The kids will be happy with you outside.

3.

Q: Can I go home now?

(1)　Yes, I'd love to.

(2)　What's the matter?

(3)　I miss you.

4.

Q: Where's the gym?

(1)　It's on your desk.

(2)　Follow me. I'll take you there.

(3)　That's a difficult question.

5.

Q: I went to Hokkaido last week. Here's small something for you.

(1)　Oh, thank you so much.

(2)　I'm not so sure about that.

(3)　Please take me to Hokkaido.

6.

Q: I need some pieces of paper to use in the class.

(1)　Oh, they're nice.

(2)　Yes, I need to make origami.

(3)　OK, here you go.

(☆☆☆◎◎◎)

解答・解説

【1】A　辞書　　B　習慣　　C　指示語　　D　ローマ字　　E　配列

〈解説〉「伝統的な言語文化と国語の特質に関する事項」は『「A話すこと・聞くこと」,「B書くこと」及び「C読むこと」の指導』に関する指導事項と,「書写に関する指導事項」で構成されており，本問では(1)「イ　言葉の特徴やきまりに関する事項」「ウ　文字に関する事項」,および(2)の一部である。指導に関する事項は学習内容と合わせて確認するとよい。また，学年ごとに内容が異なるので，他学年との混同にも注意したい。

【2】(1)　(ア)　山　　(イ)　照　　(2)　れんが(れっか)

〈解説〉白川文字学は一般にはなじみが薄いかもしれないが，福井県出身の白川静がまとめた古代漢字学のことを指しており，福井県では頻出である。白川文字学は本来日本古代の考察が主であったが，漢字の比較研究の必要性から，中国をはじめとする漢字圏の研究へと広がっていった。

【3】(1)　(ア)・(ウ)・(エ)・(オ)　　(2)　宮下奈都

〈解説〉(1)　(イ)　『トロッコ』は芥川龍之介の作品である。　(カ)「則天去私」は自然に従い，自分に囚われない無我の境地に達するという意味で，夏目漱石がその晩年に理想とした内容である。　(2)　作品は『羊と鋼の森』である。

【4】(1)　一レ　　(2)　ウ　　(3)　助　　(4)　ちょうぜしむ(と)，ちょうぜしめたり(と)

〈解説〉(1)「長ぜざる」で「レ」を使うと考えがちだが，対象となる一文の中で「二」があって「一」がないことにも注意したい。文は「その苗の長ぜざるを閔へて」となる。　(2) (3)　なお，全文の意味は「宋の人で，苗がなかなか成長しないのを心配して，引っ張って伸ばそうとする人があった。疲れ切りぼんやりとして家に帰って言うことには，『今日は疲れた。苗を助けて伸ばしてやったんだ』と言うので，子どもが走って田んぼを見に行くと，苗は枯れてしまっていた」となる。この話は「助長」という故事成語の元になった孟子の漢文である。(4)「～させる」という使役の意味の「しむ」を付け加えて「ちょうぜしむ」とするのが正しい。

【5】5　(1)　ユーラシア大陸　オーストラリア大陸　南極大陸

(2)　①　語句…めがねわく(めがね)　市町村名…鯖江市

②　語句…浦見運河　市町村名…若狭町(美浜町)

③　語句…蓮如　市町村名…あわら市

〈解説〉(2)　①　鯖江市のめがねフレームの生産は，国内の約9割，世界の約2割を占めている。　③　蓮如は室町時代中期の浄土真宗(真宗・一向宗)の僧で，本願寺第8世である。応仁の乱の頃に京都から北陸に向かい，越前国吉崎御坊を中心に北陸一帯，さらに東海・畿内・紀伊で精力的に布教し，これによって本願寺は諸国農村に基盤を置く全国規模の教団となった。

【6】① 由利公正　② 岡倉天心　③ 岡田啓介　④ 体験　⑤ 表現

〈解説〉① 由利公正は越前藩士出身で，横井小楠に学び殖産興業の重要性を痛感して藩の財政救難に尽力した。維新後は参与となり，1868年五か条の御誓文の原案を起案，また政府の財政難克服に貢献した。　② 岡倉天心は明治時代の美術評論家。文明開化で西洋美術がもてはやされる中で，フェノロサの影響を受けて日本美術の伝統を再認識し，東京美術学校の創立に尽力し校長となった。　③ 岡田啓介は昭和時代の軍人(海軍大将)・政治家。田中義一内閣・斎藤実内閣で海相をつとめ，1934年に組閣し，軍部に迎合する姿勢をとった。天皇機関説問題が起こるとそれを排撃し，国体明徴声明を出した。二・二六事件で襲撃を受けたが難を逃れ，のち総辞職した。

【7】(1) 主権者教育　(2) 2019年

〈解説〉(1) 主権者教育とは「社会参加に必要な知識，技能，価値観を習得させる教育」の中心である「市民と政治との関わり」を教えることであり，文部科学省の「主権者教育の推進に関する検討チーム」では，主権者教育の目的を「主権者として社会の中で自立し，他者と連携・協働しながら，社会を生き抜く力や地域の課題解決を社会の構成員の一員として主体的に担う力を発達段階に応じて身に付けさせる」としている。　(2) 参議院には解散がなく，任期は6年で半数改選が行われるため，次の参議院選挙は2016年から3年後の2019年である。

【8】① 算数的活動　② 日常の事象　③ 生活や学習

〈解説〉教科目標や学年目標は学習指導要領関連の問題の中でも最頻出なので，全文暗記だけでなく，言葉の意味なども学習指導要領解説などで確認しておくことが望ましい。なお，ここでいう算数的活動とは「児童が目的意識をもって主体的に取り組む算数にかかわりのある様々な活動」(学習指導要領解説)としている。

【9】(変形例1)

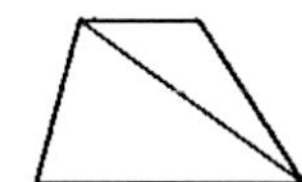

説明…台形を対角線で切って，2つの三角形に分割する。上の三角形の底辺は上底で，高さは台形の高さであるので

面積は，上底×高さ÷2

下の三角形の底辺は下底で，高さは台形の高さであるので

面積は，下底×高さ÷2

となり，この2つの三角形の面積を加えたものが台形の面積となるので，上底×高さ÷2＋下底×高さ÷2

よって，台形の面積は(上底＋下底)×高さ÷2

となる。

(変形例2)

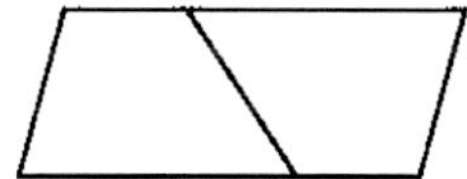

説明…合同な台形をもう一つ持ってきて，2つ合わせて平行四辺形にする。

平行四辺形の面積は，底辺×高さで求められる。平行四辺形の底辺の長さは，台形の上底に下底を加えた長さとなり，また，高さは台形の高さと同じである。平行四辺形の面積が台形二つ分の面積となるので，その半分が台形の面積となる。

よって，台形の面積は(上底＋下底)×高さ÷2

となる。

〈解説〉変形例1では，台形の面積公式(上底＋下底)×高さ÷2を，上底×高さ÷2＋下底×高さ÷2＝(上底を底辺とする三角形の面積)＋(下底を底辺とする三角形の面積)　と読みかえている。(変形例2)では，台形の面積公式を{(上底＋下底)×高さ}÷2＝{(上底＋下底)を底辺とする平行四辺形の面積}÷2と読みかえている。

【10】$1095^2-1092^2=(1095+1092)\times(1095-1092)=2187\times3=3^7\times3$
$=3^8=(3^4)^2=81^2$　　$a=81$

〈解説〉一見難問に見えるかもしれないが，乗法公式$a^2-b^2=(a+b)(a-b)$がわかれば，素早く解答できるだろう。

【11】さいころを4回投げるとき出る目の出方は全部で
$6\times6\times6\times6=1296$通り
その4回のうち1度も1の目が出ない場合は
$5\times5\times5\times5=625$通り
よって，4回投げたうち少なくても1の目が出る場合は
$1296-625=671$通り
ゆえに，求める確率は$\frac{671}{1296}$

〈解説〉別解として，次のようなものがあげられる。1回目に初めて1の目が出る確率は$\frac{1}{6}$，2回目に初めて1の目が出る確率は$\frac{5}{6}\times\frac{1}{6}=\frac{5}{36}$，3回目に初めて1の目が出る確率は$\frac{5}{6}\times\frac{5}{6}\times\frac{1}{6}=\frac{25}{216}$，4回目に初めて1の目が出る確率は$\frac{5}{6}\times\frac{5}{6}\times\frac{5}{6}\times\frac{1}{6}=\frac{125}{1296}$である。よって，投げる回数が4回以下となる確率は　$\frac{1}{6}+\frac{5}{36}+\frac{25}{216}+\frac{125}{1296}=\frac{671}{1296}$となる。

【12】(1)　10段階　　(2)　$d=\frac{Vp\cdot Vs}{Vp-Vs}\cdot T$　　(3)　①　ア
②　イ

〈解説〉(1)　震度は0，1，2，3，4，5弱，5強，6弱，6強，7の10段階に分けられている。　(2)　$T=\frac{d}{Vs}-\frac{d}{Vp}$であるから，$d=\frac{Vp\cdot Vs}{Vp-Vs}\cdot T$となる。　(2)　福井地震は1948年6月28日に発生した。震源は福井県坂井郡丸岡町(現在の坂井市丸岡町付近)である。

【13】(1)　横から見て対物レンズをプレパラートに近づける
(2)　①　道管　　②　師管　　(3)　ア　P　　イ　K　　ウ　N

〈解説〉(2)　①の道管は根から吸収した水などの通り道で，②の師管は

葉で作られた養分などの通り道である。　(3)　P(リン)，K(カリウム)，N(窒素)は特に植物が多量に必要とし，肥料として与えなくてはならない元素で肥料の三要素という。

【14】(1)　気体採取器　　(2)　窒素の数が減っている

(3)　①　$Ca(OH)_2+CO_2 \rightarrow CaCO_3+H_2O$　　②　$CaCO_3+H_2O+CO_2 \rightarrow Ca(HCO_3)_2$

〈解説〉(2)　燃焼するときには空気中の酸素が使われ，窒素は使われない。　(3)　石灰水は水酸化カルシウムの水溶液である。二酸化炭素を吹き込むと，水に不溶の炭酸カルシウムが生じ白くにごる。白くにごったところにさらに二酸化炭素を吹き込み続けると炭酸カルシウムは溶け，水に可溶な炭酸水素カルシウムに変わる。

【15】(1)　しだいに軽くなる　　(2)　同じ極性の端子につなぐ

(3)　1×10^{-6}〔C〕　　(4)　2.5×10^{-3}〔J〕

〈解説〉(1)　コンデンサーに充電されるほど電流が流れなくなるので，手ごたえは軽くなる。　(3)　$2\times10^{-8}\times50=1\times10^{-6}$〔C〕となる。

(4)　$\frac{1}{2}\times2.0\times10^{-6}\times50^2=2.5\times10^{-3}$〔J〕となる。

【16】①　学習上　　②　精神的

〈解説〉三つの自立の「基礎」は，互いに支え合い補い合いながら，豊かな生活を生み出していくことに役立てられるものである。実現に当たっては，児童の実態，保護者の願いや地域の要望などを踏まえて，明確にしていく必要がある。

【17】動物の場合…身近な環境に生息しているもの，児童が安心してかかわることができるもの，えさやりや清掃など児童の手で管理ができるもの，動物の成長の様子や特徴がとらえやすいもの，児童の夢が広がり多様な活動が生まれるもの　等。

植物の場合…種まき・発芽・開花・結実の時期が適切なもの，低学年児童でも栽培が容易なもの，植物の成長の様子や特徴がとらえやすいもの，確かな実りを実感でき満足感や成就感を得られるもの　等。

〈解説〉飼育や栽培では新しい生命の誕生や死や病気など，生命の尊さを感じることが多い。成長することの素晴らしさや尊さ，対して死んだり枯れたり病気になったりしたときの悲しさ等は，児童の成長に必要な体験である。なお，動物の飼育に当たっては，管理や繁殖，施設や環境などについて配慮する必要がある。専門家や獣医師などと連携して，よりよい体験を与える環境を整える必要がある。また，休日や長期休業中の世話なども組織的に行い，児童や教師，保護者，地域の専門家などによる連携が期待される。

【18】(1)　おぼろ月夜　　(2)　ウ　　(3)　(e)

〈解説〉(1)　歌唱共通教材は各学年4曲ずつある。すべて頻出なので，歌詞の暗記はもちろん，譜面が読めるまでしっかりと学習しておきたい。(2)　1小節に4分音符が3つ分の音の長さが入っているので，4分の3拍子であることがわかる。なお，学習指導要領の「指導計画の作成と内容の取扱い」に示されている音楽記号なども頻出なので理解しておきたい。

【19】①　イ　　②　ウ　　③　ア

〈解説〉問題にあるとおり，学年目標はそれぞれのねらいに対して学年別に設けられている。したがって，学年による相違点をしっかり学習しておくこと。本問は，形や色，材料などを基に，発想したり，技能を高めたりするなどの発想や構想の能力，創造的な技能に関する目標についてである。

【20】(1)　(作品になったつもりで気持ちを書くだけでなく，)作品の形や色，動きにも目を向けてワークシートを記入しましょう。　(2)　みんなで話し合うことで，作品について深く考えることができる素晴らしさ。

〈解説〉鑑賞においては，鑑賞の能力を高めるために，感じたことや思ったことを話したり，友人と語り合ったりしながら，材料による感じの違い，表し方の変化などをとらえ，身近にある作品や親しみのある作品などのよさや美しさなどを感じ取るような指導を充実することが望ましい。

【21】(1)　①　脂質(たんぱく質)　　②　たんぱく質(脂質)　　③　五大栄養素　　(2)　欠けているグループの名前…主に体をつくるもとになるもの　　具体的な食品名…(例)卵料理　(魚・肉・卵・大豆・豆製品・牛乳・乳製品・小魚・海そう等および，それを含んだ料理名等)

〈解説〉(2)　体内での主な働きによって分けられる3つのグループとは，「主にエネルギーのもとになる」，「主に体をつくるもとになる」，「主に体の調子を整えるもとになる」を指す。問題の献立には，「主に体をつくるもとになる」グループの食品が欠けているので，たんぱく質や無機質を多く含む食品名を答えればよい。パンを主食とした朝食にふさわしい食品としては，卵や牛乳・ヨーグルトなどがあげられる。

【22】①　イ　　②　ウ　　③　ア

〈解説〉フォークダンスでは，伝承されてきた日本の地域や諸外国の踊りを通して，みんなで一緒に踊るのが楽しい運動であることを理解する。その際，基本的なステップや動きを身に付け，音楽に合わせて感じを込めて踊ることが大切である。本問については，下線部分を手がかりにどのような状況であるかを想定することが，カギとなるだろう。

【23】①　体の抵抗力　　②　生活行動

〈解説〉病気の予防には，病原体が体に入るのを防ぐこと，病原体に対する体の抵抗力を高めること，望ましい生活習慣を身に付けることが必要である。病原体がもとになって起こる病気としてはインフルエンザ，結核，麻しん，風しん等があげられる。さらに，日常の生活行動に関連して起きる病気として，心臓や脳の血管疾患，むし歯や歯茎の病気などがあり，その予防には偏食や間食を避けたり，口腔の衛生を保ったりする等があげられる。

【24】(1)　B　　(2)　C　　(3)　B　　(4)　A

〈解説〉(1)　第1段落最後の文にplacing strict restrictions(厳格な制約を課すこと) についてreally, really annoy them(彼らティーンエイジャーを心底苛々させる)とあり，Bの「厳格なルールを課すことで子どもたちを苛々させる」と一致する。　(2)　最後の2文に「自分たちが見てよいものとだめなものを何故子供たち自身に決めさせないのか？彼らに自由を与えることで，親たちは彼らに尊厳と責任の一端を示すことになるのに」とあり，ティーンエイジャーの側をサポートしていると読み取れること，文全体を通して，親や社会による価値の押し付けに批判的であることから，選択肢の中では「ティーンエイジャー」が最も自然である。　(3)　第2段落第5文And it is much better …以下の文がBと内容が一致する。　(4)　sufficientは「充分な」でAと同義である。Bは強力な，Cは必要な，Dは無意味な，といった意味がある。

【25】①　カ　　②　イ　　③　ク　　④　ケ　　⑤　ウ　　⑥　ア

〈解説〉平成32(2020)年をめどに中学年での外国語活動としての英語導入，それに伴い，現行の高学年の外国語活動を教科②としての英語に移行する方針は数年前から公表されており，小学校教諭を目指すのであれば当然計画の内容を熟知しておくべきであろう。現行の外国語活動を中学年にシフトするので，中学年の目標は外国語に慣れ親しむことであると推察するのは難しくない。2020年度以降の小学校の英語教育に関する計画の詳細は，文部科学省のサイトに様々な資料があるのでいろいろ眼を通してよく頭に入れておくことを勧める。

【26】①，⑤，⑥

〈解説〉外国語活動では，外国語のもつ音声やリズムなどに慣れ親しませることが大切であり，この段階ではまだフラッシュカードや繰り返し練習の導入は学習指導要領などで示されていない。またメニュー表にいろいろな料理があることから，「日本と外国との生活，習慣，行事などの違い」に気づき，体験的に理解を深めるための導入が考えられる。

【27】1　(3)　　2　(3)　　3　(2)　　4　(2)　　5　(1)　　6　(3)

〈解説〉例えば1ではWhat will the weather be like …?と天気についての質問に対して， It will be fine.といった表現ではなくSorry, I have no idea.と，会話の基本的な表現を身につけていないと，難しいと感じる人もいるだろう。対策としては初級の上から中級レベルの会話をCDやラジオなどで，繰り返し聞くこと。その際には必ず，自分が無理なく聞き取れるレベルから始め，毎日続けることが大事である。

2016年度　実施問題

【1】次の文章を読んであとの問いに答えなさい。

芸術は，このようにいつの時代においてもそれに関わるひとにとっては，決してその時代の課題に止まらず，生涯に渡る不変の課題である。[　A　]，芸術を受け継いでゆくひとの側から見れば，芸術は単に生涯の課題に止まらず，人類が継承して実現してゆかなければならない永遠の課題となっている。

そういうことを主張して止まないのは世阿弥であった。父観阿弥のaクデンの筆録を基にして著わした『風姿花伝』の第一「年来稽古条々」において，七歳から五十有余に至るまでの芸の分節を，周知のように七つの段階に分けて，生涯賭けて能を学ぶための基本精神をbトいているが，最後に次のように言っている。

それは六十に及んだ観阿弥が見事に枯れざる花を示した能に関してであるが，「これ真に得たりし花なるが故に，能は，枝葉も少なく，老木になるまで，花は散らで残りしなり」と。

このように言われる真の花を体得するまでの心と術の弛(たゆ)まぬ緊張の上に，課題としての芸術が延年(えんねん)の事態(ことわざ)，すなわち日常的な年月を越えて，永遠とも言われるべきアイオーン(物理的次元を超えた次元)の時間帯にひとを連れ去る道として完成するに至るということを述べている。

こういう芸道としての芸術は，自ずから芸術を介して真の人格が陶冶せられるという真摯な道徳的態度を含むものとなる。しかも，この態度は，単に此岸的な道徳に止まるのではない。芭蕉はこの一筋に繋がると称して，幽玄や撓(しお)り，細みなどという[　1　]な彼岸の美を徹底的に言語化させようとして，[　2　]ではなく，[　3　]を駆けめぐる夢を見ながら，栄耀栄華(えいようえいが)を捨てて，本質に憩う精神の自立性を体得した。これは，芸術の思考の領域が，すでに道徳を越えて，宗教的な領域に接するところまで進むということを暗示しているものではなかろうか。

(今道友信『美について』)

(1) 本文中のa・bのカタカナを漢字に直しなさい。

(2) [A]に入る語句を次の中から選びなさい。

また　したがって　しかし　つまり

(3) [1]~[3]にあてはまる語句の組み合わせとして最も適当なものを次の(ア)~(エ)から選び記号で答えなさい。

(ア) 1 反実利的 2 花園 3 枯野

(イ) 1 実利的 2 花園 3 枯野

(ウ) 1 反実利的 2 枯野 3 花園

(エ) 1 実利的 2 枯野 3 花園

(4) 『風姿花伝』よりも後の時代に成立したものを次の(ア)~(エ)から一つ選び記号で答えなさい。

(ア) 枕草子　(イ) 新古今和歌集　(ウ) 土佐日記

(エ) 雨月物語

(☆☆☆☆◎◎◎◎◎)

【2】次の文章(古文)を読んで下の問いに答えなさい。

祇園精舎の鐘の声,
諸行無常の響きあり。
沙羅双樹の花の色,
盛者必衰の理をあらはす。
おごれる人も久しからず,
ただ春の夜の夢のごとし。
たけき者もつひには滅びぬ,
ひとへに風の前の塵に同じ。

(1) この文章(古文)は，ある物語の冒頭部分です。その物語名を漢字で書きなさい。

(2)　(1)で答えた物語について適切でないものを一つ選び記号で答えなさい。

(ア)　人間のはかなさ・永久不変のものはないとする無常観を表している。

(イ)　漢語を多く用いた和漢混交の力強い文章で書かれている。

(ウ)　冒頭部分は対句や七五調の独特のリズムがある。

(エ)　随筆文学の傑作であり琵琶法師による語り物として広く親しまれていった。

(3)　この文章(古文)を小学校高学年で取り上げるとします。その際，どのような内容を指導しますか。次の1点目以外に，『小学校学習指導要領解説　国語編』(平成20年)[第5学年及び第6学年]　ア　伝統的な言語文化に関する事項にあげられているものを書きなさい。

1点目：親しみやすい古文や漢文，近代以降の文語調の文章について，内容の大体を知り，音読すること。

2点目：古典について解説した文章を読み，[　　]を知ること。

(☆☆☆◎◎◎◎◎)

【3】次の書写に関する問題に答えなさい。

(1)　筆順によって画の接し方が変わる漢字を学習します。次の漢字の1画目は横画か，左払いのどちらですか。画が接する部分に着目して答えなさい。

(ア)　　　　(イ)

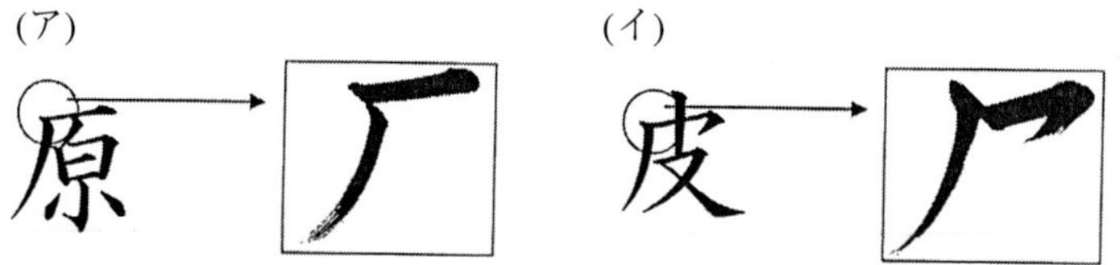

(2)　毛筆で基本点画「曲がり」についての指導をします。次の空欄①②にあてはまる語句の組み合わせとして正しいものを一つ選び記号で答えなさい。

指導内容：曲がるときは，少し力と速さを[　①　]，穂先の向きを[　②　]，ゆっくりと筆を進める。

(ア)　①　加え　　②　変えずに
(イ)　①　加え　　②　変えて
(ウ)　①　ゆるめ　②　変えずに
(エ)　①　ゆるめ　②　変えて

(☆☆☆☆◎◎◎)

【4】福井県が推進している「白川文字学を活かした漢字学習」では，漢字を体系的に学習することで児童の漢字に対する興味・関心を高める工夫をしています。

次の会話文を読んで以下の問いに答えなさい。

教師　：「　①　」という漢字の古代文字はたしか　でしたね。

児童A：「　①　」が横向きに立っている形からできたことを覚えています。

教師　：そうですね。実は，以下の文字も「　①　」の形が含まれている漢字です。

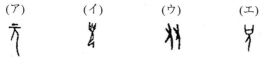

(1)　上記の会話文中の「　①　」にあてはまる漢字を書きなさい。

(2)　上記の(ア)～(エ)の古代文字に対応する漢字を次から選んで書きなさい。また，(ア)～(エ)の古代文字の中で上記の教師と児童の会話の内容にあわないものを一つ選び，対応する数字に○をつけなさい。

1　光　　2　兄　　3　先　　4　元　　5　友

(☆☆☆☆◎◎)

【5】第4学年において，福井県の地理的位置に関する学習を進めていく際，教師は中部地方の白地図を使ってまとめようとしています。

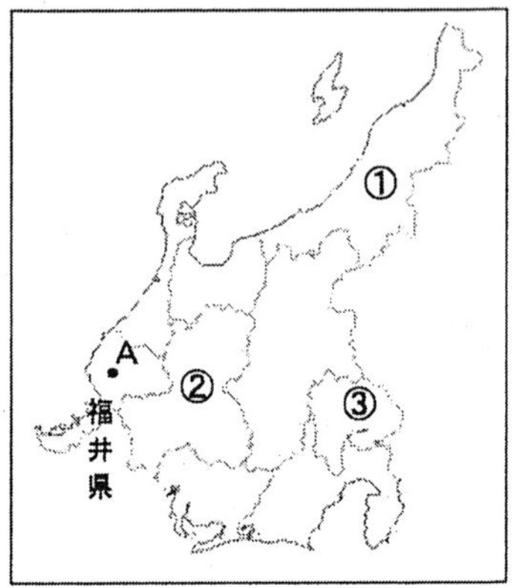

(1) 白地図中の①～③の県名を漢字で書きなさい。

(2) 福井県のA地点から見て，①の県は，八方位でどの方位にあるといえますか。

(3) 白地図を完成させた後，子どもたちの経験から中部地方の県で知っている県を紹介させる活動を取り入れました。下の2つの紹介文は，中部地方のどの県のことを紹介したものですか。漢字で書きなさい(①～③の県は含みません)。

(ア) 北陸新幹線で行きました。チューリップ畑がきれいでした。とても大きなダムも見てきました。

(イ) 高速道路で行きました。カツオやマグロがたくさん獲れるそうです。暖かい気候なので，みかんもたくさんできるそうです。

(☆☆☆◎◎◎)

【6】第3学年において，自分の住んでいる身近な地域の様子についての学習を進め，次のような絵地図を完成させました。

次の時間に，完成した絵地図をもとに，地図記号を使って平面地図を作る学習を進めます。

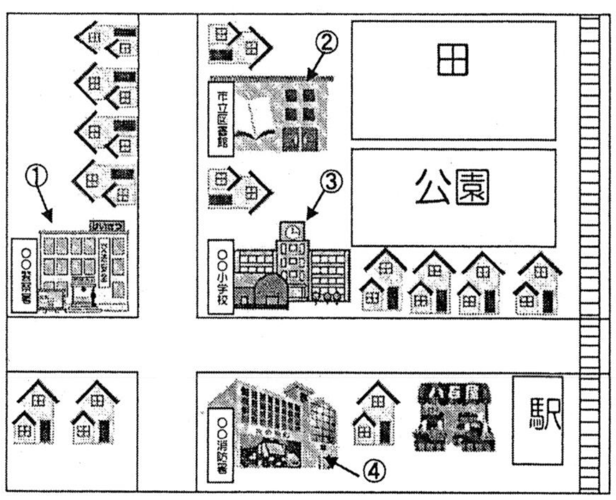

(1)　絵地図内にある①～④の公共施設の地図記号をかきなさい。

(2)　この学習に続いて，自分たちの住んでいる市全体について学習を進めていきます。身近な地域の絵地図から，市全体の平面地図へ無理なく移行するために，どのような指導を行っていくとよいでしょうか。『小学校学習指導要領解説　社会編』(平成20年)に示されている例を1つ書きなさい。

(☆☆☆◎◎◎)

【7】第6学年の政治の働きについて学習の最後に次のような図にまとめました。

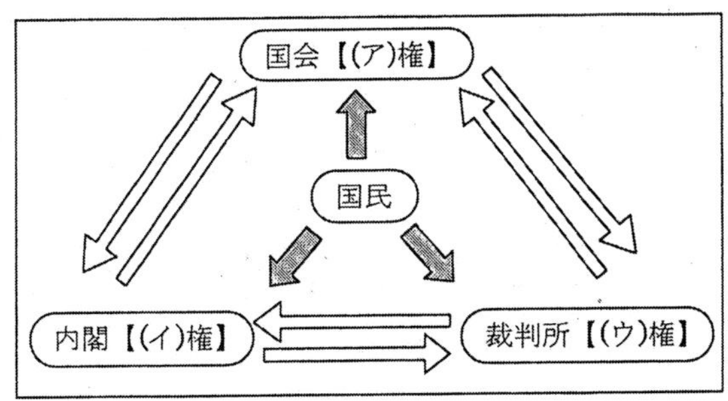

(1)　図中(ア)～(ウ)に当てはまる言葉を書き入れなさい。

(2) 図のように国会，内閣，裁判所が国の重要な役割を分担する仕組みを何といいますか。漢字で書きなさい。また，このような仕組みを取り入れるねらいは何ですか。

(3) 政治の働きの学習を進めるにあたって，概念的，抽象的になったり，細かな用語や仕組み，数字などを覚えさせたりする活動にならないようにすることが大切です。このためにどのような学習活動を取り入れていくとよいですか。考えられる活動を1つ書きなさい。

(☆☆☆◎◎◎)

【8】第4学年において，物のあたたまり方の指導をします。本時では，下図のような装置で，水のあたたまり方を調べようとしています。

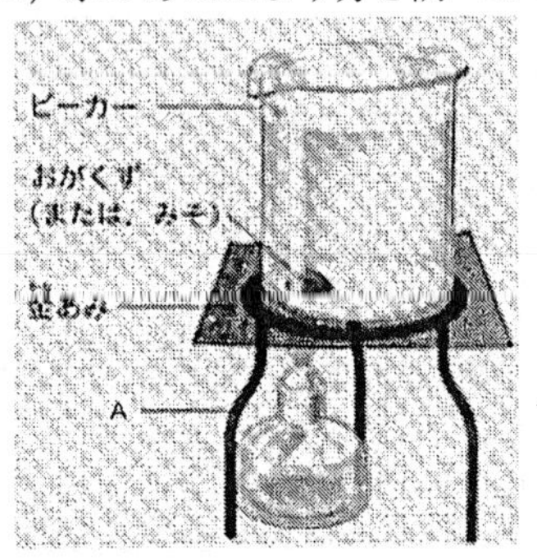

(1) 図のAの器具の名前を答えなさい。

(2) 実験の前に，アルコールランプの使い方を説明します。次の(ア)～(エ)の中で，正しいものを1つ選び，記号で答えなさい。

(ア) 口から出ている芯は，2cm程度にしておく。

(イ) アルコールは，容器の7～8分目程度入れる。

(ウ) 火をつけるときは，他のアルコールランプから火を移すと効率的である。

(エ) 実験中にアルコールが少なくなったら，火をつけたままアルコールを注ぎ足す。

(3) しばらくあたためると，おがくずがビーカーの中を移動する様子が見られました。その様子を黒板を使って児童に説明する場合，どのように板書をするとよいですか。次の図中に，矢印を使って表しなさい。

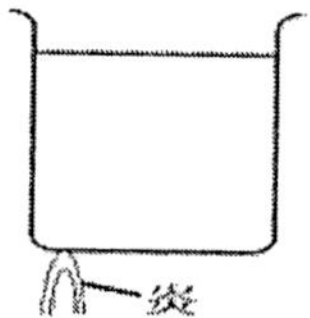

(4)　(3)のような熱の移動の仕方を何というか答えなさい。

(5)　この実験で，300gの水の温度が，20℃から35℃に上昇しました。水の比熱を4.2J/g・Kとして，次の問いに答えなさい。

(ア)　300gの水の熱容量は何J/Kですか。

(イ)　水に加えた熱量は何Jですか。

(☆☆◎◎◎◎)

【9】第6学年において，2本の試験管にそれぞれアルミニウム，鉄の小片を入れ，そこにうすい塩酸を加えて金属が溶ける様子を調べます。

(1)　塩酸の溶質を物質名で答えなさい。

(2)　金属が塩酸に溶けるのは，金属と水素のイオン化傾向のちがいが原因です。アルミニウム，鉄，水素のうち，イオン化傾向が最も大きいものを，物質名で答えなさい。

(3)　金属が溶けるときには気体が発生します。この気体を化学式で答えなさい。

(4)　(3)の気体が発生することから，この実験を行う場合，危険防止のために児童に注意させることはどんなことですか。

(5)　アルミニウムが完全に溶けてから，試験管の中の液を蒸発皿で加熱すると，液が蒸発して固体が残りました。

(ア)　蒸発皿に残った固体の物質名を答えなさい。

(イ)　アの物質にうすい塩酸を加えるとどのようになりますか。アルミニウムを溶かしたときとのちがいがわかるように説明しなさい。

(ウ)　アルミニウムと塩酸が反応してアの物質ができる化学変化を，

化学反応式で表しなさい。

(☆☆◎◎◎◎)

【10】第5学年において，インゲンマメの種子が発芽するのに必要な条件を調べる実験を，児童に計画させます。なお，水や温度は児童がきちんと管理し，実験は2週間継続するものとします。

(1) インゲンマメにデンプンが含まれていることを調べるために使う薬品名は何ですか。また，その薬品がデンプンと反応すると，どのような変化が見られますか。

(2) 発芽に必要な条件を調べるために，次のア～オの実験を準備しました。①水と発芽の関係，②温度と発芽の関係，③空気と発芽の関係を調べるためには，それぞれどの実験とどの実験を比べさせるとよいですか。

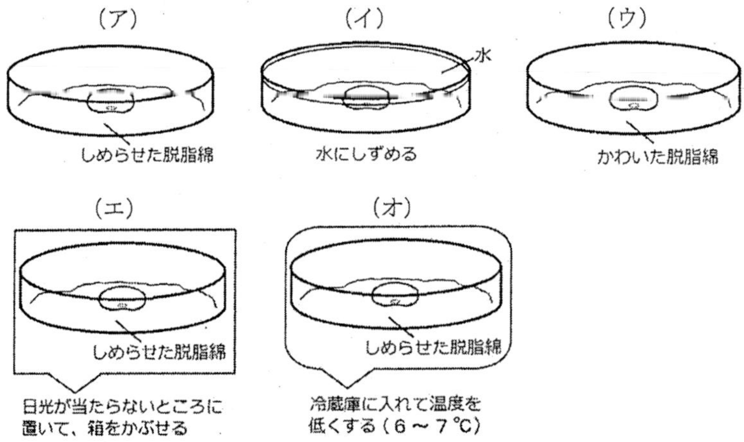

(3) (2)の(ア)～(オ)のうち，2週間たってもインゲンが発芽しなかったのはどれですか。すべて選んで，記号で答えなさい。

(4) (3)より，インゲンが発芽するためには，何が必要であるといえますか。すべて答えなさい。

(5) インゲンは種子植物ですが，種子植物はさらに細かく分類することができます。次の(ア)～(カ)の中から，インゲンに当てはまる分類名をすべて選んで記号で答えなさい。

(ア)　被子植物　　(イ)　裸子植物　　(ウ)　双子葉類

(エ)　単子葉類　　(オ)　合弁花類　　(カ)　離弁花類

(6)　インゲンと同じマメ科の植物であるエンドウは，19世紀に遺伝の研究に用いられました。

①　種子の形を丸形にする遺伝子をA，しわ型にする遺伝子をaとすると，丸形の種子をつくる純系のエンドウと，しわ形の種子をつくる純系のエンドウを交配させてできた子の遺伝子はどうなりますか。次の(ア)～(オ)から1つ選び，記号で答えなさい。

(ア)　A　　(イ)　a　　(ウ)　AA　　(エ)　aa　　(オ)　Aa

②　①でできた子の形質は，丸形，しわ形のどちらですか。

③　しわ形の種子をつくる純系のエンドウと，①でできた子のエンドウを交配させた場合，できたエンドウの形質の比はどうなりますか。最も簡単な整数比で表しなさい。

④　19世紀にエンドウを用いた交配実験を繰り返し，「遺伝学の父」といわれている人物の名前を答えなさい。

(☆☆◎◎◎◎◎)

【11】第6学年の分数をかける計算の学習において，以下のような問題が出題されました。

1*dl*で$\frac{2}{5}$m²ぬれるペンキがあります。$\frac{2}{3}$*dl*のペンキでぬれる面積を求めなさい。

この問題で$\frac{2}{5}\times\frac{2}{3}$という計算の仕方を児童に説明するときに，どのような線分図に表し，計算の仕方を説明しますか。線分図をかき，計算の仕方を説明し，答まで求めなさい。

(☆☆☆◎◎◎)

【12】第4学年の「台形をしきつめて，図形の性質を調べる活動」の授業を通して，どのような図形の性質を調べることができるのかを考えます。次の図を見て調べることができる性質を2つ答えなさい。

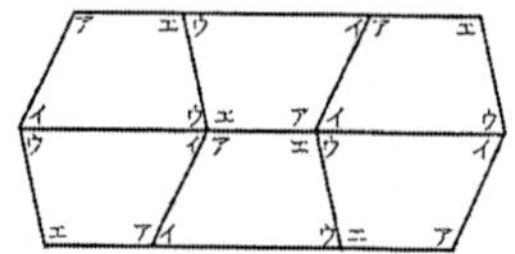

(☆☆☆◎◎◎)

【13】『小学校学習指導要領解説　算数編』(平成20年)[第3学年]の「2内容」[算数的活動]の中で例示された算数的活動として，適切ではないものを一つ選び，記号で答えなさい。

① 整数，小数及び分数についての計算の意味や計算の仕方を，具体物を用いたり，言葉，数，式，図を用いたりして考え，説明する活動

② 小数や分数を具体物，図，数直線を用いて表し，大きさを比べる活動

③ 長さ，体積，重さのそれぞれについて単位の関係を調べる活動

④ 二等辺三角形や正三角形を定規とコンパスを用いて作図する活動

⑤ 身の回りから，伴って変わる二つの数量を見付け，数量の関係を表やグラフを用いて表し，調べる活動

(☆☆☆◎◎◎)

【14】側面がすべて正三角形である正四角錐がある。この正四角錐の表面積が$24+24\sqrt{3}$のとき，体積を求めなさい。

(解を求める過程を書くこと)

(☆☆☆◎◎◎)

【15】二次関数$y=-x^2+4x+2$のグラフがx軸と交わる2交点と，グラフの頂点の3頂点とする三角形の面積を求めなさい。

(解を求める過程を書くこと)

(☆☆◎◎◎)

【16】次の各問いに答えなさい。

(1) 次の項目は，『小学校学習指導要領解説　生活編』(平成20年)の「指導計画の作成と学習指導」についての一部です。下の①②の空欄に当てはまる語句を答えなさい。

生活科の学習において，児童が自ら学び，自ら考え，主体的な学習ができるようにするためには，指導計画を作成することが重要である。生活科では，特に三つの点が大切である。

○ 具体的な活動や体験が十分にできる(　①　)な視点

○ 主体的な活動の広がりや深まりを可能にする(　②　)な視点

○ 学習の対象にじっくりと安心してかかわることのできる心理的な視点

これらを相互に関連させて児童の目線に立った指導計画を作成する必要がある。

(2) 次の表は，『評価規準の作成，評価方法等の工夫改善のための参考資料(小学校　生活)』(平成23年)の一部です。表の①②の空欄に入る語句を答えなさい。

【「自然や物を使った遊び」の評価規準に盛り込むべき事項】

生活への関心・意欲・態度	活動や体験についての思考・表現	身近な環境や自分についての気付き
身近な自然や物を利用した遊びに関心をもち、みんなで楽しく遊ぼうとしている	身近な自然や物を利用して遊びを考えたり、遊びに使う物を自分なりに工夫したりして、それを素直に表現している	遊びや遊びに使うものをつくる面白さ、(　①　)、(　②　)に気づいている

(☆☆☆◎◎◎)

【17】次の楽譜は，第5学年の教科書のある曲の最初の部分です。

(1) この曲の曲名を答えなさい。

(2) 楽譜中のaの部分に，この曲の拍子を分数で書きなさい。

(3) この曲の調性を，次の(ア)～(エ)から選び記号で答えなさい。

(ア)　ト長調　　(イ)　ト短調　　(ウ)　ヘ長調　　(エ)　ヘ短調

(4)　この曲をソプラノリコーダーで演奏する場合，楽譜中のbの音の運指はどのようにすればよいですか。押さえる部分の○を，すべて塗りつぶしなさい。

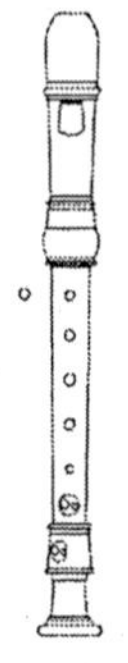

(☆☆◎◎◎◎)

【18】『小学校学習指導要領解説　図画工作編』(平成20年)では，指導計画作成上の配慮事項として，鑑賞を表現と関連付けて指導する以外に独立して鑑賞を扱う際の配慮すべき事項が以下のように挙げられています。

文中の①～⑤に当てはまる記号を下の㋐～㋕から選びなさい。

・児童が(　①　)などについて関心をもって見たり一人一人の(　②　)を深めたりすることができるような内容であること。

・鑑賞する対象は発達の段階に応じて児童が(　③　)のもてる作品などを選ぶようにするとともに，作品や作者についての(　④　)は結果として得られるものであることに配慮すること。

・児童が対象について感じたことなどを言葉にしたり友人と話し合ったりするなど，(　⑤　)の充実について配慮すること。

㋐　知識や理解　　㋑　言語活動　　㋒　よさや美しさ
㋓　関心や親しみ　　㋔　体験活動　　㋕　感じ方や見方

(☆☆☆◎◎◎)

【19】中学年において，初めて木版画を行いたいと考えています。この際，子どもたちは彫刻刀を初めて使用するものとします。

(1) 彫刻刀を安全に使うために，子どもたちにどのような指導をするとよいと考えますか。2つ書きなさい。

(2) 彫刻刀には一般的に切り出し刀，平刀，三角刀，丸刀の4種類があります。それぞれの彫刻刀にはどのような特徴がありますか。次の表の①～④に当てはまる記号を ㋐～㋓の中から選びなさい。

切り出し刀	①
平刀	②
三角刀	③
丸刀	④

㋐ やわらかい線を彫るのに適している。力の入れ方でいろいろな線が彫れる。

㋑ はっきりとした輪かく線や細かいところを彫るのに適している。

㋒ 直線や曲線・点などを表すのに適している。

㋓ 広い面を柔らかい調子で表すのに適している。

(☆☆☆◎◎◎)

【20】次の文は，『小学校学習指導要領解説　家庭科編』(平成20年)の内容の「B　日常の食事と調理の基礎」の「(3)調理の基礎」の指導事項である。

ア　調理に関心をもち，必要な材料の(　①　)を考えて，調理計画を立てること。

イ　材料の洗い方，切り方，(　②　)，(　③　)，配膳及び後片付けが適切にできること。

ウ　ゆでたり，いためたりして調理ができること。

エ　米飯及びみそ汁の調理ができること。

オ　調理に必要な用具や食器の安全で衛生的な取扱い及び(　④　)の安全な取扱いができること。

(1)　前の指導事項の①～④の空欄に当てはまる語句を答えなさい。

(2)　ウの項目について，調理に用いる食品は，安全・衛生に留意する必要があるため，小学校では特に取り扱わない食品は何か。

(3)　エの項目について，特に触れておくべき学習事項は何か。

(4)　ご飯の炊き方について，次の①～③の空欄に当てはまる数字を入れなさい。

米は手早く洗い，体積の(　①　)倍の水を入れ，(　②　)分間以上，吸水させてから加熱し，炊きあがって火を消したあと，(　③　)分間くらい蒸らす。

(☆☆☆◎◎◎)

【21】保健領域の「けがの防止」について，『小学校学習指導要領解説体育編』(平成20年)では「けがの防止について理解するとともに，けがなどの簡単な手当ができるようにする。」とあります。自分でできる簡単なけがの手当のしかたについて，適切でないものを一つ選び記号で答えなさい。

(ア)　すりきず　・消毒する。　・きれいな水で洗う。
　・かさぶたは，はがさない。

(イ)　鼻血　・少し上を向き，鼻をおさえ，鼻の付け根を冷やす。

(ウ)　切りきず　・ガーゼ等でおさえ，出血を止める。

(エ)　やけど　・衣服はぬがず，そのまま冷やす。

(オ)　ねんざ・打撲　・冷やす。　・患部を高く上げる。

(☆☆◎◎◎)

【22】小学校第5学年及び第6学年で水泳の指導をします。次の指導の中で適切でないものを一つ選び記号で答えなさい。

(ア)　クロールや平泳ぎでは，手と足の動きに呼吸を合わせながら，25mから50m程度を目安に続けて長く泳ぐことができるようにする。

(イ)　クロールでの足のけりは，足の親指どうしがふれ合うように動かす。

(ウ) クロールでは，かき終わった腕は，親指を太ももに触れてから抜くようして行う。

(エ) 平泳ぎでは，呼気は水中で鼻で行い，吸気は顔を前に上げて鼻と口とで行う。

(☆☆◎◎◎)

【23】次の表は，体育科の領域構成について『小学校学習指導要領解説体育編』(平成20年)に掲載されているものです。空欄(ア)(イ)にあてはまる語句を答えなさい。

<table>
<tr><th>学　年</th><th>1・2</th><th>3・4</th><th>5・6</th></tr>
<tr><td rowspan="7">領　域</td><td colspan="3">(ア) 運動</td></tr>
<tr><td>器械・器具を使っての運動遊び</td><td colspan="2">器械運動</td></tr>
<tr><td>走・跳の運動遊び</td><td>走・跳の運動</td><td>陸上運動</td></tr>
<tr><td>水遊び</td><td>浮く・泳ぐ運動</td><td>水泳</td></tr>
<tr><td colspan="2">ゲーム</td><td>(イ) 運動</td></tr>
<tr><td>表現リズム遊び</td><td colspan="2">表現運動</td></tr>
<tr><td></td><td colspan="2">保健</td></tr>
</table>

(☆☆◎◎◎◎)

【24】次の英文を読んで，あとの問いに答えなさい。

The odds are your plastic food wrap is not going to kill you. You're probably in no immediate danger from the plastic bowl you used to store last night's spaghetti or from the Ⅳ bag from which you once got a blood transfusion.

Over time, though, according to a growing body of evidence, the chemicals that make up many plastic products may migrate out of the material and into foods and fluids, ending up in your body. Once there, they could make you very sick indeed. That's what a group of environmental watchdogs has been saying, and the medical community is starting to listen.

The plastic products raising the loudest alarms are made of a material known as polyvinyl chloride, or PVC. To make PVC pliable, manufacturers treat it with softeners known as phthalates --- loosely bound chemicals that easily leach out of the plastic. In the U.S. millions of Ⅳ bags made of PVC are used annually. If the liquids the bags contain pick up stray phthalates, they can be transfused straight into the veins of patients. Animal studies suggest that phthalates can damage the liver, heart, kidneys and testicles, and may cause cancer. "We don't know the toxicity mechanism," says Charlotte Brody, a registered nurse and a coordinator of Health Care Without Harm, a Falls Church, Virginia, advocacy group. "But the evidence is troubling."

It's not just hospital patients who are at risk. Many plastic products --- from food wraps to toys --- contain similar softeners, known as adipates. A study by the independent Consumer's Union found that cheese wrapped in deli-counter plastic contained high levels of adipates; some commercial wraps left low but measurable traces, too. Toys --- at least ones meant for toddlers --- can be just as worrisome, since they may spend as much time in babies' mouths as in their hands. Whether any of these things cause immediate or even cumulative harm is not known.

(1) Under what circumstances, might we take chemicals in?

A) When we grow vegetables in the garden.

B) When we get an intravenous drip.

C) When we eat something on an earthenware plate.

D) When we use plastic bags while shopping.

(2) Choose one answer which is NOT mentioned in the passage.

A) Phthalates are used to make polyvinyl chloride soft.

B) Phthalates easily come out of the plastic and go into the fluids.

C) Phthalates do harm on some of the organs and everything has become clear based on the animal studies.

D) In our everyday life, we can see some products made of plastic which contains some chemicals similar to phthalates.

(3) The word “toddler” in the line 14 has a similar meaning to

A) infant　B) food　C) stuffed animal　D) hobby

(☆☆☆☆◎◎◎◎◎)

【25】次の文は，文部科学省「グローバル化に対応した英語教育改革実施計画」(平成25年)の「グローバル化に対応した新たな英語教育の在り方」の一部である。文章中の(　　)のア～カに適語を入れなさい。

○小学校中学年：(　ア　)型・週1～2コマ程度

・コミュニケーション能力の(　イ　)を養う

・(　ウ　)を中心に指導

○小学校高学年：(　エ　)型・週3コマ程度

(「モジュール授業」も活用)

・初歩的な英語の(　オ　)を養う

・英語指導力を備えた(　ウ　)に加えて(　カ　)の積極的活用

(☆☆☆◎◎)

【26】『小学校学習指導要領　第4章外国語活動』(平成20年)には，内容の取扱いについての配慮事項として，「(イ)外国語活動でのコミュニケーションを体験させる際には，音声面を中心とし，アルファベットなどの文字や単語の取扱いについては，児童の学習負担に配慮しつつ，音声によるコミュニケーションを補助するものとして用いること」とある。

このことを踏まえ，補助教材 *Hi, friends!2* Lesson1 (Do you have ‘a’?) における文字の指導で，児童に次のような絵を見せながら活動を行った。あとの(1)～(5)について，外国語活動における文字の指導として，適しているものには○を，そうでないものには×を書きなさい。

A B C D E F G H I J K L M　N O P Q R S T U V W X Y Z
a b c d e f g h i j k l m　n o p q r s t u v w x y z

(1) 日本語にも楷書体や毛筆体など様々な書体があることに触れ，英語にも Flower Street のように書体が違う表記があることに気付かせる。

(2) この絵の中のアルファベットの表示だけでなく，身の回りにあるアルファベットの表記を探させ，紹介させる。

(3) アルファベットの筆順を指導し，文字(Telephoneなど)を正確に書かせる。

(4) 教師がアルファベットを発音し，児童は聞き取ったアルファベットをノートに書く活動をする。

(5) アルファベットの読み方を確認した後，文字カードを使って，大文字と小文字を一致させる。

(☆☆☆◎◎◎◎◎)

【27】リスニングテスト

放送を聞いて問題に答えなさい。

(☆☆☆◎◎◎◎◎)

解答・解説

【1】(1)　a　口伝　　b　説　　(2)　また　　(3)　(ア)　　(4)　(エ)

〈解説〉(1)『小学校学習指導要領　第2章　第1節　国語』(平成20年)の別表(学年別漢字配当表)に示された各学年の配当漢字の読み，書き，用法は完璧に習得しておくこと。　(2)　第1段落1文目の「芸術は，(中略)生涯に渡る不変の課題である」に対して，2文目は「芸術は単に生涯の課題に止まらず」人類の永遠の課題であることを述べており，1文目の内容に視点を変えて論点を追加，強調する内容になっている。(3)　1では，「此岸的な道徳」に対比して，「彼岸の美」について語られている。すなわち，「この世で役立つような道徳」と「あの世的な芸術，この世では実際には役に立たない，実利的でない美」ということ。2と3は，その後に続く「栄耀栄華を捨てて，本質に憩う精神の自立性」という記述がヒントになる。すなわち，輝かしいものではなく，シンプルで単純なものに精神の自立性を見出した，というのである。したがって，「花園」ではなく「枯野」，という語順で当てはめるのが正解。　(4)『風姿花伝』は，室町時代前期にまとめられた能楽に関する芸術論書である。(ア)は平安時代中期に書かれた随筆集，(イ)は鎌倉時代初期に成立した勅撰和歌集，(ウ)は平安時代中期に書かれた紀行文，(エ)は江戸時代中期に書かれた読本。

【2】(1)　平家物語　　(2)　(エ)　　(3)　昔の人(その時代の人々)のものの見方(感じ方)

〈解説〉(1)　有名な古典文学に関する基本的な知識を問われている。『平家物語』『枕草子』『源氏物語』『奥の細道』などは冒頭部分を暗記しておくことが望ましい。　(2)『平家物語』は随筆ではなく，軍記物語である。　(3)　伝統的な言語文化に関する指導では，中学校以降での文語のきまりなどに基づいて古典の世界に触れる学習へ円滑に接続するため，古典への興味・関心を深めるようにすることが重要である。

【3】(1)　(ア)　横画　　(イ)　左払い　　(2)　(ウ)

〈解説〉(1)・(2)『小学校学習指導要領　第2章　第1節　国語』(平成20年)の各学年の指導事項で示される書写に関する指導事項を踏まえ，画数，書き順や書き方に関する問題は頻繁に出題されている。曖昧に覚えている部分や漢字については，受験前によく復習しておきたい。

【4】(1)　人　　(2)　(ア)　4　　(イ)　1　　(ウ)　5　○　　(エ)　2

〈解説〉(1)　福井県では，アジアの共通の文化である「漢字」の県内外への普及を推進することを目指し，平成20年度から県内の全小学校で白川文字学を活用した独自の漢字学習が実施されている。時間が許す限りよく勉強しておこう。　(2)　(イ)と(ウ)で判断に迷うところだが，(イ)の「光」は下の[illegible]が[illegible]の別体。一方，(ウ)の「友」は手を2つ合わせた形である。

【5】(1)　①　新潟県　　②　岐阜県　　③　山梨県　　(2)　北東
(3)　(ア)　富山県　　(イ)　静岡県

〈解説〉(1)　47都道府県およびその都道府県庁所在地の名称と位置は間違いなくおさえておくこと。　(2)「八方位」とあるので「北東」である。　(3)　各文章の手がかりになるべき部分を探し，そこから答えを導き出すとよい。アは「北陸新幹線」，「チューリップ畑」という部分から富山県である。イは「カツオやマグロ」，「みかん」という部分から静岡県である。

【6】(1)　①　⊗　　②　🕮　　③　文　　④　Y
(2)　・屋上や小高い山など高いところから身近な景観を展望，観察
・市の鳥瞰図や立体地図，航空写真の活用　など

〈解説〉(1)　2万5000分の1の地形図で使われるものを中心に，地図記号は確実におさえておくこと。形が紛らわしいものもあるので，複数のものを対比させて覚えていくとよい。　(2)　身近な地域というのは，何も見なくてもイメージができるものである。しかし，市全体という

と，具体的にどこがあるかを想像しにくい。よって，まずは全体を把握しなければならない。そこで，高い場所から自分たちの住んでいる地域はどのような特徴があるのかを把握させてから，市全体の平面地図に移行させていくとよいだろう。

【7】(1) (ア) 立法 (イ) 行政 (ウ) 司法

(2) 仕組み…三権分立 ねらい…三権が相互に抑制し合い，均衡を保つことで，権力の濫用を防ぎ，国民の権利と自由を保障すること

(3) 自分たちの住んでいる市における社会保障や地域開発の具体的事例をもとに実際に調査したり，資料を活用したりする活動

〈解説〉(1) 国会は法律を作るところであるから「立法」，内閣は実際に政治を行うのであるから「行政」，裁判所は法律上の争いを裁くのが仕事であるから「司法」である。 (2) 三権分立は，それぞれが持っている強い権力が暴走しないよう，相互抑制の働きがある。そして，権力の濫用を防ぐことが，国民の権利と自由を保障しているのである。
(3) 抽象的な学習やただの暗記にならないようにするためには，具体的事例を用いて学習を進める必要がある。また，ただ具体的事例を見せるだけではなく，調査したり調べたりすることも重要である。

【8】(1) 三脚 (2) (イ)

(3)

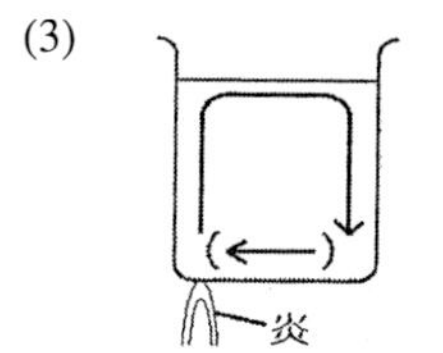

(4) 対流 (5) (ア) 1260〔J/K〕 (イ) 18900〔J〕

〈解説〉(1) 安全管理の観点からも，実験や観察などで用いる器具の名称や取扱いについては正しく覚えておこう。 (2) (ア) アルコールランプの口から出ている芯は，5～10mm程度にしておく。

(ウ)・(エ) 火をつけるときに他のアルコールランプから火を移すこと

や，アルコールが少なくなったときに火をつけたままアルコールを注ぎ足すことをすると，爆発し，火のついた芯が飛びやけどをする危険があるので絶対にしてはいけない。　(3)・(4)　この実験では，温まった水が上に移動し，その後冷たい水が下に移動する対流が観察できる。(5)　(ア)　水の比熱とは，1gの水を1K(1℃)あげるのに必要な熱量を表す。熱容量とは，その物体の温度を1℃上昇させるのに必要な熱量のことである。問題では，300gの水であるから，4.2×300＝1260〔J/K〕である。　(イ)　水の温度は15℃上昇しているので，1260×15＝18900〔J〕である。

【9】(1)　塩化水素　(2)　アルミニウム　(3)　H_2　(4)　近くで火を使わない　(5)　(ア)　塩化アルミニウム　(イ)　気体を発生させずに溶ける(電離する)　(ウ)　$2Al+6HCl \rightarrow 2AlCl_3+3H_2$

〈解説〉(1)　塩酸は塩化水素の水溶液のことなので，溶質は塩化水素，溶媒は水である。　(2)　イオン化傾向の大きい順番で並べると，アルミニウム＞鉄＞水素となる。　(3)　金属が塩酸に溶けるときには，水素が発生する。　(4)　水素に火がつくと爆発するためである。
(5)　アルミニウムと塩素の反応では，塩化アルミニウム$AlCl_3$ができる。アルミニウムイオン(Al^{3+})が3価の陽イオンであることを覚えておくとよい。

【10】(1)　薬品名…ヨウ素液　変化…青むらさき色になる
(2)　①　(ア)と(ウ)　②　(エ)と(オ)　③　(ア)と(イ)
(3)　(イ)，(ウ)，(オ)　(4)　水，(適当な)温度，空気(酸素)
(5)　(ア)，(ウ)，(カ)　(6)　①　(オ)　②　丸形
③　丸形：しわ形＝1：1　④　(グレゴール・ヨハン・)メンデル

〈解説〉(1)　ヨウ素液はデンプンと反応すると，青むらさき色に変化する。　(2)　対照実験のような見いだした問題を計画的に追究する活動を通して，生命の連続性などについての見方や考え方を養う。
(3)・(4)　(イ)は空気に触れていないため，(ウ)は水がないため，(オ)は

適度な温度がないため発芽しない。発芽の条件には，日光は関係しない。　(5)　種子植物は，子房があるかないかで被子植物と裸子植物に分類できる。また，子葉が2枚か1枚かで双子葉類と単子葉類に分類することができる。さらに，双子葉類は，花びらがくっついているか1枚1枚離れているかで合弁花類と離弁花類に分類することができる。(6)　①・②・③　実際にAとaを用いて，全パターンを書き出すとよい。④　メンデルは修道院で司祭を務めるかたわら，エンドウの交配実験により遺伝の法則を発見した。

【11】線分図

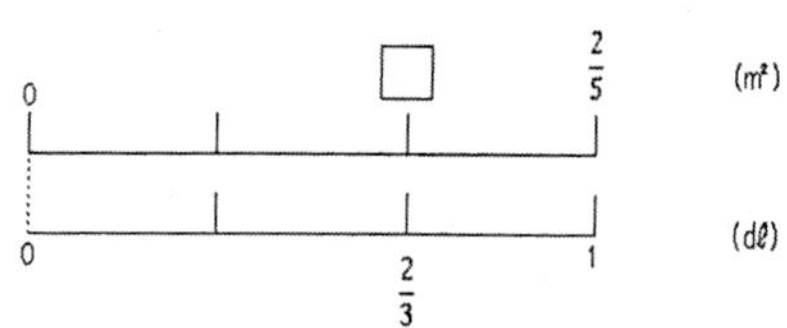

説明…線分図から$\frac{2}{5}$m²を$\frac{1}{3}$倍にした面積の2個分なので，

$$\frac{2}{5}\times\frac{2}{3}=\frac{2}{5}\times\left(\frac{1}{3}\times2\right)=\left(\frac{2}{5}\times\frac{1}{3}\right)\times2=\frac{2}{5\times3}\times2=\frac{2\times2}{5\times3}=\frac{4}{15}$$

答…$\frac{4}{15}$〔m²〕

〈解説〉解答参照。

【12】・台形を横にふたつあわせると，平行四辺形ができる　・角アと角イを合わすと180°，角ウと角エを合わすと180°　・平行線の性質(同位角，錯角が等しければ平行線になる)　から2つ

〈解説〉『小学校学習指導要領解説　算数編』(平成20年)[第4学年]の「2内容」〔算数的活動〕の中で示されている「平行四辺形，ひし形，台形で平面を敷き詰めて，図形の性質を調べる活動」は，これらの図形で平面を敷き詰めることができることを確かめ，敷き詰めた図形の中にほかの図形を認めたり，平行線の性質に気付いたりすることなどを通して，図形についての見方や感覚を豊かにすることをねらいとしている。

【13】⑤

〈解説〉⑤は第4学年の〔算数的活動〕として例示されているものである。

【14】正四角錐一辺の長さをxとする。一辺の長さがxの正三角形の面積は，$\frac{1}{2}\times x\times\frac{1}{2}\sqrt{3}x=\frac{1}{4}\sqrt{3}x^2$　よって，この正四角錐の表面積は，$\frac{1}{4}\sqrt{3}x^2\times4+x^2=(\sqrt{3}+1)x^2$

よって　$(\sqrt{3}+1)x^2=24(\sqrt{3}+1)$

$x^2=24$

$x>0$より　$x=2\sqrt{6}$

一辺の長さが$2\sqrt{6}$である正四角錐の高さをhとすると

$h^2=(2\sqrt{6})^2-(2\sqrt{3})^2$

$h>0$より　$h=2\sqrt{3}$

よって求める体積は，$\frac{1}{3}\times2\sqrt{6}\times2\sqrt{6}\times2\sqrt{3}=16\sqrt{3}$

〈解説〉一辺の長さが$2\sqrt{6}$である正四角錐なので，底面正方形の対角線は$4\sqrt{3}$となるので，次の図のように考えて高さhを求めればよい。

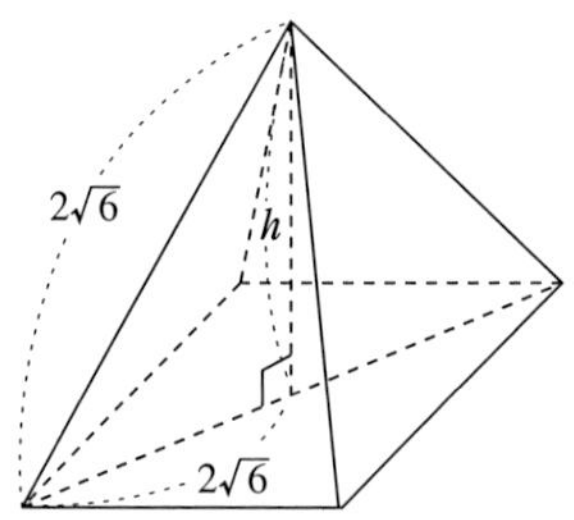

【15】この二次関数のx軸との交点のx座標は，$y=0$より

$0=-x^2+4x+2$

$x^2-4x-2=0$

$x=2\pm\sqrt{6}$

よって，この三角形の底辺の長さは　$2+\sqrt{6}-(2-\sqrt{6})=2\sqrt{6}$

また，このグラフの頂点のx座標は，$\{(2+\sqrt{6})+(2-\sqrt{6})\}\div2=2$

ゆえにこのグラフの頂点のy座標は，$y=-2^2+4\times2+2$ ∴ $y=6$

求める三角形の面積は，$\frac{1}{2}\times2\sqrt{6}\times6=6\sqrt{6}$

〈解説〉この二次関数のグラフと求める三角形(斜線部)を図示すると次の図のようになる。2交点のx座標を求める際は，解の公式を使えばよい。

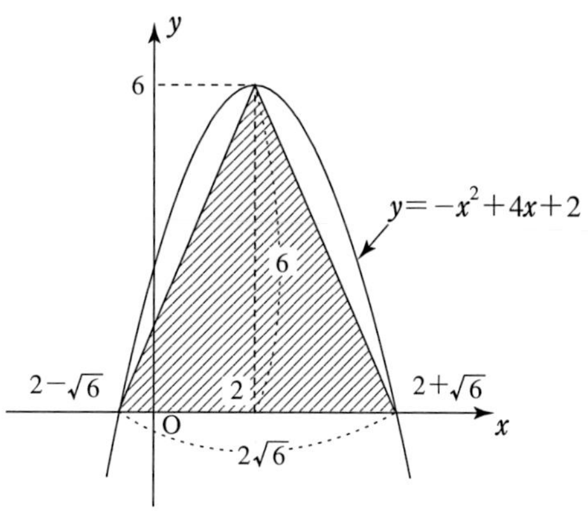

【16】(1) ① 時間的 ② 空間的 (2) ① 自然の不思議さ ② みんなで遊ぶ楽しさ

〈解説〉(1) 小学校の生活科は，低学年の2年間を通した指導であることを踏まえ，児童が身近な人々や社会，自然と直接関わる活動や体験を一層充実できるようにする。 (2)『評価規準の作成，評価方法等の工夫改善のための参考資料(小学校 生活)』(平成23年)の記述をもとに，『小学校学習指導要領 第2章 第5節 生活』(平成20年)に示された教科および各学年の目標の主旨や，各指導事項において評価規準に盛り込むべき事項を確認しておくとよいだろう。

【17】(1)　こいのぼり(鯉のぼり)　　(2)　$\frac{4}{4}$　　(3)　(ウ)

(4)

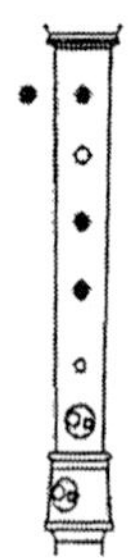

〈解説〉(1)　楽譜は，第5学年の歌唱の共通教材は，「こいのぼり」(文部省唱歌)である。共通教材は各学年4曲ずつあるので，すべて確認しておくこと。　(2)　1小節に4分音符が4つ分の音の長さが入っているので，4分の4拍子であることが分かる。『小学校学習指導要領　第2章第6節　音楽』(平成20年)の各学年の内容の〔共通事項〕で取り扱う音符，休符，記号や音楽にかかわる用語を理解する必要がある。

(3)　調号が♭1つの長調なので，ヘ長調である。なお，♯1つの長調はト長調であることも，理解しておくとよいだろう。　(4)　ソプラノリコーダーの運指は出題頻度が高いので，よく確認しておくこと。楽譜中のbの音はシ♭であるので，調号に注意が必要である。

【18】①　㋒　　②　㋕　　③　㋓　　④　㋐　　⑤　㋑

〈解説〉『小学校学習指導要領解説　図画工作編』(平成20年)において，「B鑑賞」は「A表現」とともに，児童の造形的な創造活動の基礎的な能力を育てる2つの領域として構成されている。表現と鑑賞は本来一体であるため，「B鑑賞」は「A表現」の指導に関連させて行うことが原則として示されているが，指導の効果を高めるため必要がある場合には，児童の関心や実態を十分考慮した上で，すべての学年の児童に，鑑賞を独立して扱うことができるとされている。

【19】(1)　・板の下に滑り止めを敷くなど，板が動かないようにする。　・彫刻刀を持つ手と反対の手は，彫刻刀を安定させたり，板を押さえたりする。　・彫る部分の前(刃の進む方向)には，絶対に手を置かない。　・彫刻刀を持ったまま，立ち歩いたり，振り回したりしない。などから2つ　(2)　①　㋑　②　㋓　③　㋒　④　㋐

〈解説〉(1)　彫刻刀は刃物なので，正しく使わないと思わぬけがをすることもある。最も気をつけなければならないことは安全性である。(2)　彫刻刀にはさまざまな種類があり，用途に合わせて使い分ける。なお，切り出し刀は印刀よも呼ばれる。

【20】(1)　①　分量や手順　②　味の付け方　③　盛り付け　④　こんろ　(2)　生の魚や肉　(3)　米飯やみそ汁が我が国の伝統的な日常食であること　(4)　①　1.2　②　30　③　10

〈解説〉(1)　小学校では，ゆでたり，いためたりする調理や米飯およびみそ汁の調理を計画し実習をすることを通して，調理に関心をもち，調理の基礎的・基本的な知識及び技能を身に付けるとともに，日常生活で工夫し活用する能力を育てることをねらいとする。　(2)　生の肉や魚については調理の基礎的事項を学習しておらず，鮮度の保持や扱いが難しいため，扱わないようにしている。これらを扱った調理は，中学校以降の家庭科領域の学習で行う。　(3)　米は，我が国の主要な農産物であり，主食として日本人の食生活から切り離すことができない食品である。また，みそは大豆の加工品であり，調味料として日本人に古くから親しまれている食品である。　(4)　小学校における炊飯の学習では，その原理を習得するため，炊飯器を使用せず，耐熱性ガラスの鍋や文化鍋，ビーカーなどを使用することが多い。水分量，火加減，加熱や蒸らし時間を守らないとうまくご飯が炊けない。米の浸水時間は，夏は約30分，冬は1時間ほどを目安とする。これは炊飯器も同様である。

【21】(イ)

〈解説〉鼻血の手当は，少し下を向き，鼻をつまみ，口で息をして，座って静かにしているとよい。止まりにくければ，鼻の付け根を冷やすとよい。上を向くと，鼻血がのどの奥に入って気分が悪くなってしまう。

【22】(エ)

〈解説〉平泳ぎでは，呼気は水中で鼻と口で行い，吸気は顔を前に上げて口で行う。

【23】(ア)　体つくり　　(イ)　ボール

〈解説〉体育科の内容は，運動領域と保健領域から構成されている。運動領域が内容の多くを占め，保健領域については第3学年以降で取り扱う。体育科の領域構成については出題頻度が高いので，正しく覚えておくこと。

【24】(1)　B　　(2)　C　　(3)　A

〈解説〉(1)　第3段落と第4段落で，PVCの健康への被害について述べられている。PVCを含む製品の具体例としてあげられているのがIV bags(第3段落)，ラップやおもちゃ等のプラスチック製品(第4段落)である。IV bagsとは，血液注射をする際に使われる袋であることが，第3段落を読んでいくと分かる。intravenousは「静脈の」，dripは「点滴」の意味。　(2)　Cのeverything以降「動物実験によってすべてが明らかになった」の部分が，第3段落末の「毒素が通るシステムは解明されていません」という研究者の言葉と相違する。正誤問題ではeverythingやalways，neverなどが含まれている選択肢は間違いであることが多いので，注意して見てみるとよい。　(3)　toddlerは「よちよち歩きの子ども」の意味。Toysと関連させて「少なくともtoddler向けのおもちゃは」と述べられていることからも想像できるだろう。

【25】ア　活動　　イ　素地　　ウ　学級担任　　エ　教科
　オ　運用能力　　カ　専科教員

〈解説〉文部科学省「グローバル化に対応した英語教育改革実施計画」(平成25年)では，初等中等教育段階からグローバル化に対応した教育環境づくりを進めるため，小・中・高等学校を通じた英語教育全体の抜本的充実を図り，「グローバル化に対応した新たな英語教育の在り方」，「新たな英語教育の在り方実現のための体制整備」とともに，改革の実施計画スケジュールのイメージを示している。

【26】(1)　○　　(2)　○　　(3)　×　　(4)　×　　(5)　○

〈解説〉アルファベットの指導は音声のコミュニケーションの補足的な役割に留めるため，アルファベットの筆順や聞き取りに重点を置いた(3)，(4)は不適となる。

【27】(1)　C　　(2)　C　　(3)　A　　(4)　C　　(5)　A　　(6)　A

〈解説〉解答に関する指示や選択肢が問題用紙に示されていないリスニングテストでは，放送を聞き逃すことを避けたいので，日頃からリスニングテスト練習のためのCD等を用いてリスニングの能力を養っておく。放送が2度流れる場合は，1回目で集中して聞き取りをする。1回目で聞き取れない箇所があっても，2回目の放送でその部分を解消すればよいので，あまりこだわらずにそれ以降の部分を聞き逃すことのないようにする。

2015年度　実施問題

【1】次の俳句について，以下の問いに答えなさい。

　　ア　さみだれや　大河を前に　家二軒

　　イ　名月や　池をめぐりて　夜もすがら

　　ウ　大空に　とどまつてをる　蜻蛉かな

(1)　俳句で表現する際の基本的な約束事を漢字四字で答えなさい。

(2)　アの俳句の季語を書き抜き，季節を書きなさい。

(3)　ア，イ，ウの俳句を，詠まれた年代の古い順に並べなさい。

(4)　ウの俳句の鑑賞文を書く際に，どのようなことをポイントとして書くとよいですか。30字以内で書きなさい。

(5)　第3学年及び第4学年で俳句を指導します。教科書に掲載された作品に加えて，指導に応じて俳句教材を選定する場合，どのようなことに気を付けますか。次の2点以外に『小学校学習指導要領解説国語編』(平成20年8月)にあげられているものを書きなさい。

1点目：親しみやすい作者の句を選ぶ。

2点目：代表的な歌集などから，内容の理解しやすい歌を選ぶ。

3点目：[　　]を選ぶ。

(☆☆☆◎◎◎)

【2】福井県が推進している「白川文字学を活かした漢字学習」では，漢字の成り立ち等を学習させることにより，児童が主体的に漢字学習に取り組めるように工夫をしています。

(1)　空欄に当てはまる語句を漢字で書きなさい。

白川博士は，甲骨文字や(　　)とよばれる中国の古代文字を調べて，漢字の成り立ちについて多くの発見をしました。

(2)　次の古代文字に対応する漢字をあとから選びなさい。また，(ア)～(ウ)の中で□の部分(矢印で示した部分)の意味が異なるものを選び，記号で書きなさい。

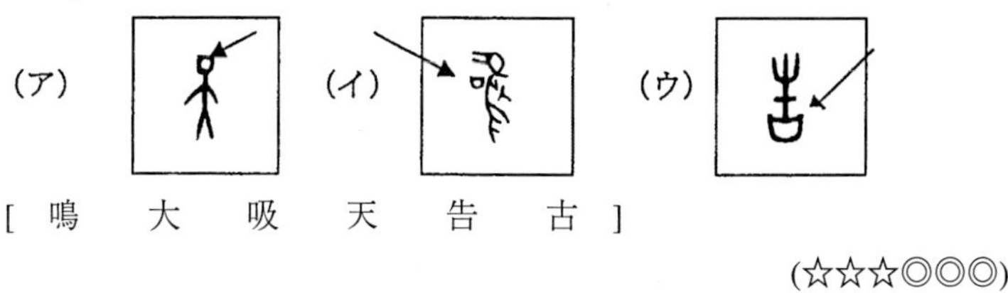

［ 鳴　大　吸　天　告　古 ］

(☆☆☆◎◎◎)

【3】書写の指導について，以下の問いに答えなさい。

(1) 第1学年及び第2学年の書写では，点画の接し方や交わり方に注意して指導を行います。

口の部分の接し方(黒く塗りつぶしてある箇所)と，同じ接し方の漢字を選びなさい。

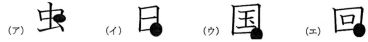

(2) 第3学年以上の書写では，毛筆を使用した学習をします。第4学年において，「山脈」という二文字を題材にして文字の画数に着目させて書かせる場合，どのようなことをねらいとして指導するのが最適ですか。「画数」という言葉を使って答えなさい。

(☆☆☆◎◎◎)

【4】次のカタカナの正しい漢字表記を(ア)～(エ)から選びなさい。

(1) 渇すれども<u>トウセン</u>の水は飲まず

(ア) 盗泉　(イ) 登仙　(ウ) 東線　(エ) 刀銭

(2) <u>コウゲン</u>令色，鮮ないかな仁

(ア) 公言　(イ) 巧言　(ウ) 高言　(エ) 後言

(☆☆☆◎◎◎)

【5】第5学年において，我が国の位置と領土について，地図帳や地球儀を活用して調べたことを白地図にまとめる学習を進め，次のような白地図を完成させました。

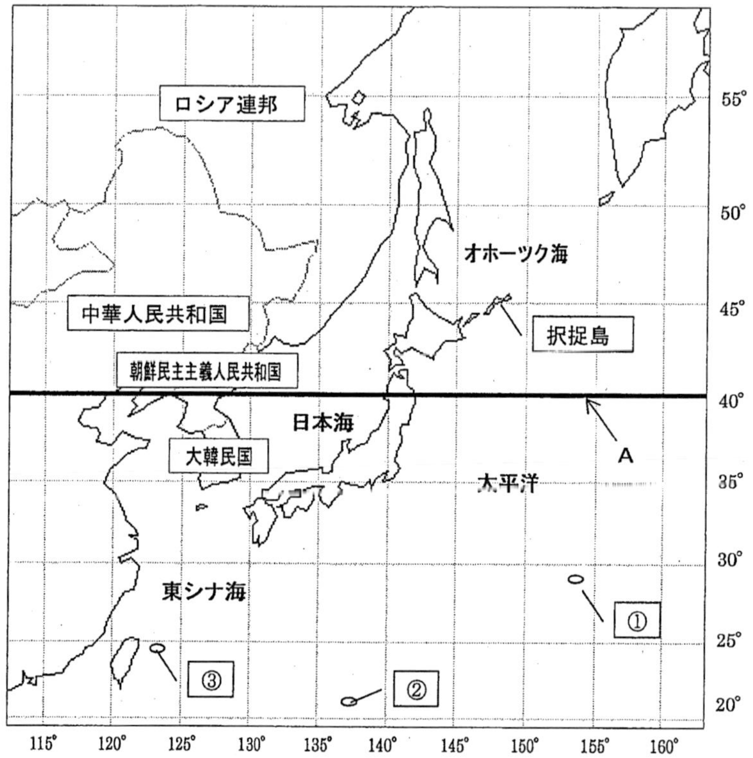

(1)　白地図内の①～③は，それぞれ我が国の領土の東端，南端，西端の島々です。①～③の正しい組み合わせを次のア～エから選び，記号で答えなさい。

ア　①　沖ノ鳥島　②　南鳥島　③　与那国島
イ　①　与那国島　②　南鳥島　③　沖ノ鳥島
ウ　①　南鳥島　②　沖ノ鳥島　③　与那国島
エ　①　沖ノ鳥島　②　与那国島　③　南鳥島

(2)　地図上のAの緯線が通らない国を次のア～エの中から1つ選びなさい。
ア　イタリア　　イ　イギリス　　ウ　アメリカ合衆国
エ　トルコ

(3)　完成した白地図を使って，我が国の位置を言い表すことができるようにさせたいと考えています。教師は例として，経度や緯度で位置関係を示す方法を児童に紹介しました。
我が国の位置の示し方について，他にどのように示す方法が考えられますか。考えられる方法を1つ書きなさい。

(☆☆☆◎◎◎)

【6】第4学年において，福井県の様子について，白地図にまとめる学習をしています。

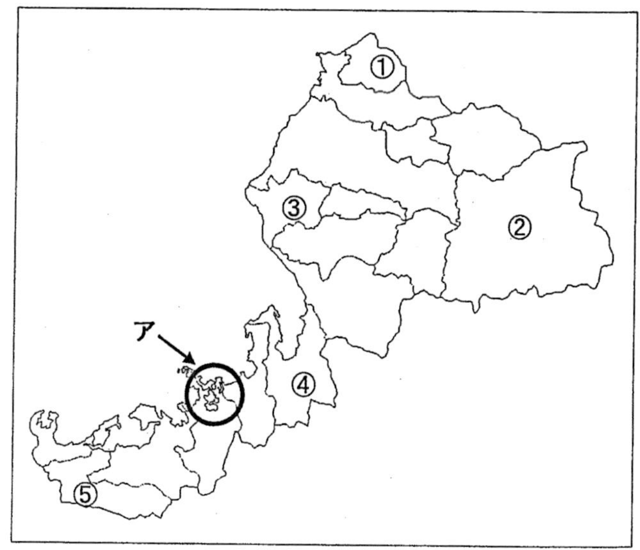

(1)　アは，福井県を代表する湖です。この湖は，ある条約に登録されています。その条約名を書きなさい。

(2)　(1)で答えた条約に登録されている場所が，本県にはあと1か所あります。それは地図上の①～⑤のどの市町にありますか。記号と市町名を答えなさい。

(3)　福井県の特色を考えるために，まず県内の市町の位置や福井県の地理的位置を調べました。この後，県の様子についてどのようなことを調べていくとよいでしょうか。3つ書きなさい。

(☆☆☆◎◎◎)

【7】第6学年の歴史の学習で，福井県ホームページ内キッズページにある「ふくいのいろはにほへと」を使用して学習を進めます。

(1)　アの読み札の中に「御食の国」とありますが，「御食の国(御食国)」とはどういう国のことか説明しなさい。

(2)　イの読み札に関して，道元が開いた宗派名を漢字で答えなさい。

(3)　ウの読み札に関して答えなさい。

①　文中の「左内」が斬首された弾圧は何と呼ばれていますか。

②　文中の［　?　］は同じ弾圧で獄死した小浜藩士の名前が入ります。当てはまる人名を漢字で書きなさい。

(4)　エの読み札は，どの時代のどのようなことを理解させる学習の時に使用できますか。

(☆☆☆◎◎◎)

【8】『小学校学習指導要領解説　算数編』(平成20年8月)には，分数の意味と表し方について示されています。$\frac{2}{3}$の意味について，次の①～⑤の中で適切でないものを選び，記号で答えなさい。

① 具体物を3等分したものの二つ分の大きさを表す。

② $\frac{2}{3}$L，$\frac{2}{3}$mのように，測定したときの量の大きさを表す。

③ 1を3等分したもの$\left(\text{単位分数である}\frac{1}{3}\right)$の二つ分の大きさを表す。

④ AはBの$\frac{2}{3}$とは，Bを1としたときのAの大きさを表す。

⑤ 整数の除法「2÷3」の結果(商)を表す。

(☆☆☆◎◎◎)

【9】3年生において，「分数のものさしつくり」の授業を行います。

1mのテープを使って，1目盛りが$\frac{1}{3}$mのものさしを児童に作らせるとき，教師は以下のような説明をしました。

【説明】

① 1mのテープを等間隔で平行になっている床に，端と端が線の上になり，上の端が1番目の床の線のところだとすると，下の端が4番目の床の線になるように置く。

② 次に，2番目の床の線のところに印をつけ，そこに$\frac{1}{3}$と書く。

③ さらに，3番目の床の線のところに印をつけ，そこに$\frac{2}{3}$と書く。

なぜ，このやり方で$\frac{1}{3}$mのものさしができるのかを説明しなさい。

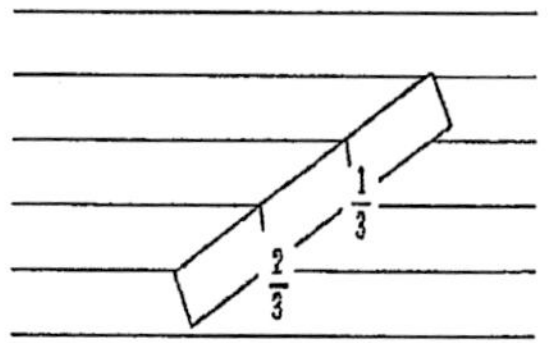

(☆☆☆◎◎◎)

【10】5年生の割合の学習において，以下のような問題が出題されました。

調理クラブの希望者は，56人でした。これは，定員の1.6倍にあたります。調理クラブの定員は何人ですか。

この問題を5年生の児童に説明するときに，どのような線分図に表し，式を求める過程を説明しますか。

線分図と式を求める過程を答えなさい(求める数値を□として表して答えなさい)。

(☆☆☆◎◎◎)

【11】X^4+X+1をX^2-3X+2で割った余りを求めなさい。

(☆☆☆◎◎◎)

【12】上底，下底の長さが4cm，9cm，平行でない2辺の長さが5cm，8cmである台形の面積を求めなさい。

(☆☆☆◎◎◎)

【13】A～Eの試験管に5種類の水溶液(食塩水，うすい塩酸，うすいアンモニア水，炭酸水，石灰水)を用意しました。児童は，これら水溶液の性質を3つの方法で調べ，その結果を次のような表にまとめました。

調べる方法	A	B	C	D	E
においはあるか	鼻につくようなにおいがある	においはない	鼻につくようなにおいがある	においはない	においはない
蒸発させる	何も残らない	何も残らない	何も残らない	白い物質が残る	白い物質が残る
BTB溶液の変化	青色	黄色	黄色	緑色	青色

(1)　この実験で使用するようなうすい塩酸(濃度2mol/L)を90mL用意するには，濃塩酸(濃度12mol/L)をどのようにうすめればよいか。使用する濃塩酸や水の量，うすめ方の方法について答えなさい。

(2)　Eの水溶液に溶けている物質は何ですか。化学式で書きなさい。

(3)　濃塩酸に，A～Eの水溶液をそれぞれ近づけると，ある水溶液のときにだけ白煙が生じました。A～Eのどの水溶液と考えられますか。

(4)　塩酸や水酸化ナトリウム水溶液などは，アルミニウムを溶かすはたらきがあります。その反応について次の文の(　ア　)～(　ウ　)に適当な語句を入れなさい。また，文中の下線部①，②をそれぞれ化学反応式で表しなさい。

アルミニウムは，(　ア　)元素であり，①その単体は塩酸に(　イ　)を発生して溶ける。また，②水酸化ナトリウム水溶液にも(　イ　)を発生して溶ける。しかし，濃硝酸には(　ウ　)となるため溶けにくい。

(5)　この実験で使用した水溶液を後始末させる時に，児童に注意させることはどんなことですか。

(☆☆☆◎◎◎◎)

【14】てこのはたらきについて，以下の問いに答えなさい。

(1)　児童に，身近な物を使い，てこの規則性を実感を伴って理解させたいと考えます。具体的にどのような方法で活動させるとよいですか。はさみを例にして答えなさい。

(2)　図1のように台形の板の中央に糸をつけ，右端に30gのおもりをつるすと，水平になります。次に，おもりをはずし，糸をつける場所を図2のようにつるすと，板は水平になりました。板の重さは何gですか。

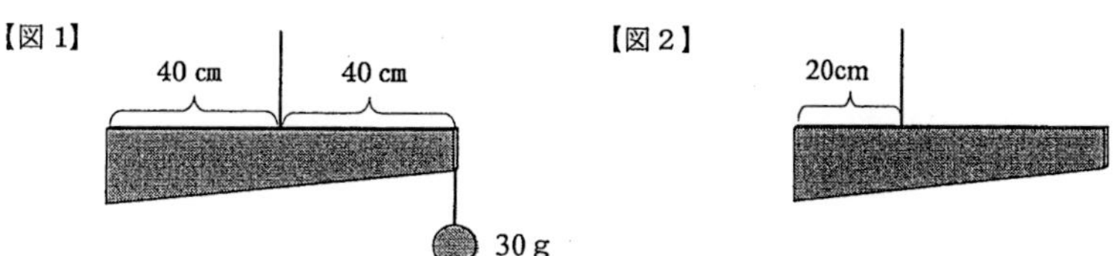

(3)　次の図は，てこの原理を利用した爪きりの模式図です。

支点，力点，作用点に当てはまる部分を①～⑥からすべて選びなさい。

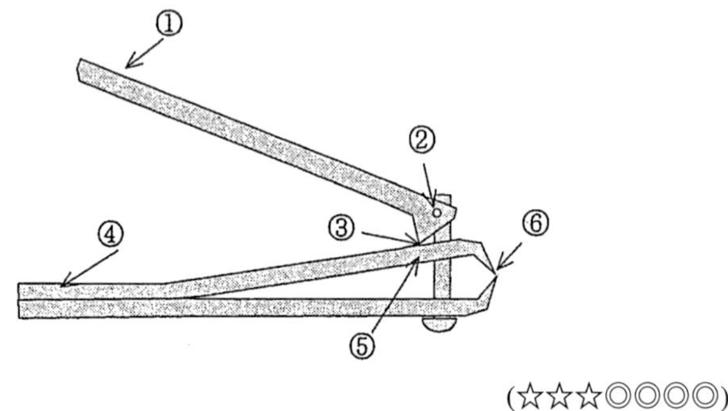

(☆☆☆◎◎◎◎)

【15】質量2.0kgのおもりをつけた長さ0.8mのふりこを，鉛直から60°の点Aから静かにはなしました。重力加速度は，9.8m/s²として以下の問いに答えなさい(糸の重さや空気の影響は無視できるものとする)。

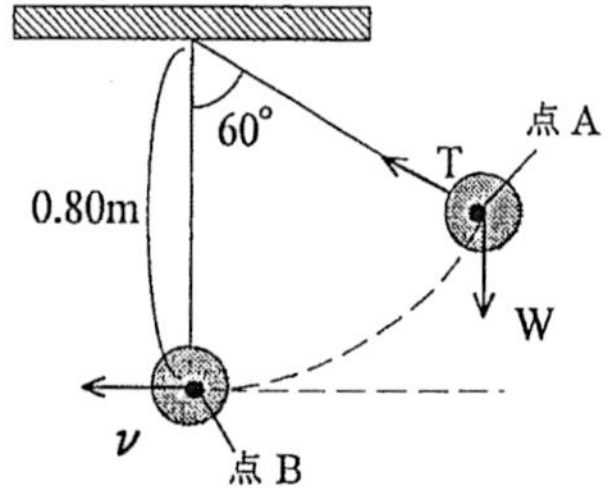

(1)　点Aから最下点Bまで動く間に張力T，重力Wのした仕事はそれぞれ何Jですか。

(2)　B点におけるおもりの速さはいくらですか。

(☆☆☆◎◎◎◎)

【16】次の文は，『小学校学習指導要領解説　理科編』(平成20年8月)をもとにした各学年の目標です。

・3学年では，学習の過程において，自然の事物・現象の差異点や共通点に気付いたり，(　①　)したりする能力を育成することに重点が置かれている。

・4学年では，自然の事物・現象の変化とその要因とを(　②　)能力を育成することに重点が置かれている。

・5学年では，変化させる要因と変化させない要因を区別しながら，観察，実験などを計画的に行っていく(　③　)の能力を育成することに重点が置かれている。

・6学年では，自然の事物・現象の変化や働きについてその要因や規則性，関係を(　④　)能力を育成することに重点が置かれている。

文中①～④に当てはまる語句を，次の㋐～㋔の中から選び，記号で答えなさい。

㋐　条件制御　　㋑　比較　　㋒　推論する　　㋓　予想
㋔　関係づける

(☆☆◎◎◎◎◎)

【17】次の文は『小学校学習指導要領』(平成20年8月)に書かれている生活科の目標です。

・自分と身近な人々及び地域の様々な場所，公共物などとのかかわりに関心を持ち，地域のよさに気付き，愛着をもつことができるようにするとともに，集団や社会の一員として自分の役割や行動の仕方について考え，(　①　)ができるようにする。

・自分と身近な動物や植物などの自然とのかかわりに関心を持ち，自然のすばらしさに気付き，(　②　)を工夫したりすることができるようにする。

・身近な人々，社会及び自然とのかかわりを深めることを通して，自分のよさや可能性に気付き，(　③　)をもって生活することができるようにする。

・身近な人々，社会及び自然に関する(　④　)を味わうとともに，それらを通して気付いたことや楽しかったことなどについて，言葉，絵，動作，劇化などの方法により表現し，考えることができるようにする。

文中①～④に当てはまる語句を，次の㋐～㋔の中から選び，記号で答えなさい。

㋐　自分たちの遊びや生活　　㋑　意欲と自信
㋒　安全で適切な行動　　㋓　親しみ
㋔　活動の楽しさ

(☆☆☆◎◎◎)

【18】生活科の指導をしていく上で，教師は児童の動物や植物へのかかわり方が深まるように，継続的な飼育，栽培を行えるような環境を整えていくように配慮することにしました。これは児童のどのような実態を踏まえたものですか。2つ述べなさい。

(☆☆☆◎◎◎)

【19】この楽譜は，第2学年の歌唱共通教材です。下の問いに答えなさい。

(1)　この曲の題名を次の㋐～㋓から選び，記号で答えなさい。

㋐　かくれんぼ　　㋑　春がきた　　㋒　虫のこえ
㋓　夕やけこやけ

(2)　この曲は，何拍子ですか。次の㋐～㋓から選び，記号で答えなさい。

㋐　4分の2拍子　　㋑　4分の3拍子　　㋒　4分の4拍子
㋓　8分の6拍子

(3)　この曲を歌う速さとして適当なものを次の㋐～㋒から選び，記号で答えなさい。

㋐　♩=76～84　　㋑　♩=92～100　　㋒　♩=108～116

(4)　□で囲んだ①の記号の名前を書きなさい。

(☆☆◎◎◎◎)

【20】『小学校学習指導要領』(平成20年8月)において，第3学年及び第4学年の内容の「A表現(1)歌唱の活動」で

ウ　呼吸及び発音の仕方に気をつけて，自然で無理のない歌い方で歌うこと

と示されています。「自然で無理のない歌い方」をするために，次のようなことに留意しながら指導します。

・身体的には成長の過程にある児童の[　①　]に無理がかからないように歌うようにする。

・[　②　]，子音，濁音，鼻濁音などの発音に十分気をつけながら歌うようにする。

・声域や[　③　]など児童の実態を十分に考慮する。

①～③に当てはまる語句を次の㋐～㋕の中から選び，記号で書きなさい。

㋐　歌声　　㋑　声量　　㋒　声帯　　㋓　音程　　㋔　音符
㋕　母音

(☆☆☆☆◎◎◎)

【21】図画工作で扱う材料や用具について，以下の問いに答えなさい。

(1)　『小学校学習指導要領』(平成20年8月)では，取り扱うべき材料や用具について示されています。次にあげる材料や用具は，どの学年に示されていますか。当てはまる学年に記号ですべて答えなさい。

(ア)　針金　　(イ)　クレヨン　　(ウ)　釘　　(エ)　粘土
(オ)　金づち　　(カ)　糸のこぎり　　(キ)　水彩絵の具

低学年	中学年	高学年

(2)　授業で児童がいろいろな用具を使って活動しています。下線部について正しい使い方のものには○，間違った使い方のものは正しい

内容を書きなさい。

(ア)　げんのうで釘を打っています。打ち始めに，少し丸みのある面で釘を打っていました。

(イ)　電動のこぎりに刃をつけています。ぎざぎざのついた方を手前にし，刃が上向きになるように差し込み，下部のしめ具でしっかりとめていました。

(ウ)　板を両刃のこぎりで切ります。大きい刃を使って木目に沿って切っていました。

(3)　児童に絵の具を使ったいろいろな描き方を指導します。次のような絵を描くときに使用する最も適した用具を，下から選び，それを使った描き方を説明しなさい。

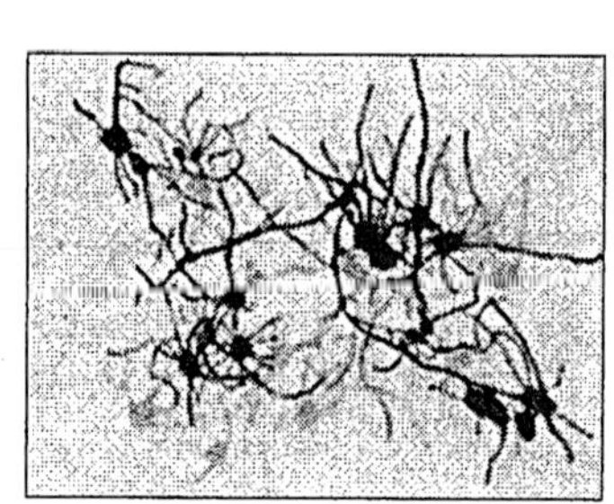
日本文教出版「図画工作　3・4上」より

東京書籍「新しい図工　3・4」より

【用具】

歯ブラシ　　ローラー　　金網　　輪ゴム　　ストロー

スポンジ

(☆☆☆◎◎◎)

【22】栄養を考えた食事について学習を進めています。

(1)　この学習で，児童が1食分の献立を考えます。栄養のバランスや色どりなどを考えるほかに，献立作りを行う際に，どのようなことを考えるとよいでしょうか。3つ答えなさい。

(2) 次の文は何を説明したものか答えなさい。

(ア) 国民の健康の保持・増進を図る上で摂取することが望ましいエネルギー及び栄養素の量の基準を示したもの

(イ) 食品の可食部100gあたりのおもな栄養素の成分値を示したもの

(☆☆☆◎◎◎)

【23】次の文は，陸上運動について関係のある語句の説明です。空欄(ア)・(イ)にあてはまる語句を書きなさい。

短距離走では，スタートの形としてスタンディングスタートとクラウチングスタートがある。スタンディングスタートからすばやく走り始めるには低い姿勢で走り出し，目線を(ア)と良い。

リレーのテークオーバーゾーンとは，バトンの受け渡しを行う区域であり，その長さは(イ)mである。

(☆☆☆◎◎◎)

【24】第5学年及び第6学年児童を対象に，走り幅跳びの指導(助走距離が15m～20m)を行います。指導内容として適切でないものを1つ選び，記号で答えなさい。

(ア) 跳ぶ直前のリズムは，はやくなるように指導する。

(イ) 幅が15cm程度の踏み切りゾーンで踏み切ることを目指して指導する。

(ウ) 反り跳びまでいかなくても，かがみ跳びから両足で着地することを目指して指導する。

(エ) 動画などを撮影し，資料や友達の動きと自分の動きを比較する。

(☆☆☆◎◎◎)

【25】ゲーム及びボール運動について各学年で指導する場合，適切でないものを1つ選びなさい。

(ア)　低学年では，「的に当てたら1点，的を倒したら3点」といった得点方法にするなど，意欲をもって楽しくゲームができる運動の場や得点の方法などの規則を児童自らが選べるようにする。

(イ)　中学年では，簡単なボール操作や比較的少人数で取り組めるように規則を工夫した易しいゲーム(例として3対3や3対2)を提示する。

(ウ)　ボール運動で使用するボールについては，できるだけその競技の公式のボールを使用するようにして，本来の競技内容にできるだけ沿うようにし，楽しさを実感させる。

(エ)　単元のはじめの段階では，少人数や狭いコートで易しい動きで行えるゲームを設定するとともに，必要に応じてゲームを楽しむためのパスやドリブルなど，個人の動きを練習する学習を取り入れていく。

(☆☆☆◎◎◎)

【26】次の英文を読んで，あとの問いに答えなさい。

Oxford University researchers found that elephants would quickly move away from a spot after hearing recordings of bees.

The insects are able to give painful stings inside the animals' trunks, and it is thought that elephants have learned to avoid them.

The research is reported in the scientific journal Current Biology.

"We're a bit cautious about how effective this would be on a large scale," lead researcher Lucy King told our News website from Kenya, where she is running field trials.

"But bees may become one defence that farmers could use in the right situation."

Elephants love to have corn, the principal crop for millions of Africans. Typically, the animals seek out the crops just before harvest time.

One day the Oxford team set up hidden loudspeakers in trees where elephants regularly came to find shade.

While the animals rested, researchers played either buzzing sounds recorded at beehives, or a control sound of white noise.

The buzzing clearly had the animals concerned. Ninety-four percent of the elephant families left the tree within 80 seconds
of hearing bee sounds.

White noise, by contrast, only scared away 27% of the families.

"So you could use sounds to keep elephants from staying there," noted Dr. King, "but there are two major problems."

"Firstly, farmers don't have money to pay for a loudspeaker and a minidisc, and on that level it's not practical. Secondly, elephants are smart and would work out that they are safe if they realize there are no painful beestings, but scientists are not sure how long it will take elephants to learn this.

It might be more practical and more desirable, she believes, to use real bees rather than their sounds.

(1) 次の英文が，本文の内容と合っていれば○を，合っていなければ×を書きなさい。

① Bees can't sting elephants because an elephant's skin is tough.

② Elephants are scared when they see the bees.

③ Playing the sound of bees is a cheap way for farmers to keep elephants away.

④ Elephants will learn the difference between real bees and only the recorded sound.

⑤ Researchers found the elephants are not just as frightened of loud noise as the sound of bees.

(2) 次の質問の答えとして最も適切なものを(ア)～(エ)の中から一つ選びなさい。

① How did the researchers try to keep elephants away?

(ア) By keeping bees to make them sting the elephants.

(イ)　By planting more corn so the elephants wouldn't eat it all.

(ウ)　By playing the sound of bees.

(エ)　By mixing the sounds of white noise and bees.

② Why is it helpful for farmers to know how to keep elephants away?

(ア)　Because elephants disturb the local bees.

(イ)　Because elephants eat an important crop for Africans.

(ウ)　Because the farmers can't afford to keep bees.

(エ)　Because the farmers' animals are afraid of elephants.

(☆☆☆☆◎◎◎)

【27】次の会話は，第5学年の外国語活動「Lesson3 How many?」第1時の最後の場面です。児童に正しい言い方を促すために，担任の先生がOh, seven pencils.と児童に言いました。このように言った担任の意図を日本語で書きなさい。

(☆☆◎◎◎)

【28】6年の学級担任A先生は，児童に次の絵を見せながら発音をさせ，「この3つの中で，下線の発音が違うものはどれでしたか。」と児童に尋ねました。A先生の指導は，『小学校学習指導要領』(平成20年8月)の内容からみて，適していないと考えられます。その理由を日本語で書きなさい。

(☆☆☆◎◎◎)

【29】次の文は『小学校学習指導要領』(平成20年8月)「外国語活動　第3 指導計画と内容の取扱い」を1部抜粋したものです。

ア　第5学年における活動

外国語を初めて学習することに配慮し，児童に身近で基本的な表現を使いながら，外国語に(　①　)活動や児童の日常生活や学校生活にかかわる活動を中心に，友達との(　②　)を大切にした(　③　)なコミュニケーション活動を行うようにすること。

イ　第6学年における活動

第5学年の学習を基礎として，友達との(　②　)を大切にしながら，児童の日常生活や学校生活に加え，(　④　)にかかわる交流等を含んだ(　③　)なコミュニケーション活動を行うようにすること。

文中①～④に当てはまる語句を，次の㋐～㋔の中から選び，記号で答えなさい。

㋐　かかわり　　㋑　国際理解　　㋒　相違点　　㋔　体験的

㋔　慣れ親しむ

(☆◎◎◎◎)

解答・解説

【1】(1)　有季定型　　(2)　季語…さみだれ　　季節…夏

(3)　イ → ア → ウ　　(4)　大空の壮大さに対比される小さな蜻蛉のほほえましさ　　(5)　・各地域に縁のある歌人や俳人(を選ぶ。)

・地域の景色を詠んだ歌や句(を選ぶ。)　などから1つ

〈解説〉(1)　俳句は必ず季節を表す言葉である「季語」を含まなければならず，また「五・七・五」の十七音で作らなければならない。

(2)「さみだれ」は「梅雨」を意味する。　(3)　アは与謝蕪村，イは松尾芭蕉，ウは高浜虚子である。　(4)　まず「大空」と「蜻蛉」を対照的に把握することからはじめ，大空にとどまっている蜻蛉の様子を

読み取ってみる。

【2】(1)　金文　(2)　(ア)　天　(イ)　鳴　(ウ)　告　意味が異なるもの…(ア)

〈解説〉(1)　「中国の古代文字を調べて」と，既に「甲骨文字」が出ているところから，「金文」が考えられる。　(2)　アから順番に「天」「鳴」「告」であるが，「天」に関しては，「大」の上に大きな頭をつけた形として表現されおり，アのみ「人の頭」の意味とされている。他方，イとウに関しては「鳴」「告」という字から考えても「口」という意味であることが分かる。

【3】(1)　(ア)または虫　(2)　画数の少ない文字は小さめに，多い字は大きめに書くこと

〈解説〉(1)　ここでは「縦画」が出ているか，「横画」が出ているかを考える必要がある。「口」の場合は，「横画」が出ている必要があり，これと同じ単語はアの「虫」である。　(2)　「画数」を考えるということは，その文字列の読みやすさについて考えるということでもある。画数の多い文字ほど大きく書き，少ない文字ほど小さく書くことで，それらを並べたときに読みやすくなる。

【4】(1)　(ア)　(2)　(イ)

〈解説〉いずれの問題も慣用句として使われることもあるので，その意味や由来などもおさえておこう。　(1)　「盗泉」は中国山東省にある泉のことである。孔子が名前が悪いとして飲まなかったと言われている。(2)　「巧言令色」で覚えるとよい。『論語』の言葉であり，「言葉を飾り，表情をつくろうこと」という意味である。アの「公言」は人前で自分の意見や気持ちをはっきりと言うという意味である。

【5】(1) ウ　(2) イ　(3) ・隣接する国々との位置関係で示す方法　・周辺の海洋名との位置関係で示す方法　・近くの国や海洋名で位置関係を示す方法　・中国から見てどの方位にあるかで位置関係を示す方法　などから1つ(白地図内に記載されている国，海洋を利用して位置関係を示すことが書かれていれば正答)

〈解説〉(1) 日本のそれぞれの端は頻出事項であるので，名前と場所を確認しておくとよい。また，「南鳥島」と「沖ノ鳥島」は東京都に属しているということもポイントである。 (2) この問題のように，同じ緯度を通る国名を答える問題は頻出である。日本の緯度と同じ国も重要であるし，赤道を通る国も調べておくとよい。 (3) 位置を示す方法としては，周囲にある国や海洋を使って示すのが最もわかりやすいだろう。また，日本を「アジアの東端」といった表現方法も考えられる。

【6】(1) ラムサール条約　(2) 記号…④　市町名…敦賀市
(3) 県全体の地形，産業の様子，交通網の様子，主な都市の位置，人々の生活の様子(生活の様子の違い)，他地域や外国との関わり(姉妹都市，貿易)，気候や自然(降水量，降雪量)，人口分布，伝統産業，祭りや行事，観光名所，農産物，歴史や文化などから3つ

〈解説〉(1)(2) 「三方五湖」は，2005年にラムサール条約に登録された。福井県では敦賀市にある「中池見湿地」も2012年にラムサール条約に登録されている。 (3) 「県の様子」については，いろいろな視点から調べることができる。例えば，全体の地形や産業や交通網の様子，人々の生活の様子や，伝統産業から考えることもできるし，観光名所や農産物，外国との関わりから考えることもできる。いろいろな視点から学ぶことを児童に伝えることが大切である。

【7】(1) 朝廷に食材を納めた国のこと，天皇の食料を納めた国のこと
(2) 曹洞宗　(3) ① 安政の大獄　② 梅田雲浜(雲浜)
(4) (江戸)時代において，(町人文化が栄えた)ことを理解させる学習

〈解説〉(1)「御」という言葉の意味を考えてみるとよい。「御身」や「御礼」という言葉からも想像できるように，尊敬の意を添えている。ここから，「朝廷」や「天皇」に食べ物を納めたと考えることができる。　(2)「道元」であるから「曹洞宗」である。栄西の「臨済宗」と混同しないように気を付けたい。　(3)「左内」とは福井藩士であった「橋本左内」のことである。一橋慶喜擁立に尽力したために，安政の大獄によって処刑された。安政の大獄では吉田松陰も処刑されたことが有名だが，梅田雲浜も重要な人物である。梅田は捕まり病死した。

【8】④

〈解説〉小学校学習指導要領の第3学年の内容を参照すること。④は大きさではなく，「割合」が正しい。なお，①～③は第3学年，④～⑤は第5学年で学習する。

【9】(例)

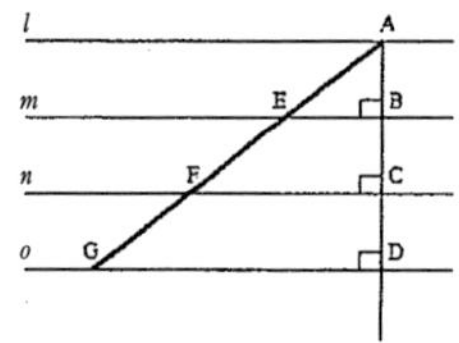

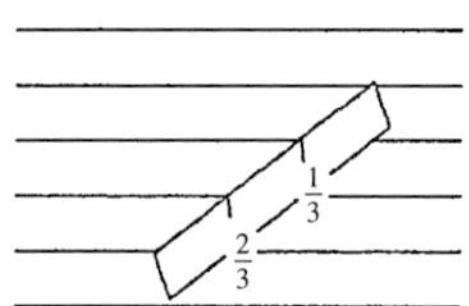

等間隔の平行線より

$\ell // m // n // o$ …①

AB＝BC＝CD …②

①②と平行線の性質より，AE＝EF＝FG

よって，Eが$\frac{1}{3}$，Fが$\frac{2}{3}$となる。

〈解説〉解説略

【10】線分図

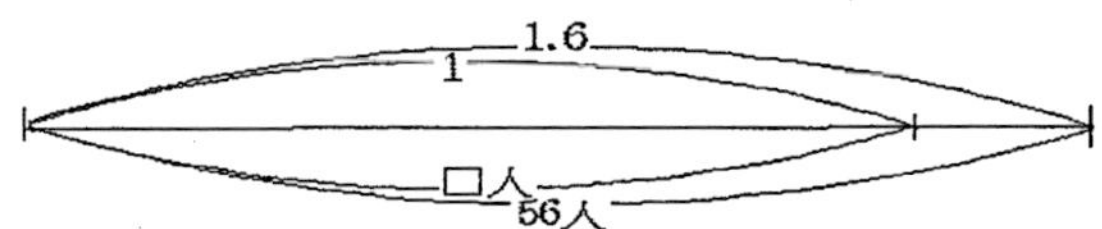

過程…(例1)　定員の1.6倍が56人であることから□を使った式で表すと，□×1.6＝56　　□＝56÷1.6　　□＝35　　答え…35人

(例2)　比べる量は56で，割合は1.6である。もとにする量を求める式は，比べる量÷割合だから，□＝56÷1.6　　□＝35　　答え…35人

〈解説〉解説略

【11】(例1)　2次式で割ったときの余りは1次式または定数であるから，X^4+X+1をX^2-3X+2で割ったときの商を$Q(X)$，余りを$aX+b$(a，bは定数)とおくと

$X^4+X+1=(X^4-3X+2)Q(X)+aX+b$

$X^2-3X+2=(X-1)(X-2)$だから

$X=1$のとき　$1^4+1+1=0\cdot Q(X)+a\cdot 1+b$　　$\therefore a+b=3$　　…①

$X=2$のとき　$2^4+2+1=0\cdot Q(X)+a\cdot 2+b$　　$\therefore 2a+b=19$　　…②

②－①から　$a=16$

①から　　$b=-13$　したがって求める余りは，$16X-13$

(例2)

$$
\begin{array}{r|l}
 & X^2+3X+7 \\
\hline
X^2-3X+2 & X^4 \qquad\qquad\qquad\quad X+\;1 \\
 & X^4-3X^3+2X^2 \\
\hline
 & 3X^3-2X^2+\quad X \\
 & 3X^3-9X^2+\;6X \\
\hline
 & 7X^2\;-5X+\;1 \\
 & 7X^2-21X+14 \\
\hline
 & 16X-13
\end{array}
$$

したがって求める余りは，$16X-13$

〈解説〉解説略

【12】

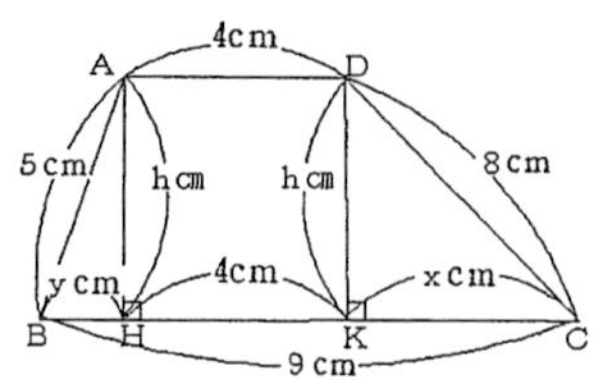

問題の台形を上図と仮定し，AH＝DK＝h，BH＝y，KC＝xとして考える。

三平方の定理より

$y^2+h^2=5^2$

$x^2+h^2=8^2$

底辺より

$x+y+4=9$

計算すると，AH＝$\frac{24}{5}$cmで，よって台形の面積は，$\frac{156}{5}$cm^{2}となる。

〈解説〉解説略

【13】(1)　水75mLに濃塩酸15mLをガラス棒でかき混ぜながら少しずつ注いでいく。　(2)　$Ca(OH)_2$　(3)　A　(4)　ア　両性　イ　水素　ウ　不動態　①　$2Al+6HCl \rightarrow 2AlCl_3+3H_2$　②　$2Al+2NaOH+6H_2O \rightarrow 2Na[Al(OH)_4]+3H_2$　(5)　・直接流しに捨てないで，決められた容器に分けてためておく。　・大量の水で薄めて捨てる。　・中和させて捨てる。　などから1つ

〈解説〉(1)　2mol/Lの塩酸90mL中に含まれる塩化水素は$2\times\frac{90}{1000}=0.18$〔mol〕であり，薄めるのに必要な濃塩酸にも0.18molの塩化水素が含まれていればよい。必要な濃塩酸の体積をxとすると，$12\times\frac{x}{1000}=0.18$，$x=15$〔mL〕である。よって濃塩酸15mLと水75mLが必要となる。

(2)　Aはアンモニア水，Bは炭酸水，Cは塩酸，Dは食塩水，Eは石灰水である。石灰水は水酸化カルシウムの水溶液である。

(3)　塩化水素とアンモニアが触れると，$NH_3+HCl \rightarrow NH_4Cl$の反応が起こり，塩化アンモニウムの微粒子が白煙となって生じる。

【14】(1)　厚紙を刃の先で切ったり，刃の根元で切ったりして，支点からの作用点までの距離の違いによる手ごたえの違いを感じ取らせる。

(2)　60g　(3)　支点…②，④　力点…①，⑤　作用点…③，⑥

〈解説〉(2)　重心は左端から20cmのところにある。板の重さをm(g)とすると，図1より$m \times 20 = 30 \times 40$となるので，$m = 60$〔g〕となる。

【15】(1)　張力T…0J　重力W…7.8J　(2)　2.8m/s

〈解説〉(1)　張力Tは常におもりの運動方向と垂直にはたらいているので，おもりに対して仕事をしない。点Aから点Bまでの高さは$0.80 \times \frac{1}{2} = 0.40$〔m〕なので，重力Wがした仕事は$2.0 \times 9.8 \times 0.4 = 7.84$〔J〕となる。

(2)　力学的エネルギー保存の法則より，$\frac{1}{2} \times 2.0 \times v^2 = 2.0 \times 9.8 \times 0.4$

$v = 2.8$〔m/s〕となる。

【16】①　㋑　②　㋔　③　㋐　④　㋒

〈解説〉学習指導要領の各学年の目標は必出なので必ず覚えておくこと。特に，各学年で育成する能力の部分がよく出題される。学年によって学習内容が異なるので，混同に注意しながら学習するとよい。

【17】①　㋒　②　㋐　③　㋑　④　㋔

〈解説〉学年目標からの出題である。学年目標は教科目標を実現するためのものであり，当該学年で実施する内容における基本方針を定めたものといえる。しかし，生活科については対象が第1～2学年であり，また学年目標も第1～2学年が対象となっていることから，教科目標と学年目標の差が他の教科よりわかりづらくなっている。したがって，生活科については教科目標と学年目標の文章と内容をセットで学習するほうがよいだろう。

【18】・自然現象に接する機会が乏しくなっていること。

・生命の尊さを実感する体験が少なくなっていること。

〈解説〉小学校学習指導要領第2章　第5節　生活　第2の2　内容の(7)の

動植物の育成に関する問題である。同解説によると，長期にわたる飼育・栽培の過程では児童の感性が揺さぶられるような場面が数多くあることから，本内容が設定されていると思われる。なお，動物を飼育する際には管理や繁殖，施設・環境に配慮すること。特に，地域の自然環境や生態系破壊につながるような外来生物等の取扱に注意することが示されている。

【19】(1)　ⓤ　(2)　ⓐ　(3)　ⓐ　(4)　4分休符

〈解説〉(1)　音楽において歌唱共通教材は頻出である。また，実技試験でも出題されるため，少なくとも楽譜が読め，弾き歌いができるようにしておきたい。第2学年の歌唱共通教材は「かくれんぼ」「春がきた」「虫のこえ」(文部省唱歌)「夕やけこやけ」である。　(2)　1小節に4分音符が2つ分の音の長さが入っているので，4分の2拍子であることが分かる。　(3)　数字は，1分間に4分音符をたたける回数である。ⓐは1分間に76～84回たたける速さで演奏することを意味する。

(4)　基本的な音符(休符)については，確実に解答できるようにしておく必要がある。学習指導要領に示されているものを中心に学習しておくこと。

【20】①　ⓤ　②　ⓚ　③　ⓘ

〈解説〉学習指導要領解説を理解していれば，正しく解答できる問題である。学習指導要領の内容を理解する上では必須資料の一つなので，確認するとよい。

【21】(1)　低学年…(イ)・(エ)，中学年…(ウ)・(オ)・(キ)，高学年…(ア)・(カ)　(2)　(ア)　平らな面　(イ)　下向き　(ウ)　○

(3)　たらした絵の具をストローで吹く

〈解説〉(1)　各学年で取り扱う材料や用具を把握しておくとよい。学習指導要領では，第1～2学年では土，粘土，木，紙，クレヨン，パス，はさみ，のり，簡単な小刀類。第3～4学年では木切れ，板材，釘，水彩絵の具，小刀，使いやすいのこぎり，金づちなど。第5～6学年では針金，糸のこぎりなどがあげられている。 (2) (ア) げんのうには平面と曲面(木殺し面)があり，平面は打ち始め，曲面は釘の頭が5ミリほど残ったあたりから使い始める。最初から曲面を使うと，釘が曲がりやすくなる。 (イ) 刃先は必ず下向きに取り付ける。刃が上向きだと，木材が作業台から跳ね上がり大変危険である。 (3) モダンテクニックについての設問である。たらした絵の具をストローなどで吹き流す技法はドリッピング，または吹き流しと呼ばれる。スパッタリングやデカルコマニー，フロッタージュなど主なモダンテクニックの種類と方法，それぞれがどのような効果を生むかをおさえておくとよい。

【22】(1) 味のバランス，食べる人の好み，季節(旬のものを入れる)，カロリー，食事の量，費用，時間，調理方法，食事の目的などから3つ
(2) (ア) (日本人の)食事摂取基準 (イ) 食品成分表

〈解説〉(1) ここでは「家庭生活と家族」「身近な消費生活と環境」との関連を図ることも考えられ，家族の好みや楽しく食事をするための工夫，地域の特産，季節，環境に配慮した食事作りなど，さまざまな視点から献立作成をすることができるよう指導していく必要がある。
(2) (ア) 私たちが1日にとることが望ましいエネルギーや栄養素の量を示したものを食事摂取基準という。身長や体重の増加が著しい成長期の子どもは，大人に比べて，エネルギー，たんぱく質，カルシウムや鉄の食事摂取基準が多くなっている。ちなみに，この食事摂取基準を満たすために，毎日の食事でどのような食品を食べればよいかを示したものが「食品群別摂取量のめやす」である。 (イ) 食品の可食部とは，食品の皮や骨など食べられない部分を除いた，食品の食べられる部分を指す。食品成分表を使うと，食品に含まれる栄養素の種類や量を調べることができる。

【23】ア　落とす　　イ　20

〈解説〉ア　なお，クラウチングスタートは，スタンディングスタートに比べて，足と重心との位置に差が生じるため，加速しやすいが，両手の指で体重を支える必要があり，腕力の弱い者にはやや難しい。一般的に400m以下の競技においては，クラウチングスタートで行われる。イ　規定された基準点の前後10mずつ，合計20mがテークオーバーゾーンとなる。20mの範囲内であれば，どこでバトンの受け渡しを行ってもよいこととなっている。

【24】(イ)

〈解説〉正しくは「幅30～40cm程度の踏み切りゾーンで踏み切ること」である。

【25】(ウ)

〈解説〉ボール運動の学習指導では，互いに協力し，役割を分担して練習を行い，型に応じた技能を身に付けてゲームをしたり，ルールや学習の場を工夫したりすることが学習の中心となる。また，ルールやマナーを守り，仲間とゲームの楽しさや喜びを共有することができるようにすることが大切である。そのため，ボールについても公式のものではなく，操作しやすいものを選択する。

【26】(1)　①　×　　②　×　　③　×　　④　○　　⑤　○

(2)　①　(ウ)　　②　(イ)

〈解説〉注意すべき単語としてはsting「針」，trunk「ゾウの鼻」，beehive「ミツバチの巣箱」，practical「実用的」，desirable「望ましい」などがあげられる。問題文は，オックスフォード大学の科学者がゾウに対して行った実験に関するものである。説明的文章であるが，学術論文ほど硬い文章でなく，難解な語彙も含まれないため，不明語があっても類推しながら読み進めることができるだろう。　(1)　①　ミツバチはゾウの鼻に痛い針を刺すことができるという記述に反する。　②　ゾウの視覚については本文中に述べられていない。 ③ 本文中の第一の問題に反する。 (2) ① (エ)と迷うところであるが，設問は単に「ゾウを追い払おうとした方法」を問うており，実験の内容ではない。

【27】会話の流れを止めずに暗示的に訂正し，児童の伝えたいという気持ちやコミュニケーションを図ることへの興味を失わせることのないように留意して指導したいという意図。

〈解説〉ポイントとしては，教師が生徒の誤りに対して，暗示的に指摘した点にある。一方，明示的指導は例えば，生徒に「複数形の“s”をつけましょうね。」と指導することである。ただし，「明示的」や「暗示的」といった専門用語を用いて解答する必要は必ずしもない。あくまでも「それとなく」訂正した様子を記述できればよいだろう。

【28】発音と綴りとを関連付けて指導するのは中学校で行うこととなっており，小学校外国語活動での文字や単語の取り扱いについては，「音声によるコミュニケーションを補助するものとして用いること」とあるため，この指導は適切ではない。

〈解説〉ただし，学習指導要領には「外国語でのコミュニケーションを体験させる際には，音声面を中心とし，アルファベットなどの文字や単語の取扱いについては，児童の学習負担に配慮しつつ，音声によるコミュニケーションを補助するものとして用いること」と記されているに過ぎず，必ずしも文字の使用を禁止するものではないことに注意すること。

【29】① ㋔ ② ㋐ ③ ㋓ ④ ㋑

〈解説〉学習指導要領の内容を理解しておくことが最も望ましいが，理解していなくとも文脈からある程度正答が選択できるだろう。活動内容は当然第5学年の活動を受けて，第6学年の活動が行われることを踏まえて考えるとよい。

●書籍内容の訂正等について

弊社では教員採用試験対策シリーズ（参考書，過去問，全国まるごと過去問題集），公務員試験対策シリーズ，公立幼稚園・保育士試験対策シリーズ，会社別就職試験対策シリーズについて，正誤表をホームページ（https://www.kyodo-s.jp）に掲載いたします。内容に訂正等，疑問点がございましたら，まずホームページをご確認ください。もし，正誤表に掲載されていない訂正等，疑問点がございましたら，下記項目をご記入の上，以下の送付先までお送りいただくようお願いいたします。

① **書籍名，都道府県（学校）名，年度**
（例：教員採用試験過去問シリーズ　小学校教諭 過去問　2025 年度版）
② **ページ数**（書籍に記載されているページ数をご記入ください。）
③ **訂正等，疑問点**（内容は具体的にご記入ください。）
（例：問題文では“ア～オの中から選べ”とあるが，選択肢はエまでしかない）

〔ご注意〕
○ 電話での質問や相談等につきましては，受付けておりません。ご注意ください。
○ 正誤表の更新は適宜行います。
○ いただいた疑問点につきましては，当社編集制作部で検討の上，正誤表への反映を決定させていただきます（個別回答は，原則行いませんのであしからずご了承ください）。

●情報提供のお願い

協同教育研究会では，これから教員採用試験を受験される方々に，より正確な問題を，より多くご提供できるよう情報の収集を行っております。つきましては，教員採用試験に関する次の項目の情報を，以下の送付先までお送りいただけますと幸いでございます。お送りいただきました方には謝礼を差し上げます。
（情報量があまりに少ない場合は，謝礼をご用意できかねる場合があります）。

◆あなたの受験された面接試験，論作文試験の実施方法や質問内容
◆教員採用試験の受験体験記

送付先		
	○電子メール：edit@kyodo-s.jp ○FAX：03-3233-1233（協同出版株式会社　編集制作部 行） ○郵送：〒101-0054　東京都千代田区神田錦町2-5 協同出版株式会社　編集制作部 行 ○HP：https://kyodo-s.jp/provision（右記のQRコードからもアクセスできます）	

※謝礼をお送りする関係から，いずれの方法でお送りいただく際にも，「お名前」「ご住所」は，必ず明記いただきますよう，よろしくお願い申し上げます。

教員採用試験「過去問」シリーズ

福井県の

小学校教諭 過去問

編　集　　© 協同教育研究会
発　行　　令和6年1月25日
発行者　　小貫　輝雄
発行所　　協同出版株式会社
〒101-0054　東京都千代田区神田錦町2 - 5
電話　03－3295－1341
振替　東京00190－4－94061
印刷所　　協同出版・POD工場

落丁・乱丁はお取り替えいたします。